武夷山古窑址

中国国家博物馆水下考古研究中心
福建博物院文物考古研究所
武夷山市博物馆
编著

科学出版社
北京

图书在版编目（CIP）数据

武夷山古窑址 / 中国国家博物馆水下考古研究中心，福建博物院文物考古研究所，武夷山市博物馆编著. --北京：科学出版社，2015.7

ISBN 978-7-03-045216-0

Ⅰ. ①武… Ⅱ. ①中… ②福… ③武… Ⅲ. ①瓷窑遗址－考古调查－福建省 Ⅳ. ①K878.55

中国版本图书馆CIP数据核字（2015）第164509号

责任编辑：孙 莉 /责任校对：钟 洋
责任印制：肖 兴 /书籍设计：北京美光设计制版有限公司

科学出版社 出版
北京东黄城根北街16号
邮政编码：100717
http://www.sciencep.com

北京华联印刷有限公司 印刷
科学出版社发行 各地新华书店经销
*
2015年7月第 一 版 开本：889×1194 1/16
2015年7月第一次印刷 印张：18 3/4
字数：520 000

定价：328.00元

编辑委员会

序

自20世纪80年代中期开始，在文化部、国家文物局大力支持下，中国国家博物馆逐步开展水下考古工作。根据“走出去、请进来”的发展思路，坚持人才培养、学术研究与水下考古实践相结合的工作方针，中国国家博物馆与各省市兄弟单位共同努力，在渤海、黄海、东海、南海等广大海域进行了系统的水下考古调查，并对一些沉船遗址作了考古发掘，取得了丰硕的成果。其中，福建定海白礁一号沉船、广东南海一号沉船、辽宁绥中三道岗沉船、福建东海平潭碗礁一号沉船、福建平潭大练岛沉船、西沙华光礁一号沉船等重要沉船遗址的调查与发掘，极大地推动了我国古代海外贸易史、外销瓷、造船史等课题的研究，也为我国水下文化遗产保护事业提供了大量的实物资料。

随着水下考古工作的开展，研究领域逐渐拓宽，尤其是与水下考古发现密切相关的外销瓷研究得到了深入的开展。自唐宋以来，陶瓷器成为我国重要的外销商品，并且以水路运输为主。因此由于水下埋藏环境的特殊性，沉船中的陶瓷器得以保存。因而，在历年水下考古工作中发现数量最大的就是陶瓷器。辨识出水陶瓷器的产地就成为各项研究工作的基础，也是水下考古学研究的重要领域之一。其中，福建地区是古代外销陶瓷的重要产地。一方面，宋元时期，福建凭借独特的地理条件和地域优势大力发展制瓷手工业，不仅窑场数量多，而且生产规模较大，常延绵数千米，仅废品堆积就厚达三四米。更重要的是，绝大部分窑场的产品除了一部分供应本地市场以外，大量是销往海外地区，尤以东南亚、日本等地为多。另一方面，与江西景德镇窑青白瓷、浙江龙泉窑青瓷相比，福建窑址的产品内涵更为复杂。它不仅生产自己的特色产品，如建窑黑釉盏、德化白瓷，而且大量仿烧景德镇窑青白瓷、龙泉窑青瓷、磁州窑和吉州窑的酱黑釉瓷等，这在一定程度上也是适应了海外市场的需求。此外，福建还有比较系统的古窑址基础材料、标本以及从事古陶瓷研究的专业人员。为此，中国国家博物馆水下考古研究中心与福建博物院文物考古研究所合作，计划逐步对福建地区古瓷窑遗址进行系统调查和整理研究。

自2011年该课题开展以来，中国国家博物馆水下考古研究中心与福建博物院文物考古研究所组织调查队伍，深入闽江上游的武夷山地区，开始艰苦的野外调查工作。武夷山市位于福建省北部，与江西交界，境内群山环抱，峰峦叠嶂，溪流环绕，矿产丰富，为武夷山制瓷业的发展提供了丰富的资源条件。据最新考古调查与发掘成果，武夷山市早在西周早中期便出现原始青瓷，竹林坑、官庄一带还有保存较好的西周龙窑遗迹，这一发现，填补了我国西周早中期制瓷技术的缺环。遇林亭窑也是闽北地区宋代一处重要的生产黑釉盏的窑场，其产品在国外地区多有发现，在泉州、安海等古港口遗址亦发现不少。

历经两年的野外考古调查和室内资料整理，《武夷山古窑址》终于面世，这是该课题第一本古窑址专题调查报告，所有标本均为窑址采集，保证了标本的可靠性。由于均为窑址采集品，绝大部分为残片，我们据此挑选典型标本，进行胎、釉成分测试，建立古窑址标本库和数据库，为以后辨别沉船出水或遗址出土的陶瓷器提供客观可靠的基础数据。通过对福建地区窑址的考古调查，来研究其从产地、航线至消费地的贸易状况，也是我们开展这一课题的初衷。

张威

2015年4月10日

目录

插图目录

插表目录

绪　论

武夷山市位于福建省北部，东经117° 37′ ～118° 19′，北纬27° 27′ ～28° 04′，东连浦城，南接建阳，西邻光泽，北与江西省铅山县毗邻。全境东西宽70千米，南北长72.5千米，总面积约为2798平方千米。

一、自然地理环境

武夷山市境内地形东、西、北部群山环抱，峰峦叠嶂；中南部较平坦，为山地丘陵区。整个地势由西北向东南倾斜，最高处黄岗山海拔2158米，被称为华东大陆的屋脊；最低处兴田镇海拔仅165米；最高点与最低点相差1993米。其地势高差之大，为全省之最。

武夷山自然资源丰富，除拥有独特的旅游资源以外，还有丰富的矿产、森林和水能资源。据地质调查资料显示，全市有瓷土矿3处，分别在兴田镇仙店南源岭村、吴屯乡大际村、城东乡姐妹桥；全市森林覆盖率为68.5%；水力资源亦极丰富，流域面积50平方千米以上的河流有17条。全市河网密度0.29千米/平方千米，河流总长度820千米，流域总面积为2861.4平方千米，再加上丰富的陶瓷原料资源，为武夷山制瓷业的发展提供了物质基础。

二、历史沿革

武夷山市历史悠久，经过考古调查，发现了旧石器、新石器及青铜器时代遗址，证明早在距今5万～3万年以前，武夷山就有人类活动。在先秦时这里属七闽地，春秋时期属越国地，秦时属闽中郡，汉初属闽越国，后属会稽郡。汉建安十年（205年）建阳置建平县，武夷山属建平县。三国吴永安三年（260年）改会稽南部都尉为建安郡，武夷山属之。晋太康元年（280年）建平县改为建阳县，武夷山属之。闽永隆三年（941年）设置温岭镇，南唐保大九年（951年）改温岭镇为崇安场，均属建阳县。北宋淳化五年（994年）升崇安场为崇安县。元时属建宁路，明、清属建宁府。民国属福建省第三行政督察区。1949年5月崇安解放，成立了崇安县人民政府，属建阳专区。1956年5月，建阳、南平二专区合并，属南平地区专员公署。1970年9月，南平专区迁址建阳，属建阳地区革命委员会。1989年1月，建阳专区又迁南平，又属南平地区行政公署。1989年12月撤销崇安县设立武夷山市。

三、古窑址考古调查工作

武夷山市古窑址调查工作始于20世纪50年代， 80年代第二次全国文物普查时进行大普查，发现了烧制黑釉的“遇林亭”窑址（全国重点文物保护单位）；近几年，特别是第三次全国文物普查，又对全市进行大规模调查，共发现西周至民国时期窑址19处（图一）。

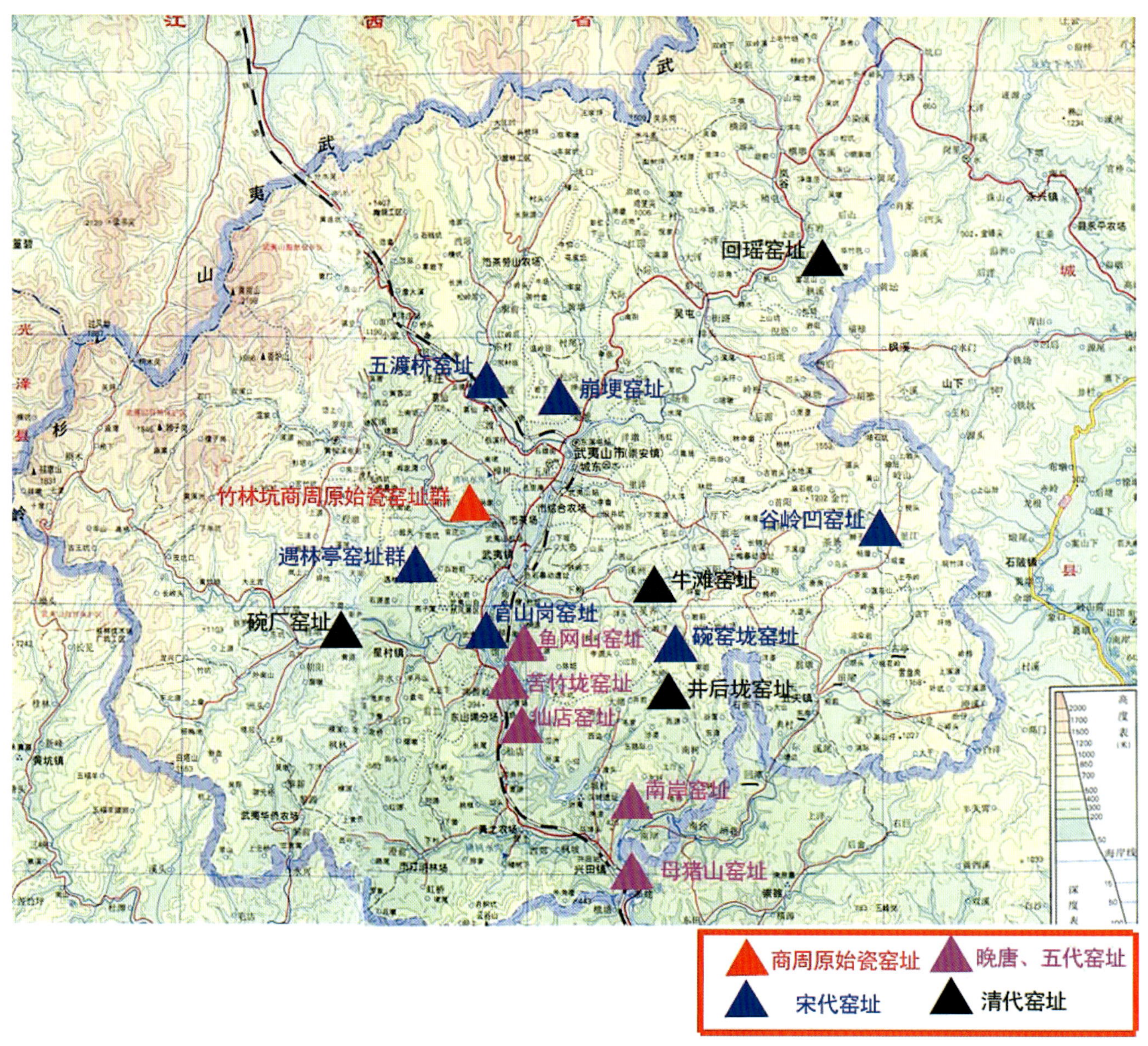

图一　武夷山古窑址分布图

第一章　商周时期窑址

2009年，南平市与武夷山市的文物部门在进行第三次全国文物普查时，在当地人称“竹林坑”的地方发现两处原始瓷窑址，便将这一重要发现立即上报福建文物部门。福建博物院文物考古研究所和浙江省等的陶瓷考古专家数次对其进行现场考察论证（图二），并将其列为全国第三次文物普查100处重要新发现之一。

图二　专家现场考察窑址

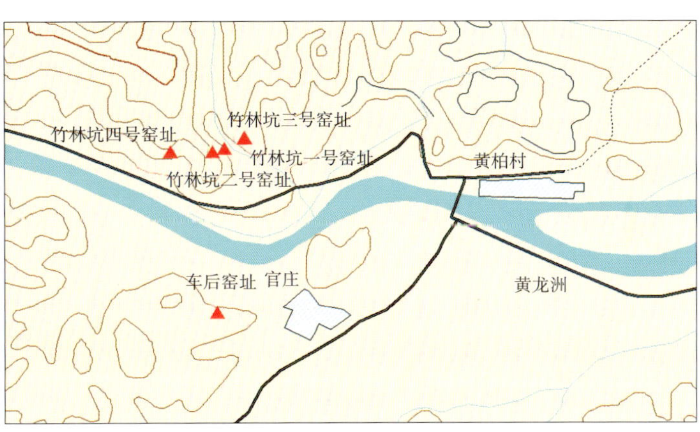

图三　武夷山地区西周窑址群

由于这二处窑址均面临被土地承包者修建住宅和开垦为茶园的破坏的危险，在武夷山市当地文物部门的请示下，经国家文物局批准，福建博物院文物考古研究所与武夷山市博物馆、闽越王城博物馆联合组成竹林坑窑址考古队，在福建省文物局、武夷山市文化体育局、武夷山市景区管理委员会，以及武夷街道、黄柏村等各级组织的大力支持下，对其进行考古发掘。考古发掘领队为羊泽林，参加发掘人员有栗建安、王芳、宋蓬勃、陈浩、陈建国、赵爱玉、林繁德、高绍萍、赵兰玉等。此次发掘时间从2011年11月下旬开始，至12月中旬结束，发掘面积约130平方米。其中一号窑址揭露两座窑炉遗迹，分别编号IY1、IY2；二号窑址揭露一座窑炉遗迹，编号IIY1。

在竹林坑一、二号窑址发掘期间，考古队还对周边进行了初步调查，又发现三处原始瓷窑址，其中两处与竹林坑一、二号窑址较近，分别编号竹林坑三号、四号窑址，另一处为车后窑址（图三、图四）。

图四　竹林坑一号至四号窑址

第一节　竹林坑一号窑址

竹林坑窑址群位于竹林坑小盆地西北部的几座相连的低矮山坡上，东距武夷山市武夷街道黄柏村官埠头自然村约500米。黄柏溪自西向东从盆地中间蜿蜒流过，在旗山汇入崇阳溪。经初步调查，在竹林坑北部已发现四个低矮的山坡上均有原始瓷窑址分布，根据发现时间先后，分别编号为竹林坑一至四号窑址。

竹林坑一号窑址所在山包位于已发现四处窑址的中东部，东侧120米为三号窑址，西侧约100米为二号窑址。其西侧山凹里新建三栋三层楼的民房。山脚与黄柏溪之间有大片农田，秋冬季节，村民利用农闲，在空地种植大棚蔬菜等。山包上部为茶园，种植大片茶树。山坡中部种植板栗树，板栗园里有较多清末和近现代无主坟墓，大部分墓的封土已被整平，地表不见任何痕迹，少量墓还残存部分封土和墓碑（图五）。

窑址位于山包较平缓的南坡上，遗物分布范围东西约50平方米，南北约30平方米，面积约为1500平方米。坡中部有一条村民耕种用的便道通向东侧山脚，在便道的北侧断坎上，还可见到部分废品堆积，中间有较多瓷片和红烧土块。

一、竹林坑窑IY1

竹林坑窑IY1位于一号窑址西部，东距竹林坑窑IY2约10米。由于长期遭受雨水冲刷，竹林坑窑IY1窑炉遗迹部分窑顶已露出地表。

（一）发掘方法

除了在断坎局部发现少量废品堆积外，窑址地表采集瓷片很少。由于竹林坑窑IY1窑炉遗迹局部已露出地表，结合以往商周时期龙窑的特点，以露出窑炉为中心，布设南北向5米×5米探方共四个，分别编号为T1010、T1011、T1111、T1211。由于窑炉遗迹不是正南北向，T1111向西扩了约半个探方，将IY1窑炉遗迹全部清理出来。从窑炉遗迹和遗物分布来看，废品堆积应主要在窑头附近，受时间和经费限制，废品堆积暂时未做发掘（图六）。

图五　竹林坑一号窑址

发掘前的情景

发掘情景

图六　竹林坑窑IY1发掘状况

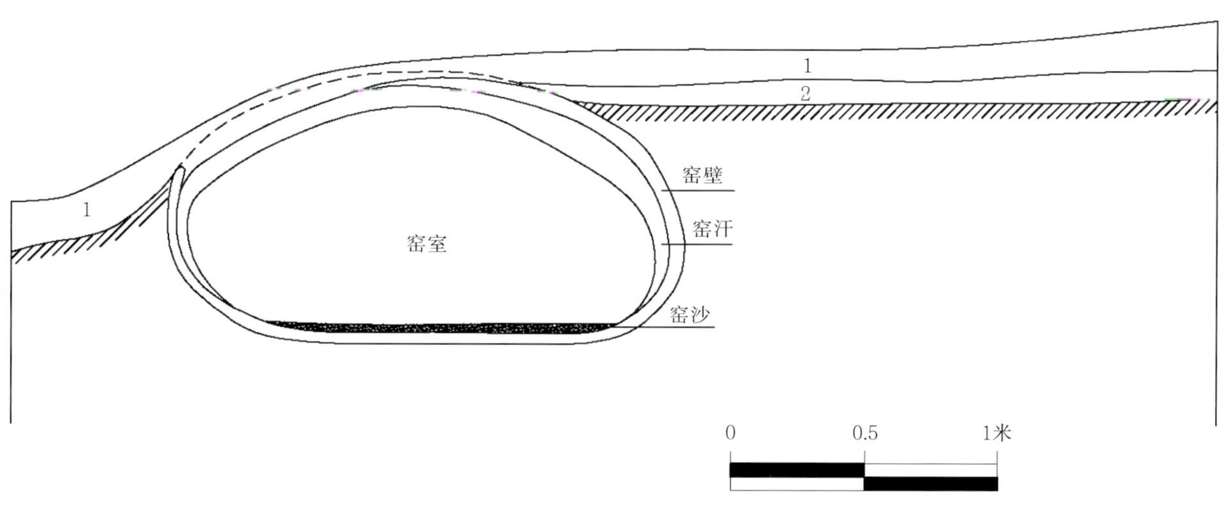

图七　竹林坑窑IY1地层堆积

（二）地层堆积

由于未对废品堆积进行发掘，因此这里的地层堆积情况主要是反映窑炉遗迹的地层关系。整个发掘区的地层可分2层（图七）。

第1层，耕土层。灰黑土，厚0.1～0.25米，整个发掘区均有分布。土质较疏松，含少量红烧土块和原始瓷片。

第2层，灰黄土，厚0～0.35米，深0.1～0.25米，受晚期耕种影响，西侧破坏严重，此层无存，东、南、北部则保存较好。此层下即为IY1窑炉及相关遗迹。

火膛内部堆积

火膛内堆积则可分3层（图八）：

IY1①层，厚0.2～0.35米，含大量的红烧土块，此层应为窑炉废弃后窑顶、窑壁坍塌形成。

IY1②层，厚0.2～0.25米，灰黑色土，夹大量较粗颗粒，表面一层稍硬，此层为晚期火膛底部堆积。

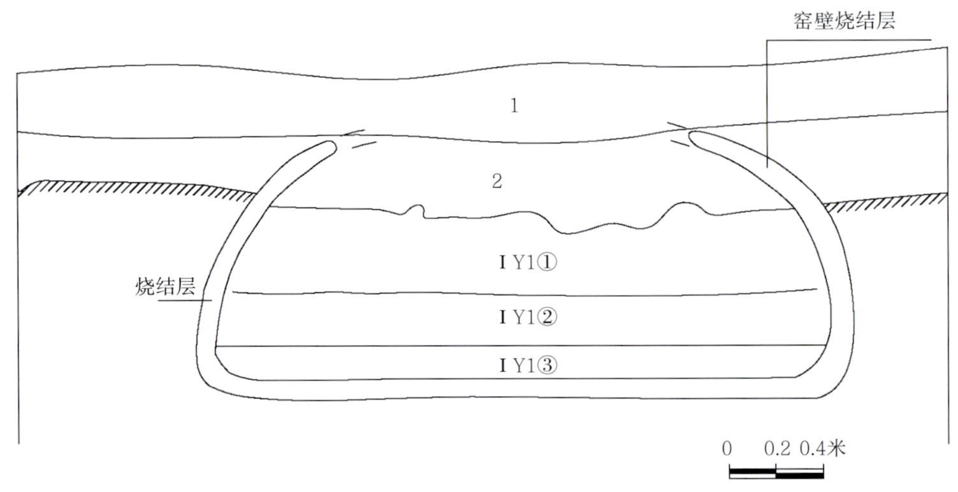

图八 竹林坑窑ⅠY1窑址火膛堆积层位图

ⅠY1③层，厚0.1～0.15米，与ⅠY1②层相同，均为灰黑色土，夹大量较粗颗粒，表面一层稍硬，此层为早期火膛底部堆积。

窑室内部填土为灰黄土，较致密，杂物很少，仅偶尔发现个别原始瓷片。应为窑炉废弃后逐渐淤积填充而成。

图九 竹林坑窑ⅠY1窑炉遗迹火膛

（三）窑炉遗迹

ⅠY1属斜坡式龙窑，分火膛、火道、窑室三部分。其中火膛较宽，窑室较窄，平面略呈葫芦形，窑头朝向西南，方向215°。根据窑室、窑底及火膛堆积情况，窑炉遗迹可分早晚二期，早期窑炉斜通长9.65、水平通长9.25、高差（早期窑尾与火膛早期堆积底部）3.2米；晚期窑炉斜长9.4、水平长9、高差（晚期窑尾与火膛晚期堆积底部）3.1米（图九）。

1. 火膛

窑顶大部分坍塌，窑壁保存较好。窑门东西侧窑壁由于山体地形原因并未对称，火膛进深2.8、内宽2.6米，晚期火膛残存最高0.75米，与窑室高差0.6米；早期火膛残存最高1.15米，与窑室高差0.9米。东西两侧及窑顶烧结层厚0.06～0.09米（图一〇）。

火膛前部正中为窑门，西侧窑门壁保存较好，最底部窑汗尚存，厚约0.2米，但东侧已倒塌，因此无法知其宽度与高度。窑门口

图一〇　火膛内倒塌堆积

图一一　火膛早晚二期堆积

外有一堆红烧土块，应为窑门封土倒塌形成，外侧垫有一层红褐色土，往坡下呈斜坡状，中间夹有炭粒、少量瓷片、红烧土块等，较致密，厚约0.1～0.2米，应为窑前工作面（图一一）。

2. 火道

位于火膛后壁，窑室前部，分东西二个火道。中间分焰墙上、下部略宽，中部略窄，长1.2、厚0.38～0.44米。东侧火道顶部残，内宽0.85、残内高0.65米；西侧火道内宽0.8、残内高0.55米，顶、壁烧结层厚0.06～0.09米。火道底部厚约0.21米，可分三层，每层厚约0.07米，每层表面约2～3厘米为烧结窑汗层。火道底部窑汗均粘有器物底部残片（图一二）。

图一二　火道

3. 窑室

早期窑室斜长5.45米，水平残长5米，高差1.8米；晚期窑室斜长5.2米，水平残长4.8米，高差1.87米。前段内宽1.95米，内高0.8米；中段内宽1.65米，内高0.85米； 后段内宽1.55米，内高0.3米。窑室顶部大部分保存较好，部分有坍塌、凹陷。后段被近现代墓葬破坏部分窑顶、窑壁和窑底。窑室前段，窑顶及壁烧结层较厚，分内外两层，通厚0.1～0.16米，其中外层较均匀，厚约0.05米，内壁为烧结窑汗，厚度不均，一般约0.05～0.1米。窑室尾部窑顶及壁烧结层仅一层，厚0.05～0.08米。窑尾大部分被两座晚期墓葬破坏，但依据残存窑底仍可复原窑尾原状：两侧各有一个烟道，呈斜坡状通向地表，其中东侧烟道长0.7、宽0.4米；西侧烟道长0.5、宽0.55米。后部则直接呈斜坡状通向窑尾工作面，未见烟囱或其他排烟设施（图一三）。

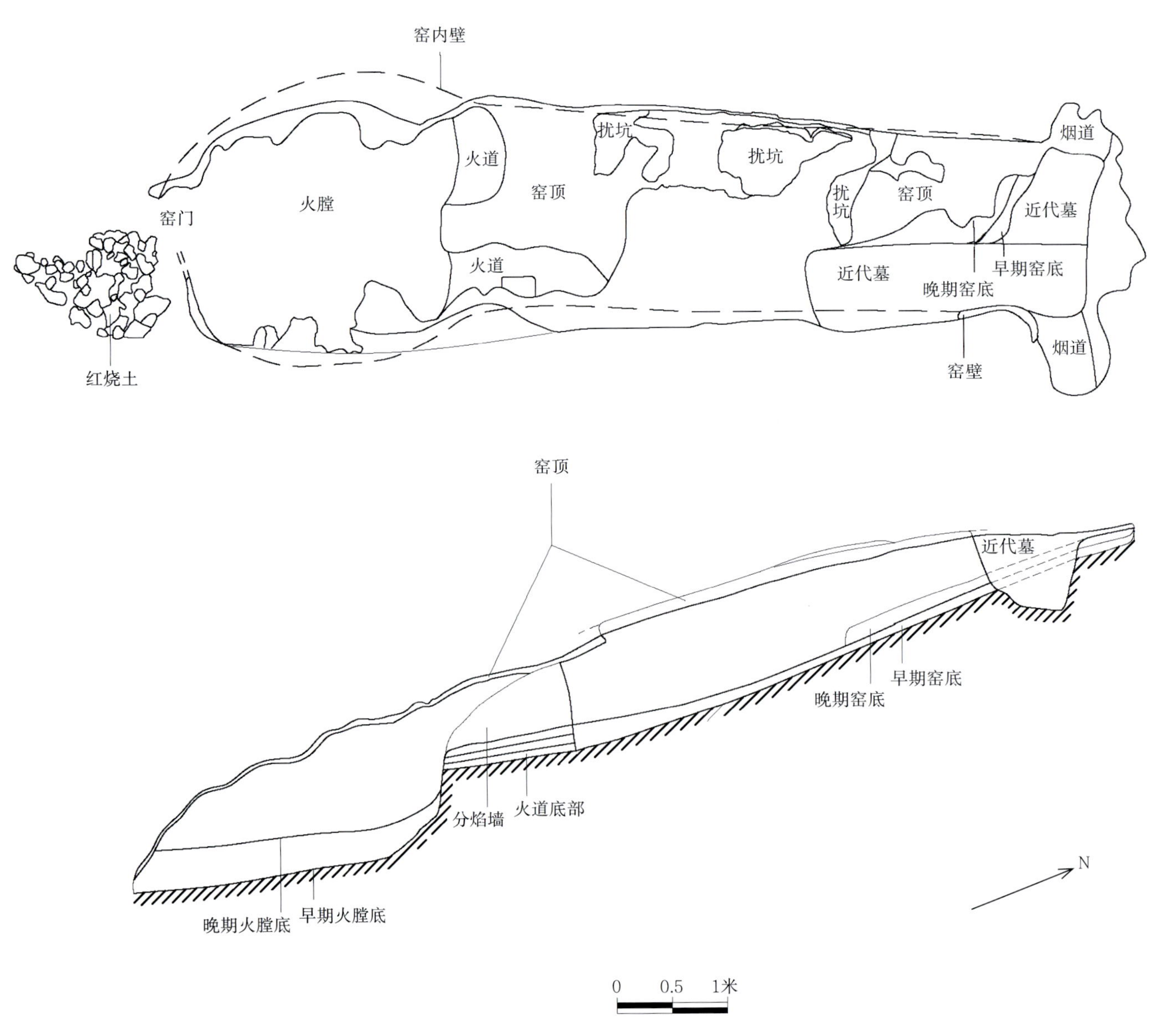

图一三　竹林坑窑IY1平、剖面图

4. 窑底

火道坡度约13°，窑室中段窑底坡度约18°，窑室后段晚期窑底坡度23°，早期窑底坡度约26°。

窑室中部窑底堆积可分2层（图一四）：

第1层，为青灰色窑沙，厚约0.03～0.05米，此层为铺在窑底的一层窑沙，未烧结。

第2层，为红褐色烧结层，厚约0.04～0.06米，此层为窑底烧结层，与窑壁、窑顶烧结层连成一体。此层下为灰黄色生土。

图一四　窑室中部窑底堆积

窑室尾部窑底可分2层（图一五）：

第1层，即晚期堆积，只在窑尾后部垫高0.12～0.15米，使窑底成阶梯状。土呈灰白色，表面约0.02～0.03米为烧结层，较硬。

第2层，即早期堆积，厚0.06米，灰白色土，均烧结，较硬。其下为青黄色生土。

图一五　窑室尾部窑底堆积

（四）出土遗物

出土遗物主要为原始瓷器，此外还有少量陶器。表明Y1主要烧造原始瓷器，同时兼烧少量陶器。出土遗物中未发现窑具。

1. 原始瓷器

原始瓷器是本窑的主要产品，由于未对废品堆积进行发掘，窑内填土亦比较纯，所以出土遗物比较少，产品种类亦比较少，主要为豆，还有少量罐、尊等。器物胎多呈灰色或灰白色，淘洗不够精细，含较多细砂，胎中还有少量小孔。釉多呈青灰、青绿色，部分略偏褐或泛黄。釉层较薄，大部分内外均施釉，部分外施釉至足外壁，足内无釉。胎釉结合较紧密，除少量因为火候原因，釉脱落严重外，大部分釉保存较好，有细密的冰裂纹。

（1）豆　数量最多，器形大小不一，是该窑的主要产品。按整体形态可分二型。

A型　撇口，折沿。依口沿、腹部形态可分二式。

I式：上腹略外斜，下腹折内收。

竹林坑窑IT1010②：09，口沿、腹部残片。圆唇，沿外折，上腹略外斜，下腹折内收。外壁上部残存一个由三条并列泥条组成的桥形系，两端各贴一对小泥饼。灰胎，青绿釉略泛黄，脱落严重。口沿及外壁通体饰细弦纹，上、下部较密，中部较疏。外壁粘少量窑渣。口径22、残高4.9厘米（图一六，1）。

竹林坑窑IT1010②：09

竹林坑窑IT1111①：01，残，腹上部有烧裂痕，可复原。圜唇，上腹略外斜，下腹折内收，圈足下部外缘外撇，外壁上部残存一对小泥饼。灰胎，青灰釉泛黄，内外均施釉。口沿及外壁上、下部饰细弦纹。足端粘一窑渣。口径20、足径7.5、高6厘米（图一六，2）。

竹林坑窑IT1111①：01

竹林坑窑IT1010②：10，口沿、腹部残片。圜唇，斜折腹，外壁上部残存一对小泥饼。灰胎，青绿釉泛黄，脱落严重。口沿及外壁上部饰细弦纹。口径17、残高3.2厘米（图一六，4）。

竹林坑窑IT1010②：10

竹林坑窑IT1111①：08，口沿及腹上部残片，生烧。圜唇，沿外折，上腹略外斜，下腹折内收，外壁上部残存一对小泥饼。灰白胎。口沿及外壁上部饰细弦纹。口径18、残高3.8厘米（图一六，5）。

竹林坑窑IT1111①：08

竹林坑窑IT1010①：06，口沿、腹部残片，生烧。尖唇，上腹略外斜，下腹折内收。灰黄胎。口沿及外壁上部饰细弦纹。口径12.8、残高3厘米（图一六，6）。

竹林坑窑IT1211②：02，残，可复原，生烧。圜唇，沿外折，上腹略外斜，下腹折内收，圈足外撇。灰白胎，口沿及外壁上、下部饰细弦纹。口径14、足径9、高5.9厘米（图一六，7）。

竹林坑窑IT1010①：06

竹林坑窑IT1211②：02

竹林坑窑IT1211②：07，口沿、腹部残片。圜唇，折沿，上腹略外斜，下腹折内收。灰胎，夹细砂，釉脱落殆尽。口沿及外壁上部饰细弦纹。口径17、残高3.1厘米（图一六，8）。

竹林坑窑IT1211②：07

竹林坑窑IT1010①：09，口沿、腹部残片。圜唇，沿外折，上腹略外斜，下腹折内收。灰胎，青灰釉泛绿，口沿及外壁上、下部饰细弦纹。口径17、残高5厘米（图一六，9）。

竹林坑窑IT1010②：09

II式：上腹直，下腹折内收。

竹林坑窑IT1111①：07，口沿及腹部残片。圆唇，上腹略斜，下腹折收。灰胎，青灰釉略泛黄，内外均施釉，釉层薄。口沿及外壁上、下部饰细弦纹。口径20、残高5.2厘米（图一六，3）。

竹林坑窑IT1111①：07

竹林坑窑IT1010②：11，口沿及腹部残片，生烧，圜唇，沿外折，灰胎，口沿及外壁上部饰有细弦纹。口径17、残高3.7厘米（图一六，10）。

竹林坑窑IT1010②：11

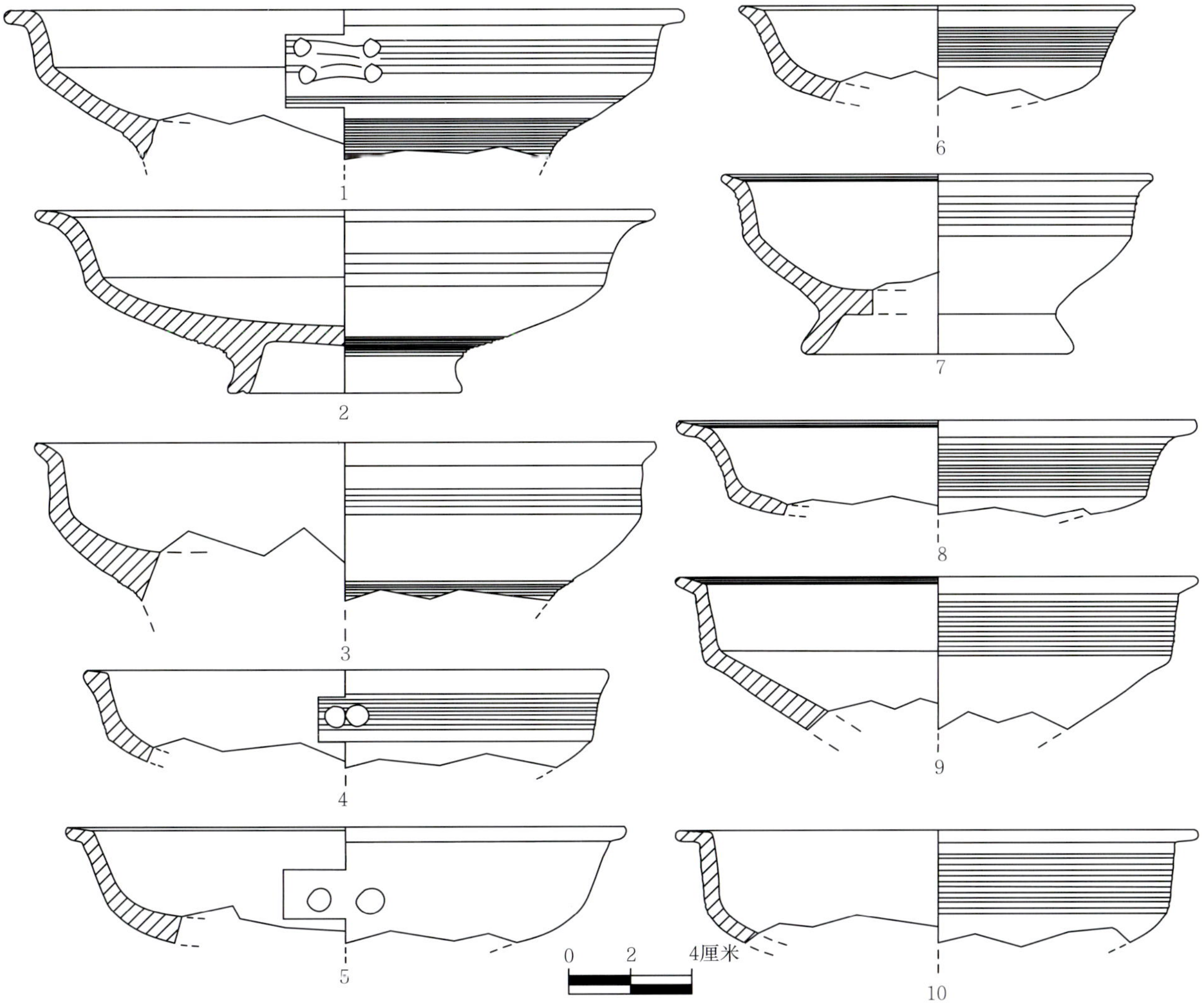

图一六　竹林坑窑IY1出土原始青瓷豆

1、2、4、5、6～9. AⅠ式（竹林坑窑IT1010②：09、竹林坑窑IT1111①：01、竹林坑窑IT1010②：10、竹林坑窑IT1111①：08、竹林坑窑IT1010①：06、竹林坑窑IT1211②：02、竹林坑窑IT1211②：07、竹林坑窑IT1010①：09）　3、10. AⅡ式（竹林坑窑IT1111①：07、竹林坑窑IT1010②：11）

竹林坑窑IT1211②：01，残，可复原，生烧。圜唇，口微外折，上腹较直，下腹内收，小圈足外撇。灰白胎，口沿及外壁上部饰细弦纹。口径9.4、足径3.6、高4.4厘米（图一七，5）。

竹林坑窑IT1211②：01

竹林坑窑IT1211②:03，残，可复原。圆唇，沿外折，内底下凹，圈足外撇，足内较平。灰胎，内满釉，外施至足外壁，局部流至足内，内壁、口沿及外壁粘少量窑渣。口沿及外壁上部饰细弦纹。口径11.4、足径6、高4.4厘米（图一七，6）。

竹林坑窑IT1211②：03

竹林坑窑IT1010②:12，残，可复原。圆唇，沿外折，上腹较直，下腹折收，圈足较矮，灰胎，青绿釉泛灰，釉层较薄，施釉不匀，内外均施釉。外壁上部饰细弦纹。口径11.4、足径5.4、高3.6厘米（图一七，7）。

竹林坑窑IT1010②：12

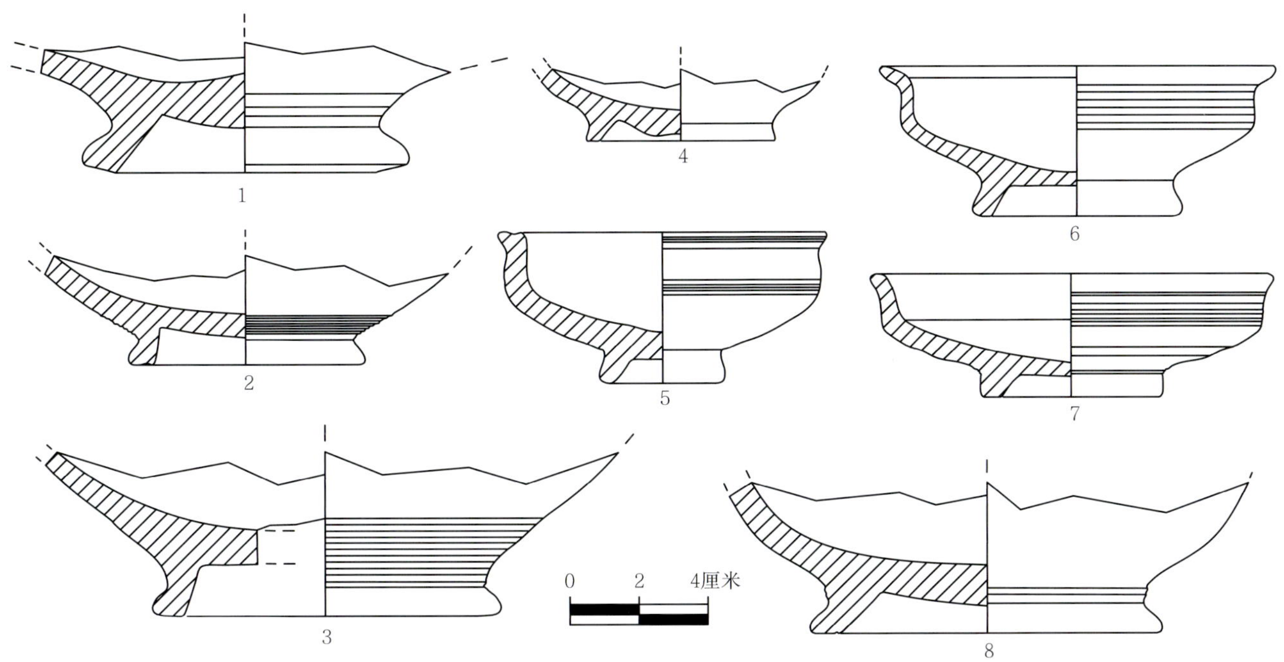

图一七　竹林坑窑IY1出土原始青瓷豆

1、2、3、4、8.豆圈足（竹林坑窑I T1010②：01、竹林坑窑I T1010②：04、竹林坑窑I T1010①：03、竹林坑窑T1010①：08、竹林坑窑I T1011①：03）　5～7. A II式（竹林坑窑I T1211②：01、竹林坑窑I T1211②：03、竹林坑窑I T1010②：12）

B型　上腹内敛，下腹折收。

竹林坑窑IT1211②：08，口沿及腹部残片。圜唇。腹上部贴二个小泥饼。灰胎，青灰釉，脱落严重。口径9、残高3厘米（图一八，13）。

竹林坑窑IT1111①：11，口沿及腹上部残片。圜唇，沿外折。灰胎，口沿及外壁上部饰细弦纹。内外均施釉，釉薄，脱落严重。口径10、残高2.5厘米（图一八，14）。

竹林坑窑IT1211②：08

竹林坑窑IT1111①：11

竹林坑窑IT1010②：07，口沿及腹部残片。圜唇。灰胎，青绿釉略泛褐，釉层较薄，施釉不匀。内外施釉。口沿及外壁上、下部饰细弦纹。口径10.6、残高3.3厘米（图一八，15）。

竹林坑窑IT1010②：07

此外还有部分仅存腹下部和圈足残片。

竹林坑窑IT1010②：01，腹下部、圈足。矮圈足外撇，灰胎，胎体较厚，青绿釉泛灰，施釉不匀，内满釉，外施至足外壁底部，足内无釉。外壁下部饰细弦纹。足径9.4、残高3.8厘米（图一七，1）。

竹林坑窑IT1010②：01

竹林坑窑IT1010②：04，腹下部、圈足残片。矮圈足外撇，灰胎，青绿釉泛灰，内外均施釉。外壁下部饰细弦纹。足径6.8、残高3.2厘米（图一七，2）。

竹林坑窑IT1010②：04

竹林坑窑IT1010①：03，腹下部、圈足残片。圈足外撇。灰胎，胎体较厚重，青灰釉泛绿，内外均施釉，腹下部饰细弦纹。足径10、残高4.8厘米（图一七，3）。

竹林坑窑IT1010①：08，腹下部、圈足残片。矮圈足外撇，足内下凹。灰胎，夹细砂。釉脱落殆尽。足径5.4、残高2厘米（图一七，4）。

竹林坑窑IT1010①：03

竹林坑窑IT1010①：08

竹林坑窑IT1011①：03，腹下部、圈足残片，略生烧。内外底微下凹，圈足外撇。灰胎，夹细砂。青灰釉泛绿，内外均施釉，釉层薄。足径10.2、残高4.4厘米（图一七，8）。

竹林坑窑IT1011①：03

（2）罐　数量极少。依口沿形态可分四型。

A型　敞口。

竹林坑窑IT1011②：02，口沿、肩部残片。方唇，敞口，溜肩。灰胎。青绿釉，玻化程度好，施釉不均匀，内外均施釉，内壁釉脱落严重。口沿及肩部饰细弦纹。口径11.2、残高3厘米（图一八，1）。

竹林坑窑IT011②：02

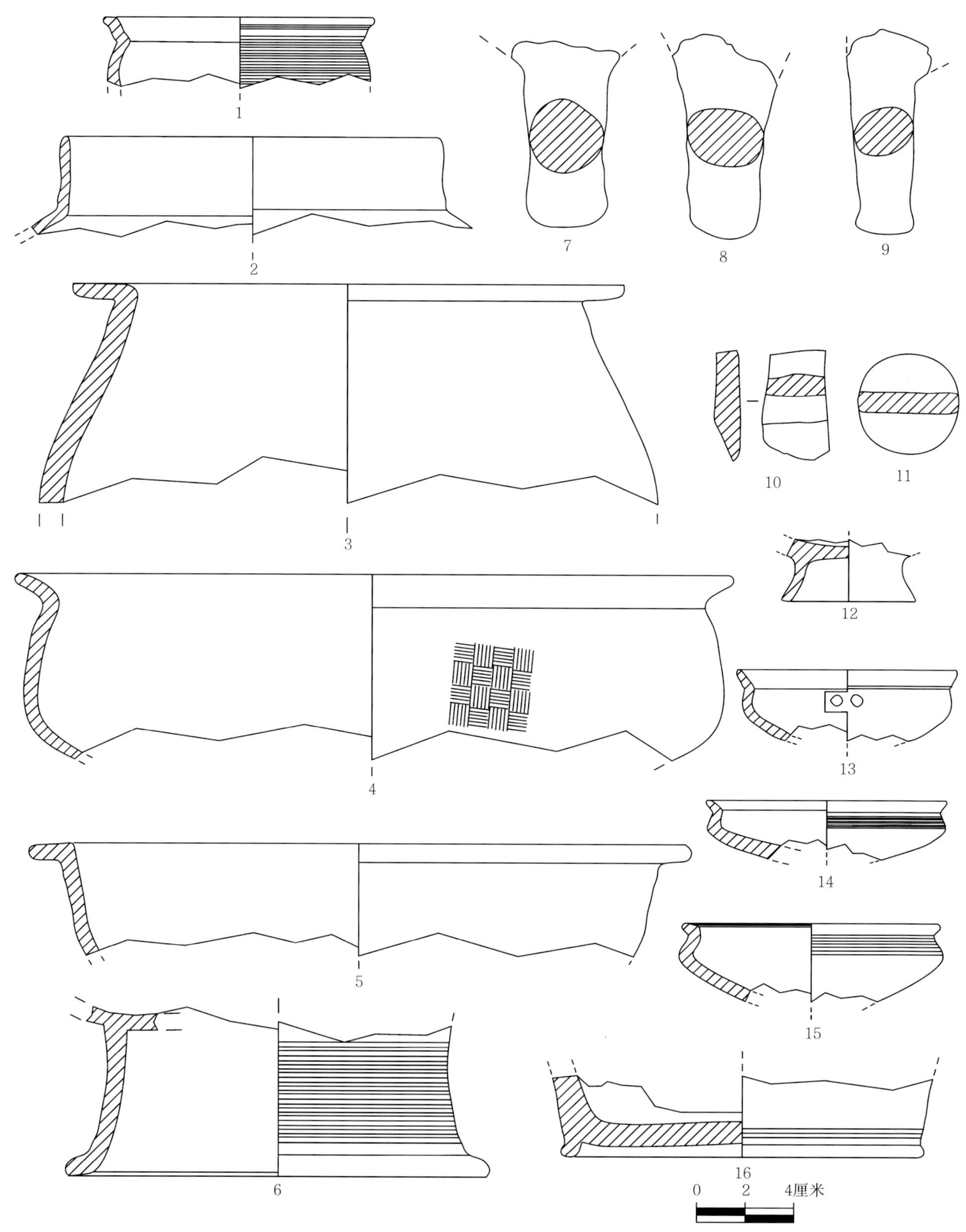

图一八 竹林坑窑IY1出土原始瓷器、陶器、石器

1. A型原始瓷罐（竹林坑窑I T1011②：02） 2. B型原始瓷罐（竹林坑窑I T1111①：12） 3. D型原始瓷罐（竹林坑窑I T1010②：06） 4. C型原始瓷罐（竹林坑窑I T1011②：01） 5. 陶盆（竹林坑窑I T1111①：04） 6、12、16. 原始瓷圈足（竹林坑窑I T1010①：02、竹林坑窑I T1010②：08、竹林坑窑I T1111①：02） 7～9. 陶器足（竹林坑窑I T1211②：04、竹林坑窑I T1111②：01、竹林坑窑I T1211②：05） 10.石锛（竹林坑窑I T1011Y1①：04） 11.圆饼形原始瓷器（竹林坑窑I T1010①：01） 13～15. B型原始瓷豆（竹林坑窑I T1211②：08、竹林坑窑I T1111①：11、竹林坑窑I T1010②：07）

B型　直口。

竹林坑窑ⅠT1111①：12，口沿残片。圜唇，口微敞。灰胎，青灰釉泛绿，釉面有斑点状凝釉。口径16、残高4.1厘米（图一八，2）。

竹林坑窑ⅠT1111①：12

C型　擞口。

竹林坑窑ⅠT1011②：01，口沿及肩部残片，略变形。圜唇，溜肩。灰胎。青黄釉，釉薄，玻化程度好，施釉不均匀，内外均施釉，内壁釉脱落严重。外壁拍印席纹。口径30、残高8厘米（图一八，4）。

竹林坑窑ⅠT1011②：01

D型　口沿外折。

竹林坑窑ⅠT1010②：06，口沿及肩部残片，变形严重。圜唇，口沿外折，溜肩。灰胎，青绿釉略泛灰，釉层较薄，施釉不匀，有点状凝釉，釉面布满冰裂纹。外满釉，内壁肩下局部无釉，应采用刷釉法所致，外壁粘有少量窑渣。口径23、残高11.4厘米（图一八，3）。

竹林坑窑ⅠT1010②：06

（3）圆饼形器

竹林坑窑ⅠT1010①：01，圆饼形。灰胎，青灰釉泛绿，釉薄，通体施釉，粘零星窑渣。直径4.2、厚0.85厘米（图一八，11）。

竹林坑窑ⅠT1010①：01

（4）**其他** 此外还有部分不明器物残片。

圈足

竹林坑窑IT1010①：02，圈足残片。圈足较高，下部微外撇。灰胎，青灰釉略泛黄，内外均施釉，外壁釉较为光亮，足内釉较稀薄。足径18、残高6.5厘米（图一八，6）。

竹林坑窑IT1010②：08，圈足呈喇叭形，灰胎，青灰釉，外施釉至足外壁底部，足内无釉。足外壁下部粘较多窑渣。足径5.6、残高2.6厘米（图一八，12）。

竹林坑窑IT1010②：08

竹林坑窑IT1111①：02，腹下部、圈足残片。内外底较平，矮圈足。灰胎，青绿釉泛灰，内外均施釉，釉薄。圈足外壁饰弦纹，腹外壁饰席纹。足径15、残高3.4厘米（图一八，16）。

竹林坑窑IT1111①：02

圆圈形器

竹林坑窑IT1211②：06，仅存一段。上下以及内外侧均施釉。灰胎，青绿釉，釉薄，施釉不均匀，有流釉现象。高4.4厘米。

竹林坑窑IT1211②：06

竹林坑窑IT1010②：05，腹部残片。外壁拍印方格纹，内壁可见指按痕。灰胎，青黄釉，釉层较薄，施釉不匀，外满釉，内壁有斑点状釉痕。长10.9、宽8.3厘米。

竹林坑窑IT1010②：05

2. 陶器

除原始瓷器外，出土遗物中还有少量陶器，器形主要有盆、罐、甗、凹底器等，此外还有部分陶器的器足、器把等。

（1）**盆**　仅见少量口沿、腹部残片，未见完整器形。

竹林坑窑IT1111①：04，口沿、腹上部残片。圜唇，口沿外折。灰褐胎。口径28.2、残高4.7厘米（图一八，5）。

竹林坑窑IT1111①：04

竹林坑窑IT1010①：07，口沿、腹上部残片。圜唇，口沿外折。灰褐胎。口径23、残高4.1厘米（图一九，6）。

竹林坑窑IT1011①：02，口沿、腹上部残片。圜唇，口沿外折。灰褐胎。口径24、残高4.3厘米（图一九，9）。

竹林坑窑IT1010①：07

竹林坑窑IT1011①：02

（2）罐　仅见少量口沿、足部残片，未见完整器形。

竹林坑窑IT1010①：05，口沿、颈部残片。圜唇，敞口，微束颈。灰褐胎，口径14、残高5.8厘米（图一九，1）。

竹林坑窑IT1010①：05

竹林坑窑IT1010②：02，腹下部、圈足残片。灰胎，圈足较矮，底下凹，中上微上凸。足径11.6、残高5.5厘米（图一九，2）。

竹林坑窑IT1010②：02

（3）甗　仅见少量腹中部残片，未见完整器形。

竹林坑窑IT1111①：10，腹部残片。灰褐胎，残高6.6厘米（图一九，3）。

竹林坑窑ⅠT1111①：10

竹林坑窑IT1011②：04，腹部残片。灰褐胎，器表局部呈红褐色。残高5.4厘米（图一九，4）。

竹林坑窑IT1010①：04，腹部残片。灰褐胎，残高3.7厘米（图一九，5）。

竹林坑窑IT1011②：04

竹林坑窑IT1010①：04

（4）其他

凹底器　仅见腹下部、底部残片，未见完整器形。

竹林坑窑IT1010①：10

竹林坑窑IT1010①：10，底部残片。底内凹。灰黄胎，外壁拍印席纹。底径9.6、残高1.5厘米（图一九，10）。

器足　在窑址中发现部分器物的足，但未见完整器形。

竹林坑窑IT1111①：09，上端略大，顶部断面呈斜坡状，下部略小，稍残，横剖面呈圆形，灰黄胎，夹粗砂。外表可见捏制痕迹。残长8厘米。

竹林坑窑IT1211②：04，圆柱状，黄褐胎，夹粗砂。外表可见捏制痕迹。残长7.8厘米（图一八，7）。

竹林坑窑IT1111①：09

竹林坑窑IT1211②：04

竹林坑窑IT1111②：01

竹林坑窑IT1111②：01，上端略大，顶部断面呈斜坡状，下部略小，横剖面呈椭圆形，灰胎，夹粗砂。外表可见捏制痕迹。残长8.6厘米（图一八，8）。

竹林坑窑IT1211②：05，上端略大，顶部断面呈斜坡状，下部略小，横剖面呈圆形，灰胎，外表可见捏制痕迹。残长8.6厘米（图一八，9）。

竹林坑窑IT1111①：13，扁柱状，灰白胎，夹粗砂。外表可见捏制痕迹。残长6.6厘米。

竹林坑窑IT1211②：05

竹林坑窑IT1111①：13

器把

竹林坑窑IT1011①：01，扁条形把，微弧。灰胎，外表可见捏制痕迹。残长5.0厘米（图一九，7）。

竹林坑窑IT1010②：03，扁条形把，末端上翘。灰胎，外表可见捏制痕迹。残长4.7厘米（图一九，8）

竹林坑窑I T1011①：01

竹林坑窑IT1010②：03

3. 石器

竹林坑窑IT1011Y1①：04，石锛，石质较软，长条形，刃部稍残，有使用过的痕迹。长4.6、宽2.2～2.6、厚1厘米（图一八，10）。

竹林坑窑IT1011Y1①：04

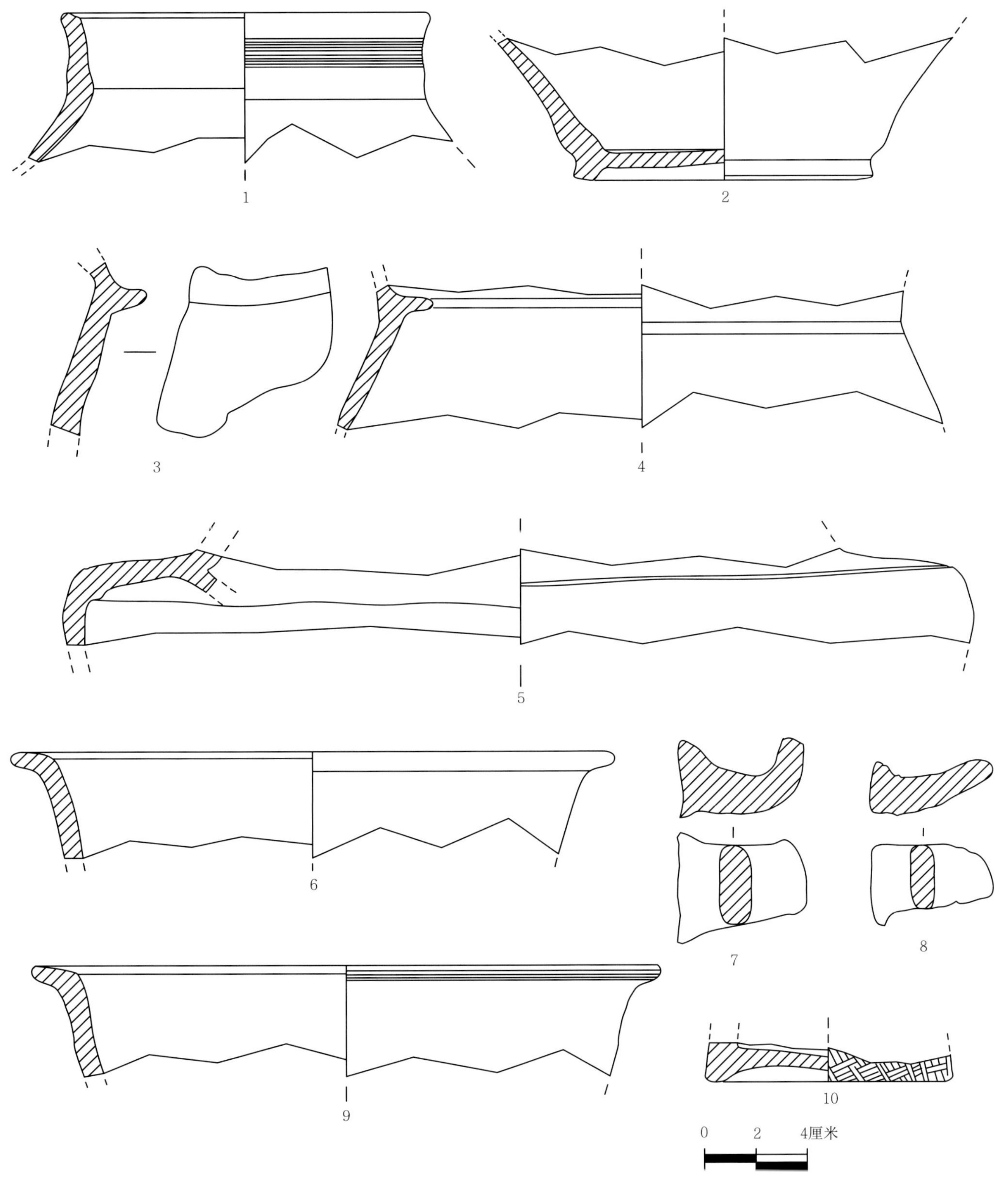

图一九　竹林坑窑ⅠY1出土陶器

1、2. 陶罐（竹林坑窑ⅠT1010①：05、竹林坑窑ⅠT1010②：02）　3～5. 陶甗（竹林坑窑ⅠT1111①：10、竹林坑窑ⅠT1011②：04、竹林坑窑ⅠT1010①：04）　6、9. 陶盆（竹林坑窑ⅠT1010①：07、竹林坑窑ⅠT1011①：02）　7、8. 陶器把（竹林坑窑ⅠT1011①：01、竹林坑窑ⅠT1010②：03）　10. 凹底器（竹林坑窑ⅠT1010①：10）

二、竹林坑窑IY2

竹林坑窑IY2亦因为解放初期开荒种地，兴修水利工程和修建生产便道破坏严重。并且由于地表种植板栗树，无法全面揭露，仅对便道旁边的断坎进行清理（图二〇）。

图二〇　竹林坑窑IY2断面

图二一　清理窑底堆积

（一）窑炉遗迹

竹林坑窑IY2位于一号窑址东部，西距竹林坑窑IY1约10米。由于窑炉遗迹已在解放初期平整土地、兴修水利时破坏严重，仅存部分窑底，废品堆积亦破坏无存。由于时间关系，只对残存的部分窑炉遗迹进行清理（图二一）。在做好绘图、摄影、摄像等资料记录工作后，对窑炉遗迹进行回填。

由于窑炉遗迹破坏严重，地层关系亦比较简单，第1层即耕土层下，直接露出窑炉遗迹，经清理，已揭露部分窑炉残长1.7、窑室宽约2米。窑室底部只有一层红褐色土，厚约0.2米，表面约0.05米为烧结层（图二二）。

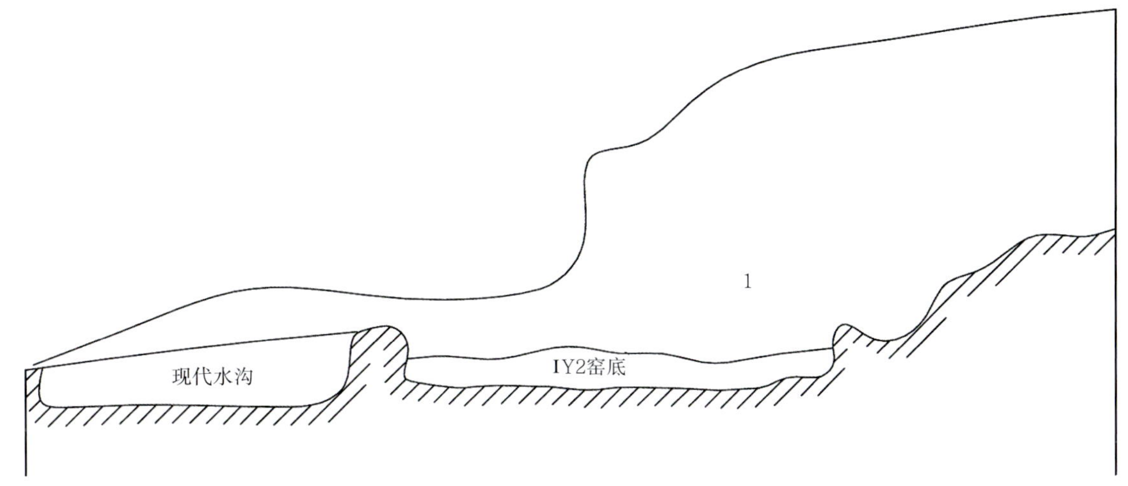

图二二　竹林坑窑ⅠY2断坎剖面图

（二）出土遗物

出土遗物与竹林坑窑ⅠY1相近，主要为原始瓷器，此外还有少量陶器。出土遗物中未发现窑具。

1. 原始瓷器

原始瓷器是竹林坑窑ⅠY2的主要产品，由于废品堆积破坏殆尽，只在第1层即耕土层和窑床表面出土少量标本，产品种类亦比较少。以豆为主，还有少量罐、尊等。胎多呈灰色或灰白色，淘洗不够精细，含较多细砂，胎中还有少量小孔。釉多呈青灰、青绿色，部分略偏褐或泛黄。釉层较薄，大部分内外均施釉，部分外施釉至足外壁，足内无釉。胎釉结合较紧密，除少量因为火候原因，釉脱落严重外，大部分釉保存较好，有细密的冰裂纹，个别器物局部有银灰色窑变。

（1）豆　数量最多，器形大小不一，是该窑的主要产品。按整体形态可分二型。

A型　撇口，折沿。依口沿、腹部形态可分二式。

Ⅰ式：上腹略外斜，下腹折内收。

竹林坑窑ⅠY2：09，豆盘口沿、腹部残片。圆唇，口微外撇，外壁上部残存一小泥饼。口沿及外壁上、下部饰细密弦纹。灰胎，青黄釉，内底局部有银灰色窑变。口径22、残高3.9厘米（图二三，1）。

竹林坑窑ⅠY2：09

II式：上腹直，下腹圆折收。

竹林坑窑IY2①：12，口沿、腹部残片。圆唇，沿外折，上腹较直，外壁贴一粗横“S”纹。下腹折收。灰胎，青绿釉泛褐，内外均施釉。口沿及外壁上部饰细弦纹。口径19、残高4.4厘米（图二三，2）。

竹林坑窑IY2①：12

竹林坑窑IY2：08，口沿、腹部残片，圆唇，撇口，沿外侧残存一个由三条并列泥条组成的桥形横耳，口沿及外壁上部饰较细弦纹。灰胎，青黄釉泛绿。口径18、残高3.4厘米（图二三，3）。

竹林坑窑IY2：08

竹林坑窑IY2：02，残，可复原。圜唇，口外撇，上腹较直，下腹弧收，内底中心下凹，圈足微外撇，足内较平，外壁上部残存二对小泥饼（复原应为四对），口沿及外壁上、下部饰细弦纹。灰胎，青灰釉泛绿，内外满釉，釉面布满冰裂纹，内底釉面粘大量窑渣。口径13.4、足径6.8、高4.9厘米（图二三，8）。

竹林坑窑IY2：02

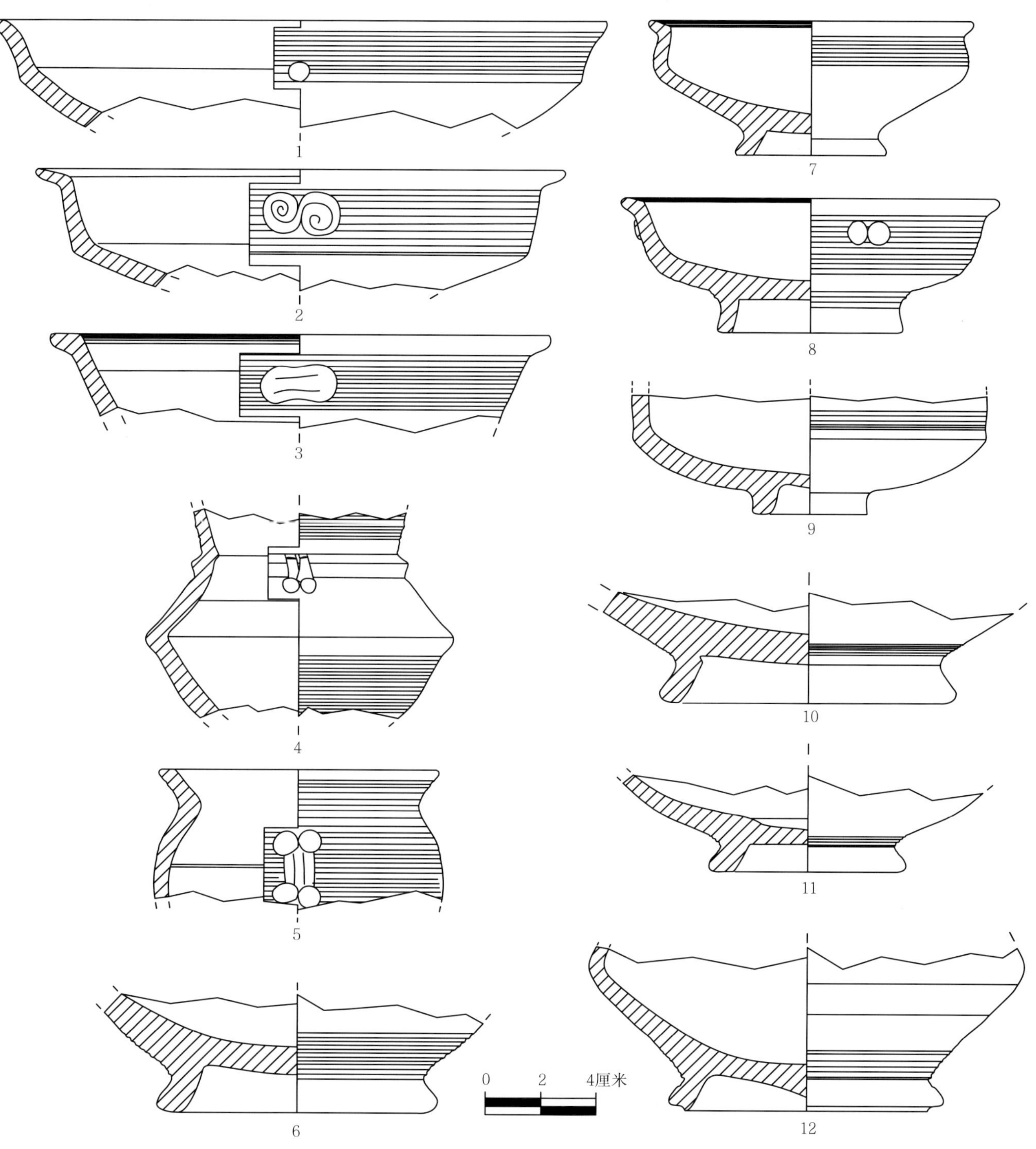

图一三　竹林坑窑ⅠY2出土原始瓷器

1. AⅠ式豆（竹林坑窑ⅠY2：09）　2、3、8. AⅡ式豆（竹林坑窑ⅠY2①：12、竹林坑窑ⅠY2：08、竹林坑窑ⅠY2：02）　4、5. 尊（竹林坑窑ⅠY2：04、竹林坑窑ⅠY2①：16）　6、10～12. 豆圈足（竹林坑窑ⅠY2①：03、竹林坑窑ⅠY2①：02、竹林坑窑ⅠY2：15、竹林坑窑ⅠY2①：05）　7、9. B型豆（竹林坑窑ⅠY2：01、竹林坑窑ⅠY2①：01）

竹林坑窑IY2：01

B型　上腹内敛，下腹折收。

竹林坑窑IY2：01，残，可复原。圜唇，口外撇，内底下凹，圈足微外撇，口沿及外壁上部饰细弦纹。灰胎，青灰釉，内满釉，外施至圈足足根，部分流至足内，釉面粘较多窑渣。口径11.8、足径5.4、高4.9厘米（图二三，7）。

竹林坑窑IY2①：01，腹部、圈足残片，生烧。内底下凹，圈足微外撇，外壁上部饰细弦纹。灰黄胎，足径4.3、残高4.3厘米（图二三，9）。

竹林坑窑IY2①：01

此外，还有部分豆腹下部、圈足残片。

竹林坑窑IY2①：03，腹下部、圈足残片，生烧。内外底弧，圈足外撇，灰白胎，胎体较厚重，外壁下部饰细弦纹。足径10、残高4.3厘米（图二三，6）。

竹林坑窑IY2①：03

竹林坑窑IY2①：02，腹下部、圈足残片。内外底微下弧，圈足外撇，灰胎，胎体较厚，青绿釉泛灰，内外均施釉。外壁下部饰细弦纹。足径10.8、残高4厘米（图二三，10）。

竹林坑窑IY2①：02

竹林坑窑IY2：15，残，豆盘底部、圈足，生烧。内底中心下凹，矮圈足外撇。外壁下部饰细密弦纹。灰黄胎。足径7.2、残高3.5厘米（图二三，11）。

竹林坑窑IY2：15

竹林坑窑IY2①：05，腹下部、圈足残片。内外底弧，圈足外撇，灰胎，胎体较厚，青褐釉泛灰，内外均施釉，釉薄，脱落严重。外壁下部饰细弦纹。足径10、残高6厘米（图二三，12）。

竹林坑窑IY2①：05

竹林坑窑IY2①：11，腹下部、圈足残片。内外底下凹，圈足外撇，灰胎，胎体较厚，青绿釉泛灰，内外均施釉。外壁下部饰细弦纹。足径9.4、残高4.2厘米（图二四，6）。

（2）**尊**　数量较少，仅见口沿、腹部残片，未见可复原者。

竹林坑窑IY2：04，颈、肩、腹部残片。直颈，折肩，颈肩交接处有一道凸棱，并残存一个由二并列泥条组成的竖耳，耳下端贴二个小泥饼。灰胎，青绿釉泛灰，釉面有斑点状凝痕。外壁通体饰细弦纹，粘少量窑渣。内壁颈肩交接处可见接痕。残高7.5厘米（图二三，4）。

竹林坑窑IY2：04

竹林坑窑IY2①：16，口沿、腹上部残片。尖唇，侈口，束颈，溜肩，外壁残存一个由三条并列泥条组成的桥形竖系，两端各贴两个小泥饼。灰胎，青绿釉泛灰，内外均施釉，施釉不均匀。外壁满饰细弦纹。口径10、残高5.1厘米（图二三，5）。

竹林坑窑IY2①：16

竹林坑窑IY2①：09

（3）罐　数量较少，仅见口沿或腹部、圈足残片，未见可复原者。

竹林坑窑IY2①：09，口沿、肩部残片，略生烧。方唇，口微敞。灰白胎，内外均施釉，脱落严重。外壁拍印席纹，内壁颈、肩交接处可见接痕，肩部有指痕。口径10、残高3.2厘米（图二四，1）。

竹林坑窑IY2①：04，腹下部、圈足残片。内外底微弧，外底中心上凸。圈足足端较圆，灰胎，青绿釉泛灰，内满釉，外施至足外壁，釉薄，施釉不均匀。外壁底部饰细弦纹。足径8.2、残高4厘米（图二四，7）。

竹林坑窑IY2①：04

竹林坑窑IY2：14，腹下部、圈足残片。内外底微弧，外底中心上凸。圈足微外撇，外壁下部饰细弦纹。灰胎，青绿釉泛黄，釉薄，釉面有斑点状凝痕，内外均施釉，脱落较多。足径9.6、残高4.1厘米（图二四，8）。

竹林坑窑IY2：14

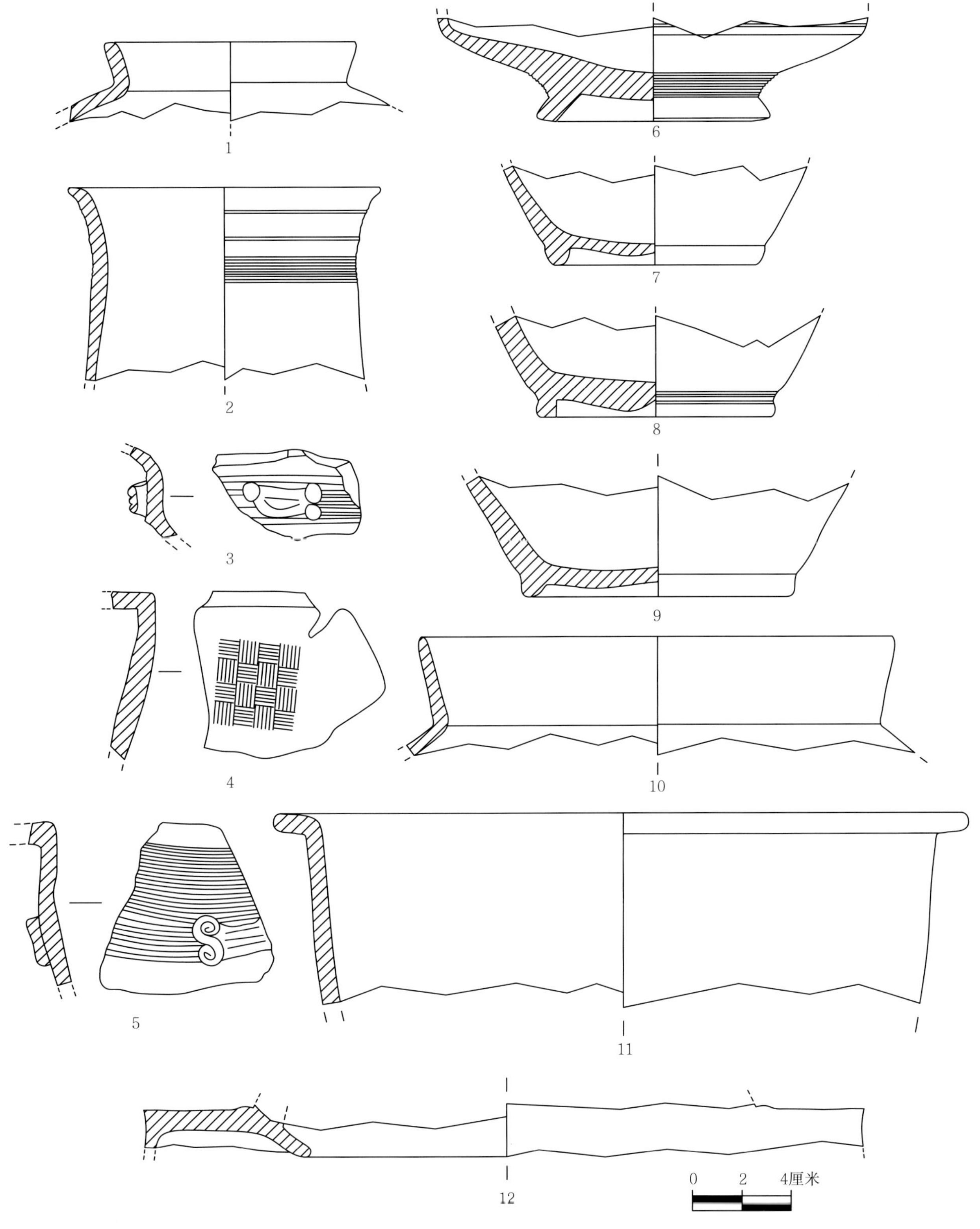

图二四　竹林坑窑IY2出土陶瓷器

1、7～10. 原始瓷罐（竹林坑窑I Y2①：09、竹林坑窑I Y2①：04、竹林坑窑I Y2：14、竹林坑窑I Y2：13、竹林坑窑I Y2①：08）　2. 陶罐口沿（竹林坑窑I Y2：03）　3、5. 原始瓷器残片（竹林坑窑I Y2①：10、竹林坑窑I Y2 ①：13）　4、11. 陶器残片（竹林坑窑I Y2①：14、竹林坑窑I Y2①：15）　6. 原始瓷豆（竹林坑窑I Y2①：11）　12. 陶甗（竹林坑窑I Y2①：18）

竹林坑窑IY2：13，腹下部、圈足残片，生烧。内外底微弧，中心上凸。圈足微外撇，外壁下部饰细弦纹。灰黄胎，足径11、残高4.9厘米（图二四，9）。

竹林坑窑IY2：13

竹林坑窑IY2①：08，口沿残片。圜唇，敞口。灰胎，青绿釉泛灰，内外均施釉。口径19、残高4.8厘米（图二四，10）。

竹林坑窑IY2①：08

竹林坑窑IY2①：17，变形严重，粘在一起。圜唇，敞口。灰黄胎，青褐釉，内外均施釉，釉薄。

（4）**其他**　器物残片，器形不明。

竹林坑窑IY2①：10，腹部残片。折腹，外壁残存一个由三条并列泥条组成的桥形横系，两端各贴一对小泥饼。灰胎，青绿釉泛灰，内外均施釉，釉薄，施釉不均匀。外壁上部饰细弦纹。长6.2、残高3.7厘米（图二四，3）。

竹林坑窑IY2①：17

竹林坑窑IY2①：10

竹林坑窑IY2①：13，腹部残片。外壁残存一个由四条并列泥条组成的半环形横系，残存一端贴一粗竖“S”纹。灰胎，青绿釉泛褐，内外均施釉，釉薄，施釉不均匀。外壁饰细弦纹。长7、宽7厘米（图二四，5）。

竹林坑窑IY2①：13

竹林坑窑IY2①：07，口沿残片。圜唇，撇口，折沿，灰胎，青绿釉泛黄，内外均施釉，脱落严重。口沿及外壁饰细弦纹。口径18、残高2厘米。

竹林坑窑IY2①：07

2. 陶器

陶器器形主要有罐、甗、凹底器等，此外还有部分陶器的口沿等。

（1）罐　仅见口沿、颈部残片，未见可复原者。

竹林坑窑IY2：03，口沿、颈部残片。圜唇，敛口。灰褐胎，颈部饰细弦纹。内壁可见手指痕。口径12.4、残高7.8厘米（图二四，2）。

竹林坑窑IY2：03

（2）甗　仅见腹中部残片，未见可复原者。

竹林坑窑ⅠY2①：18，腹中部残片。平折腹，内壁突出一圈。灰胎，外壁印席纹。残高2厘米（图二四，12）。

竹林坑窑ⅠY2①：06，腹部残片。内壁突出一圈。深灰胎，残高3.4厘米。

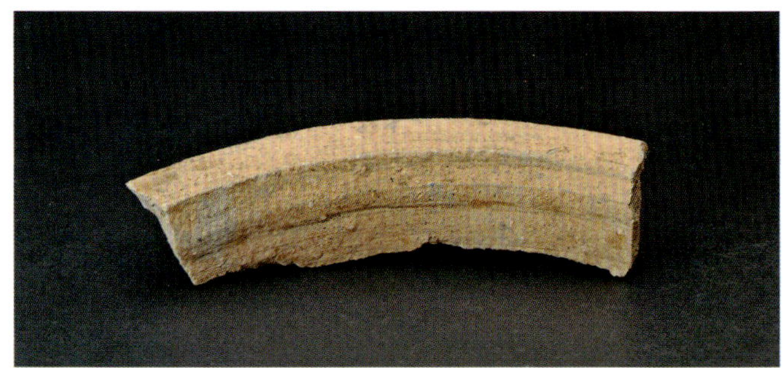

竹林坑窑ⅠY2①：06

（3）凹底器

竹林坑窑ⅠY2：07，底部残片。底内凹。灰胎，外底可见粗旋痕，粘少量窑渣。残高2.9厘米。

竹林坑窑ⅠY2：07

（4）其他　口沿、肩部残片。

竹林坑窑ⅠY2①：15，口沿、肩部残片。圜唇，沿外折。深灰胎，外壁拍印席纹，内壁有指痕。口径28、残高7.9厘米（图二四，11）。

竹林坑窑ⅠY2①：15

竹林坑窑ⅠY2①：14，口沿、肩部残片。侈口，灰褐胎，外壁拍印席纹。长7.9、宽6.8厘米（图二四，4）。

竹林坑窑ⅠY2①：14

竹林坑一号窑址出土标本纹饰与器形统计表参见表一、表二。

表一　竹林坑一号窑址出土标本纹饰统计表

类别＼名称	竹林坑窑ⅠY1							竹林坑窑ⅠY2							
	素面	弦纹	方格纹	席纹	堆贴小泥饼	合计	百分比	素面	弦纹	方格纹	席纹	堆贴 小泥饼	堆贴 S纹	合计	百分比
原始瓷器	249	81	19	6	9	364	87.1	107	25	4	9	4	3	152	85.4
陶器	42		6	5		53	12.9	18	3		5			26	14.6
共计						417	100							178	100

表二　竹林坑一号窑址出土标本器形统计表

名称	类别	竹林坑窑ⅠY1							竹林坑窑ⅠY2				
		A型 Ⅰ	A型 Ⅱ	B型	C型	D型	合计	百分比	A型 Ⅰ	A型 Ⅱ	B型	合计	百分比
原始瓷器	豆	21	12	5			38	44.6	3	5	4	12	26.7
	豆圈足	8					8	9.4	10			10	22.2
	罐	2		2	1	1	6	7.1	9			9	20
	圆饼形器	1					1	1.2				0	0
	圆圈形器	2					2	2.4				0	0
	尊						0	0	5			5	11.1
陶器	盆	5					5	5.9				0	0
	罐	4					4	4.7	3			3	6.7
	甗	6					6	7.1	4			4	8.9
	凹底器	3					3	3.5	2			2	4.4
	器足	7					7	8.2				0	0
	器把	4					4	4.7				0	0
石器	锛	1					1	1.2				0	0
共计							85	100				45	100

第二节　竹林坑二号窑址

竹林坑二号窑址位于窑址群的中部，东距一号窑址约100米，西距四号窑址约150米。二号窑址所在山包相对高度约20米，地表种植大片茶树，南侧山脚有一条水泥机耕道，绕过东侧山坡，从坡顶通向北边山顶茶园。西侧山脚有一条小溪向南流入黄柏溪。山包顶部靠西侧有一座民国时期的瓦窑，由于废弃已久，窑炉倒塌，地表散落大量窑砖和瓦片堆积。因此当地人又称此处为瓦厂后。

图二五　竹林坑二号窑址发掘现场

已发掘的一处窑炉遗迹位于山包东坡，编号IIY1，由于窑炉前段机耕道破坏，后段又被瓦厂平整场地时破坏，残存部分窑炉遗迹上覆盖着1米多厚的瓦片等堆积，地表种植茶树。因此未对其进行全部揭露，只对靠近机耕道断面处清理了1米左右，后段未清理（图二五）。了解窑炉构造情况后，采取回填保护。

一、地层堆积

从被机耕道破坏的断面来看，地层可分为4层，大致呈斜坡状堆积（图二六）：

第1层，厚约0.4～1.3米，表土层，土色较杂，灰黑土与灰黄土、黑土交错叠压，质较疏松，夹杂大量近现代瓦片和植物根茎等。此层为瓦厂废弃堆积。

第2层，厚0.05～0.35米，灰黄土，土质较纯，致密，夹杂零星窑砖残块。此层为瓦厂平整场地时垫土层。

第3层，厚0.05～0.15米，青灰土，较纯，质稍松软，夹杂少量红烧土块和窑汗残块。此层为建瓦厂前的山体地表。

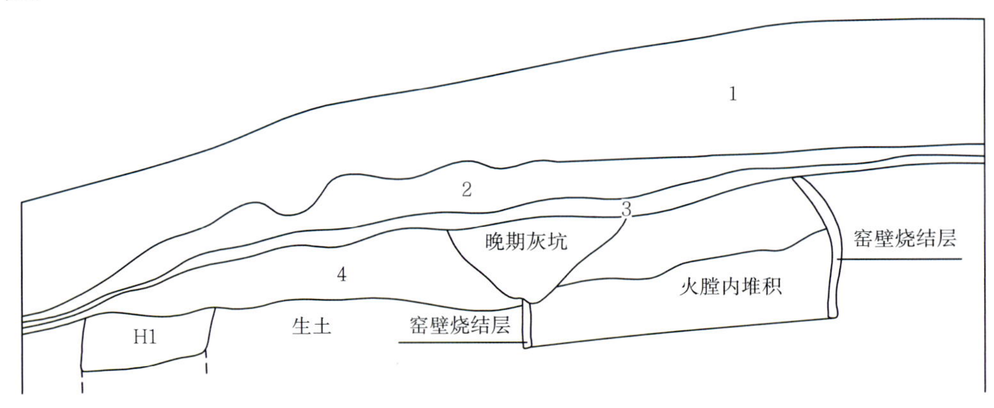

图二六　竹林坑窑IIY1断坎剖面图

第4层，厚0～0.48米，浅黄褐土，致密，夹少量红烧土粒。此层为窑炉破坏后形成的堆积。

第4层下为生土。

竹林坑窑IIY1窑炉遗迹开口于第4层下，打破生土层。

窑内堆积可分2层：

IIY1①层，厚0.45米，红褐土，中间夹杂着大量窑顶、窑壁倒塌下来的红烧土、窑汗等，此外还有少量的原始青瓷残片。此层为窑内倒塌堆积层。

IIY1②层，厚0.42米，灰黑土，较疏松，中间夹杂着大量的窑碴等。此层为火膛内灰烬堆积。

二、窑炉遗迹

从已清理出来的窑炉遗迹来看，其形状结构应与竹林坑窑IY1相似，亦为斜坡式龙窑，窑头朝向东，方向80°。窑炉分火膛与窑室。窑顶已被破坏，火膛北侧窑壁烧结层保存稍好，残高0.88、厚0.05～0.15米，南侧窑壁烧结层残高0.2、厚0.05米。火膛宽1.8、残进深1.2米。

在窑炉南侧断面上，距IIY1约1.9米处，还发现一灰坑遗迹，编号H1。开口第4层下，打破生土。坑壁较直，坑底由于被水泥路面遮盖，未清理到底。坑内填土呈红褐色，夹较多红烧土块和瓷片（图二七）。

图二七　竹林坑窑IIY1窑炉遗迹

三、出土遗物

由于废品堆积和窑炉遗迹被修建机耕道和瓦厂破坏殆尽，只在H1及窑内倒塌堆积中出土少量标本，均为原始瓷器，未发现窑具。产品种类只发现豆一种。胎多呈灰色或灰黄色，淘洗不够精细，含较多细砂，胎中还有少量小孔。釉多呈青绿色，部分略偏褐或泛黄。釉层较薄，大部分内外均施釉，部分外施釉至足外壁，足内无釉。胎釉结合较紧密，大部分釉保存较好。

豆　分二型。

A型　器形较大，折腹。依口沿可分二式。

I式：口沿外折。

竹林坑窑IIH1：01，腹底部、圈足残片。内外底弧，圈足束腰，足端外撇。灰胎，青绿釉泛灰，内满釉，外施至足外壁下部，足内无釉。内底弦纹间饰篦划纹，外壁下部饰较粗弦纹。足径8.6、残高3.4厘米（图二八，3）。

竹林坑窑IIH1：01

竹林坑窑IIH1：04，口沿、腹部残片。圜唇，沿微外侈，上腹较直，下腹折收。灰胎，青绿釉，内底成组细弦纹之间饰短竖条纹。外壁上部饰较粗弦纹。口径20、残高3.5厘米（图二八，5）。

II式：敛口。

竹林坑窑IIH1：03，生烧，仅存口沿、腹部残片。圆唇，敛口，弧腹。灰白胎，夹细砂。口沿及外壁上部饰较粗弦纹。口径10、残高3.7厘米（图二八，2）。

竹林坑窑IIH1：03

竹林坑窑IIY1①：01

竹林坑窑IIY1①：01，生烧，圜唇，弧腹，喇叭形圈足。外壁下部饰细密弦纹。灰黄胎，口沿及外壁上部饰较粗弦纹。口径10、足径6.5、高6厘米（图二八，4）。

B型　器形较小，弧腹。

竹林坑窑IIH1：02，残，可复原。圜唇，沿微外折，矮圈足，内底下凹，腹外壁上部残存一对小泥饼。灰胎，青绿釉泛黄，内外均施釉，足端无釉，釉面有斑点状凝痕，布满冰裂纹，外壁通体饰较粗弦纹。口径8.8、足径5.3、高3.3厘米（图二八，1）。

竹林坑窑IIH1：02

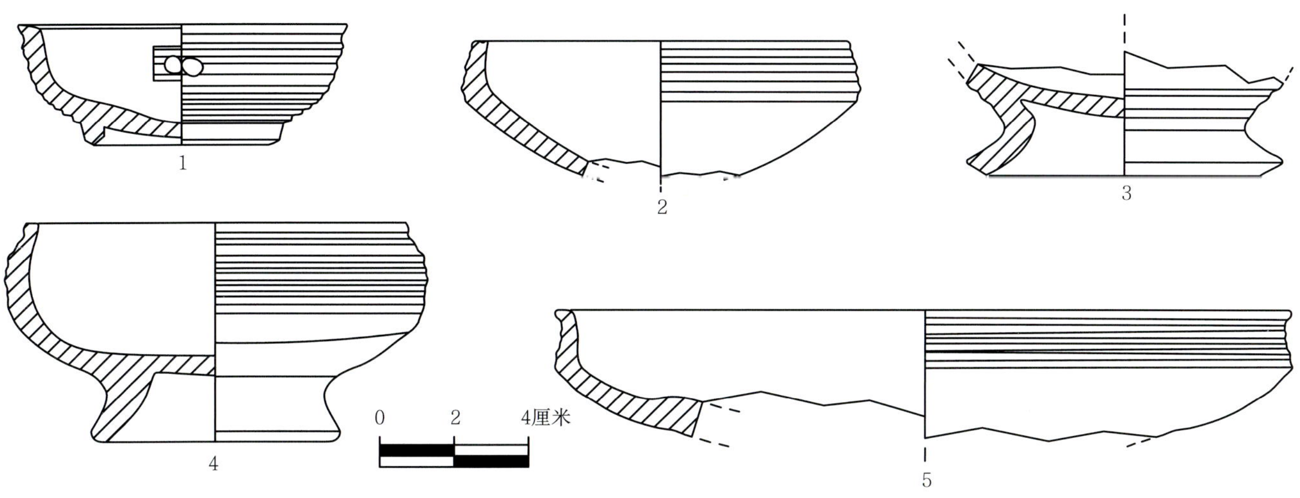

图二八　竹林坑窑IIY1出土原始瓷豆

1、B型（竹林坑窑IIH1：02）　2、4. AII式（竹林坑窑IIH1：03、竹林坑窑IIY1①：01）　3、5.A I式（竹林坑窑IIHI：01、竹林坑窑IIHI：04）

竹林坑二号窑址出土标本纹饰与器形统计表参见表三、表四。

表三　竹林坑二号窑址出土标本纹饰统计表

类别 名称	素面	弦纹	方格纹	篦划纹	合计	百分比
原始瓷器	17	12	4	3	36	90
陶器	4				4	10
共计					40	100

表四　竹林坑二号窑址出土标本器形统计表

类别 名称	A型		B型	合计
	I	II		
原始瓷豆	4	3	2	9

第三节　竹林坑三号窑址

竹林坑三号窑址位于窑址群的东部，西距一号窑址约120米。三号窑址所在山包相对高度约30米，坡度较一号窑址大，地形较陡。地表种植大片茶树，南侧山脚有大片水田。遗物主要分布在山的南坡和西坡，分布范围南北约50米，东西约100米，面积约为5000平方米。由于村民耕地种茶，大量瓷片被翻出地表，中间夹杂较多的红烧土块（图二九）。

图二九　竹林坑窑三号窑址堆积

采集标本主要为原始瓷器，少量陶器。器形种类较少。

1. 原始瓷器

可看出器形的只有豆一种，其他还有部分口沿、圈足残片。

豆　分三型。

A型　器形较大，折腹。依腹、足部形状可分三式。

I式：圈足较大，斜折腹。

竹林坑窑III：01，残，可复原。圆唇，沿外折，下腹折收，内底中心下凹，矮圈足外撇。外壁上部残存一对小泥饼。灰胎，青黄釉泛绿，釉层较薄，釉面有斑块状凝痕，内满釉，外施至足外壁下部，足内无釉，内壁、底及外壁下部粘有较多小窑渣。口沿、外壁上、下部饰较粗弦纹。口径16、足径8、高5.3厘米（图三〇，1）。

竹林坑窑III：01

竹林坑窑III：08，口沿、腹部残片。圜唇，沿外折，上腹略斜，下腹折收。外壁上部残存一对小泥饼。灰胎，青绿釉泛灰，内外均施釉，内壁有银灰色窑变。口沿及外壁上、下部饰较细弦纹。口径14.2、残高4.4厘米（图三〇，2）。

竹林坑窑III：08

II式：圈足较小，上腹较直，下腹内收。

竹林坑窑III：03，残，可复原。尖唇，沿外折，圈足微外撇。灰胎，夹较多细砂，青绿釉，釉层薄，内满釉，外施至足外壁下部，部分流至足内。口沿及外壁上部饰细弦纹。足与盘接痕明显。口径12.2、足径5.8、高4.1厘米（图三〇，4）。

竹林坑窑III：03

III式：喇叭形圈足。

竹林坑窑III：15，残，可复原。圜唇，沿微外折，下腹折收。灰胎，夹较多细砂，质较粗，青灰釉，釉层薄，内满釉，外施至足外壁下部，内底粘有较多小窑渣。口沿及外壁上部饰较粗弦纹。足与盘接痕明显。口径11、足径4.6、高4.8厘米（图三〇，5）。

竹林坑窑III：15

竹林坑窑III：10，残，可复原，生烧。尖唇，沿微外折，下腹弧收。灰白胎，口沿及外壁上部饰较细弦纹。足与盘接痕明显。口径11、足径3.6、高4.5厘米（图三〇，6）。

竹林坑窑III：10

B型　器形较小，弧腹。依圈足形态可分二式。

I式：圈足较大。

竹林坑窑III：13，残，可复原，生烧。尖唇，沿微外折，矮圈足微外撇，外壁上部残存一对小泥饼。灰白胎，口沿及外壁上部饰较细弦纹，外壁下部饰较粗弦纹。口径9.6、足径5.6、高3.2厘米（图三〇，8）。

竹林坑窑III：13

竹林坑窑III：11，足残，生烧。尖唇，沿微外折。灰黄胎，口沿及外壁上部饰较细弦纹。足与盘接痕明显。口径10、残高3.6厘米（图三〇，9）。

竹林坑窑III：11

II式：喇叭形圈足。

竹林坑窑III：09，残，可复原，生烧。尖唇，沿微外折。灰黄胎，口沿及外壁上部饰较细弦纹。足与盘接痕明显。口径9、足径3.8、高3.7厘米（图三〇，10）。

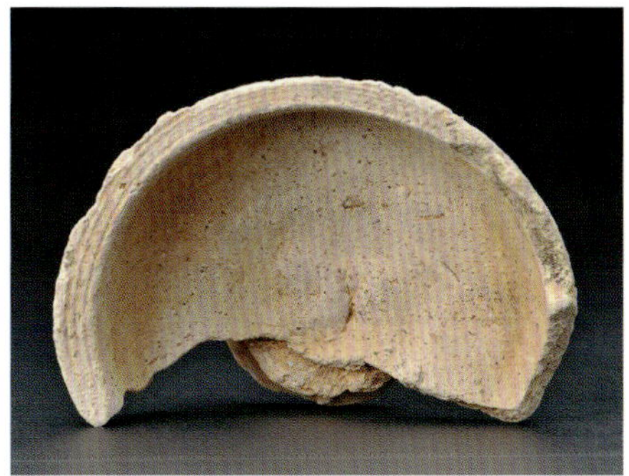

竹林坑窑III：09

C型　上腹内敛，下腹折收。

竹林坑窑III：05，残，可复原，生烧。圜唇，沿外折，矮圈足微外撇。灰白胎，口沿及外壁上、下部饰较粗弦纹。口径12.8、足径5、高4.5厘米（图三〇，3）。

竹林坑窑III：05

此外，还有部分豆口沿、腹部和圈足残片。

竹林坑窑III：14，圈足。内底中心上凸，圈足呈喇叭形。灰胎，夹较多细砂，青灰釉，内满釉，外施至足外壁下部，足内无釉。足径6、残高2.5厘米（图三〇，11）。

竹林坑窑III：14

竹林坑窑Ⅲ：06

竹林坑窑Ⅲ：06，口沿、腹部残片。圜唇，上腹直，下腹弧收。灰胎，青绿釉泛褐，内外均施釉。口沿及外壁上、下部饰较细弦纹。口径11、残高4厘米（图三〇，7）。

竹林坑窑Ⅲ：04，腹下部、圈足。内、外底中心上凸，圈足外撇。灰胎，胎体较厚，青灰釉，内满釉，外施至足外壁下部，大部分流至足端，内底与足端粘有少量小窑渣。外壁下部及足端饰细弦纹。足径9.1、残高2.8厘米（图三〇，12）。

竹林坑窑Ⅲ：04

竹林坑窑Ⅲ：16，腹下部、圈足。下腹折收，内底中心下凹，矮圈足外撇，足内较平。外壁上、下部饰细密弦纹。灰胎，青灰釉泛黄，内满釉，外施至足外壁下部，局部流至足内，内底粘有较多小窑沙。足径5.9、残高3.9厘米（图三〇，13）。

竹林坑窑Ⅲ：16

竹林坑窑Ⅲ：12，腹下部、圈足。盘内底下凹，圈足外撇。灰胎，青绿釉泛灰，内满釉，外施至足外壁下部，足内无釉。外壁下部饰较粗弦纹。足径6.9、残高3.1厘米（图三〇，14）。

竹林坑窑Ⅲ：12

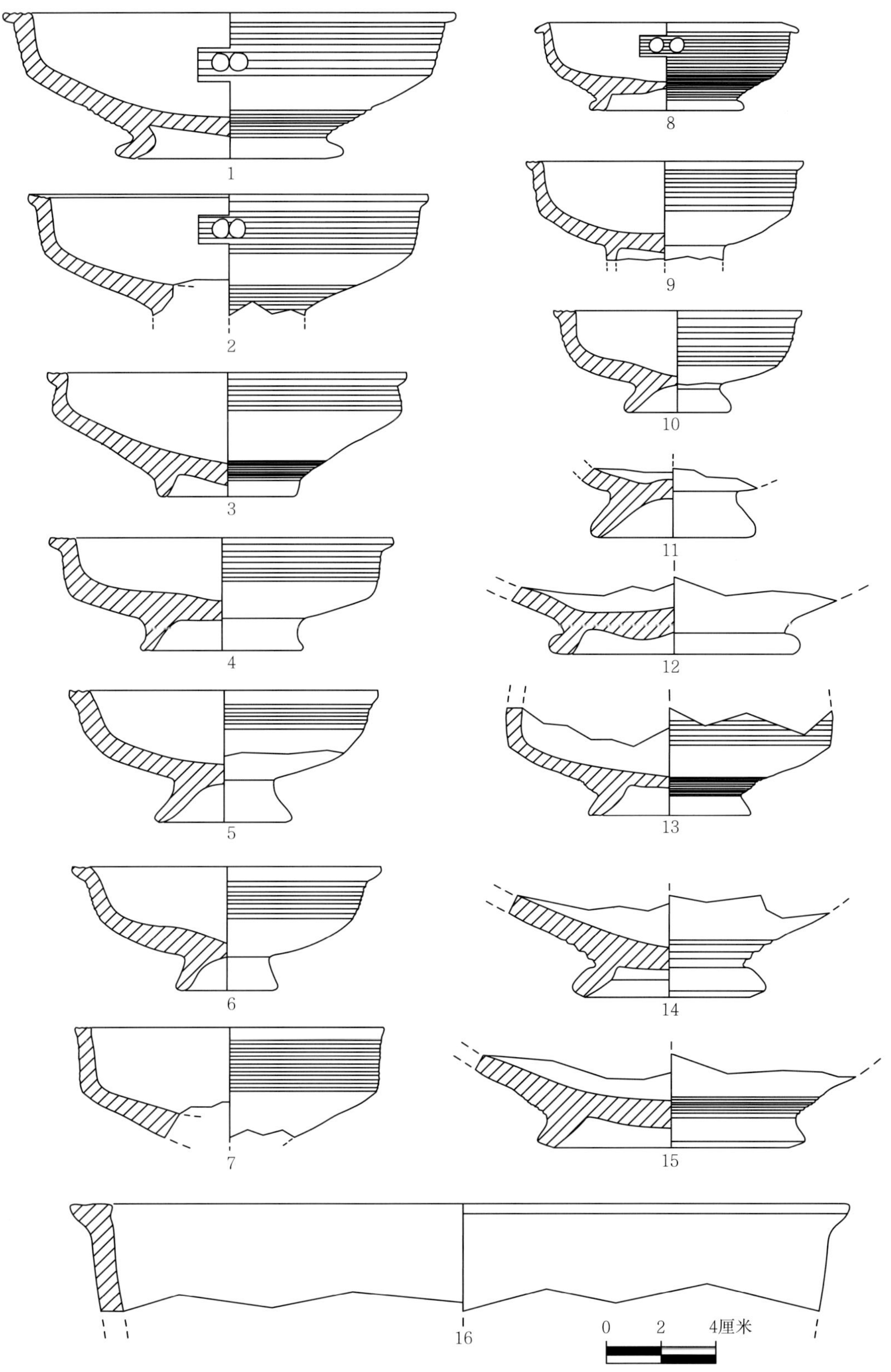

图三〇 竹林坑窑III采集陶瓷器

1、2. AI式原始瓷豆（竹林坑窑III：01、08） 3. C型原始瓷豆（竹林坑窑III：05）
4. AII式原始瓷豆（竹林坑窑III：03） 5、6. AIII式原始瓷豆（竹林坑窑III：15、10）
7、11～15. 原始瓷豆圈足（竹林坑窑III：06、14、04、16、12、02） 8、9. BI式原始瓷豆（竹林坑窑III：13、11）
10、BII式原始瓷豆（竹林坑窑III：09） 16. 陶盆（竹林坑窑III：07）

竹林坑窑Ⅲ：02，腹下部、圈足。内底中心下凹，圈足外撇。灰胎，胎体较厚，青灰釉，内满釉，外施至足外壁下部。外壁饰较细弦纹。足径9.7、残高3.4厘米（图三〇，15）。

竹林坑窑Ⅲ：02

2. 陶器

发现很少，采集标本仅陶盆一种。

竹林坑窑Ⅲ：07，口沿残片。圜唇，宽折沿。灰黑胎，夹较多细砂，质较粗。口径28、残高3.9厘米（图三〇，16）。

竹林坑窑Ⅲ：07

竹林坑三号窑址采集标本纹饰与器形统计表参见表五、表六。

表五　竹林坑三号窑址采集标本纹饰统计表

名称 \ 类别	素面	弦纹	方格纹	席纹	堆贴小泥饼	合计	百分比
原始瓷	3	16	2	2	3	26	92.9
陶器	2					2	7.1
共计						28	100

表六　竹林坑三号窑址采集标本器形统计表

名称 \ 类别		A型			B型		C型	合计	百分比
		I	II	III	I	II			
原始瓷器	豆	3	1	3	3	2	1	13	50
	豆残片	9						9	34.6
	罐	3						3	11.5
陶器	盆	1						1	3.9
共计								26	100

第四节　竹林坑四号窑址

竹林坑四号窑址位于窑址群的西部，东距二号窑址约150米。四号窑址所在山包相对高度约30米。地表种植大片茶树，山坡南侧和东侧各有一条水泥机耕道。遗物主要分布在山的东南坡，分布范围南北约20米，东西约30米，面积约为600平方米。由于村民耕地种茶，部分瓷片被翻出地表（图三一）。

图三一　竹林坑窑四号窑址

采集标本均为原始瓷器，器形种类较少，可看出器形的只有豆、罐二种。

（1）豆

竹林坑窑IV：04，豆盘口沿残片。方唇，浅直口微束，平底微内凹，素面。灰胎，青绿釉泛灰黄，内外均施釉。口径15、残高1.3厘米（图三二，1）。

竹林坑窑IV：04

竹林坑窑IV：05，豆盘腹部残片。折腹，底微下凹。内底二组细弦纹中间刻划叶脉状篦点纹。外壁上、下部刻划粗弦纹。灰胎，底部较厚，青绿釉，内外均施釉，釉层较薄，釉面光亮，玻璃质感强，布满冰裂纹，内、外底均粘有细窑渣。残高3.1厘米（图三二，2）。

竹林坑窑IV：05

竹林坑四号窑址：02

竹林坑窑IV：02，豆盘腹下部、圈足残片。底微下凹。外壁下部刻划粗弦纹。灰胎，青绿釉，内外均施釉，圈足足墙及足端无釉，局部有聚釉，釉面光亮，玻璃质感强，布满冰裂纹，釉面粘有少量细窑渣。足径10、残高3.1厘米（图三二，3）。

（2）罐　仅见口沿残片。可分二式。

I式：直口微敛。

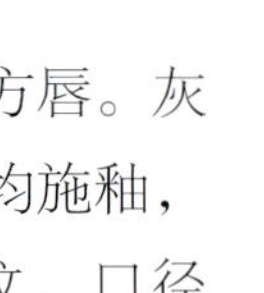

竹林坑窑IV：01，口沿残片。方唇。灰胎，青绿釉，有斑块状凝痕，内外均施釉，釉面光亮玻璃质感强，布满冰裂纹。口径11、残高3.7厘米（图三二，4）。

竹林坑窑IV：01

II式：撇口。

竹林坑窑IV：03，口沿残片。圜唇。灰白胎，青黄釉，釉脱落严重。口径20、残高3.2厘米（图三二，5）。

竹林坑窑IV：03

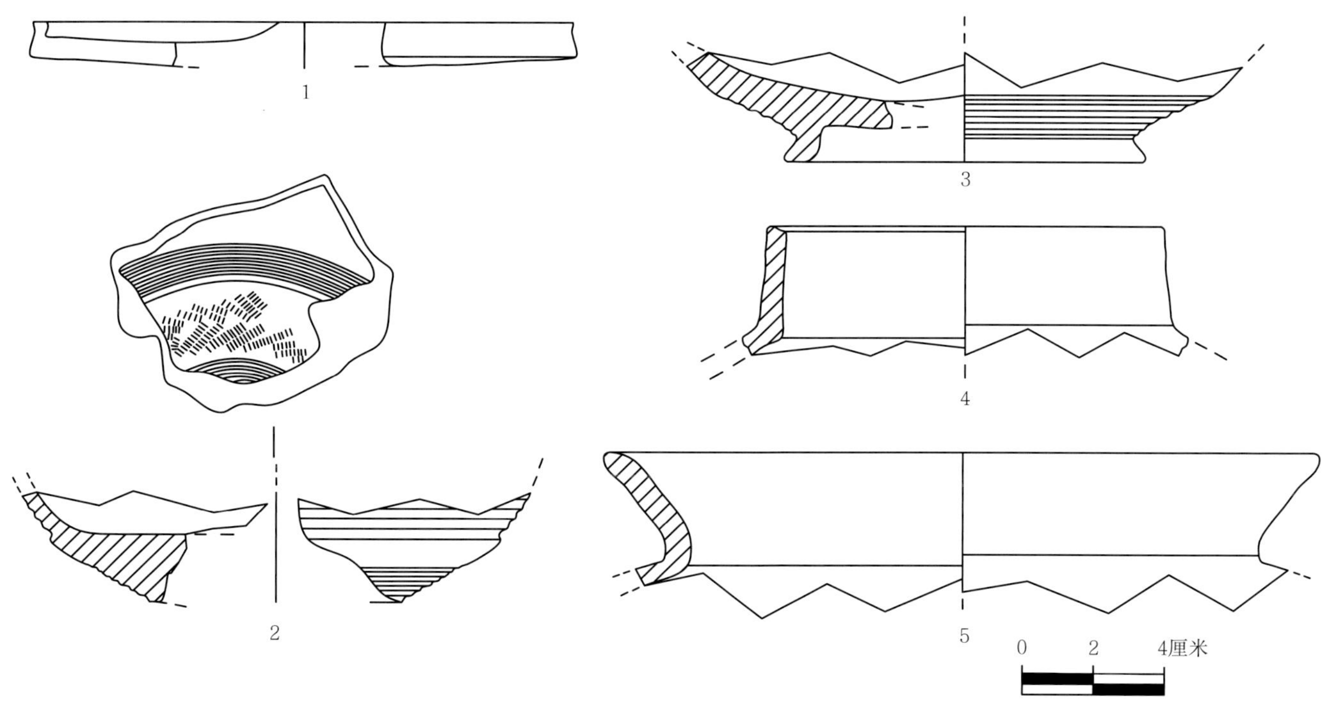

图三二　竹林坑窑IV采集原始瓷器

1～3. 豆（竹林坑窑IV：04、05、02）　4. I式罐（竹林坑窑IV：01）　5. II式罐（竹林坑窑IV：03）

竹林坑四号窑址采集标本纹饰与器形统计表参见表七、表八。

表七　竹林坑四号窑址采集标本纹饰统计表

名称＼类别	素面	弦纹	方格纹	席纹	篦划纹	合计	百分比
原始瓷器	4	5	3	1	1	14	87.5
陶器	1			1		2	12.5
共计						16	100

表八　竹林坑四号窑址采集标本器形统计表

名称＼类别		A型		合计	百分比
		I	II		
原始瓷器	豆	5		5	71.4
	罐	1	1	2	18.6
共计				7	100

第五节　车后窑址

车后窑址位于武夷山市武夷街道官庄村北面的一座低矮山包上，相对高度约30米，与竹林坑窑址群隔黄柏溪相望。山包上部为茶园，种植大片茶树，东侧山坡下部有小片竹林。

图三三　车后窑址位置

窑址位于山包北坡上，遗物分布范围东西约50平方米，南北约30平方米，面积约为1500平方米。北坡脚下有一条古驿道，如今已被荒废。地表还可见到部分废品堆积，中间有较多瓷片和红烧土块（图三三）。

豆　可分二型。

A型　器形较大，斜折腹。依口沿形态可分二式。

I式：敞口。

车后窑：05，残，豆盘口沿、腹部残片。方唇。灰胎，青绿釉略泛褐，施釉不均匀，内外均施釉，釉面布满冰裂纹。内底二组细弦纹间饰篦划纹，口沿外侧饰粗弦纹，外壁中部饰细弦纹。口径18、残高3.4厘米（图三四，4）。

车后窑：05

Ⅱ式：直口。

车后窑：02，残，豆盘口沿、腹部残片。圆唇。灰胎，青绿釉，釉面有斑点状釉痕，内外均施釉，釉面布满冰裂纹。口沿外侧饰粗弦纹。口径21、残高4.3厘米（图三四，2）。

车后窑：02

B型　器形较小，折腹。

车后窑：04，残，豆盘口沿、腹部残片。略生烧。圆唇，口微敞，折肩，斜弧腹，灰胎，青绿釉略泛黄，釉层薄，内外均施釉，脱落严重。口径9、残高4.2厘米（图三四，6）。

车后窑：04

此外还有部分豆圈足。

车后窑：06，残，豆盘底部、圈足，内底中心下凹，喇叭形圈足，内底三组细弦纹间排列篦划纹。灰胎，青灰釉略泛黄褐，釉层薄，内外均施釉，釉面有斑点状釉痕，并布满冰裂纹。圈足与豆盘接痕明显。足径6.8、残高5.1厘米（图三四，1）。

车后窑：06

车后窑：07，残，豆盘底部、圈足残片。豆盘变形，内底中心下凹，喇叭形圈足。内底二组细密弦纹中间刻划篦划纹。灰胎，青绿釉，釉层较薄，内满釉，外施至足外壁下部，足内无釉，釉面布满冰裂纹。足径7.6、残高4.1厘米（图三四，3）。

车后窑：07

车后窑：01，残，豆盘底部、圈足，内底中心下凹，喇叭形圈足。灰胎，青绿釉泛褐，釉层较薄，内满釉，外施至足外壁下部，足内无釉，釉面布满冰裂纹。圈足与豆盘接痕明显，并有裂缝。足径6.2、残高3.9厘米（图三四，5）。

车后窑：01

车后窑：03，残，豆盘底部、圈足，内底弧，圈足中部内束。灰胎，胎体较厚，青绿釉略泛灰，釉层薄，内外均施釉，釉面布满冰裂纹。足端粘少量窑渣。足径9.3、残高5.4厘米（图三四，7）。

车后窑：03

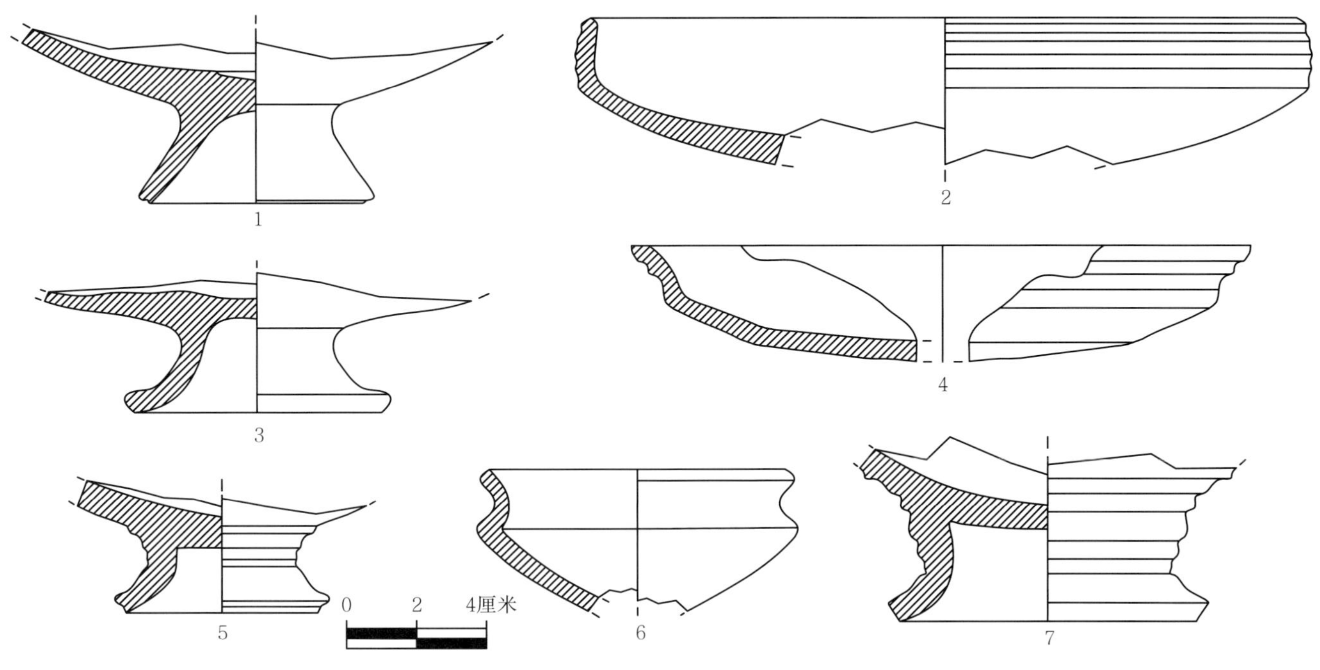

图二四　车后窑址采集原始瓷器

1、3、5、7. 豆圈足（车后窑：06、07、01、03）　2. AII式豆（车后窑：02）
4. AI式豆（车后窑：05）　6. B型豆（车后窑：04）

车后窑址采集标本纹饰与器形统计表参见表九、表一〇。

表九　车后窑址采集标本纹饰统计表

类别 名称	素面	弦纹	方格纹	篦划纹	合计
原始瓷器	4	7	2	3	16

表一〇　车后窑址采集标本器形统计表

类别 名称		A型		B型	合计	百分比
		I	II			
原始瓷器	豆	2	1	2	5	38.5
	豆圈足	8			8	61.5
共计					13	100

第六节　小　结

一、产品特征

从竹林坑与周边窑址出土和采集的标本来看，大部分窑址的产品均以原始瓷器为主，少量为陶器。原始瓷器形以豆为主，少量罐、尊等。胎多呈灰色或灰白色，淘洗不够精细，含较多细砂，胎中还有少量小孔。釉多呈青灰、青绿色，部分略偏褐或泛黄。釉层较薄，大部分内外均施釉，部分外施釉至足外壁，足内无釉。胎釉结合较紧密，除少量因火候原因，釉脱落严重外，大部分釉保存较好，有细密的冰裂纹，个别器物局部有银灰色窑变。

器物装饰较为简单，主要有刻划、拍印、堆贴等。刻划纹饰主要为弦纹、篦划纹。弦纹有粗、细二种，一般在豆的口沿、内底及外壁上、下部等刻划细密的弦纹，粗弦纹主要刻划于外壁；篦划纹则主要在豆盘内底。拍印纹饰主要有方格纹、席纹等，主要饰于罐、尊的肩、腹部；堆贴纹主要在豆、罐、尊的腹、肩部堆贴二至三组双泥饼，或在系的二端各堆贴一组双泥饼或S形纹等。

陶器数量较少，种类亦只有盆、罐、甗等，此外还发现少量器把、足。胎多呈灰或灰黄、灰褐，夹细砂。部分器表拍印方格纹、席纹。

二、窑业技术

窑业技术主要包括产品成型、装烧技术及窑炉建造技术等。

1. 器物成形与施釉工艺

从竹林坑及周边窑址采集的标本来看，产品主要采用轮制、泥条盘筑、手制等。轮制主要是原始瓷豆、尊等小件器物，其中圈足与器身分开轮制成型后，再粘贴成一体，部分还可见粘接痕迹。如竹林坑窑IT1011Y1①：03。泥条圈筑主要是器形较大的原始瓷罐、印纹印陶罐和甗等，口沿与腹部等分别用泥条圈筑成型后进行拼接，并在接口部位进行刮修，部分器物外壁再拍印纹饰，内壁仍可见凹凸不平的抵手痕及圈筑痕迹。如竹林坑窑IT1010②Y1：05、竹林坑窑IY2①：14、竹林坑窑IY2①15、竹林坑窑IT1010Y①：04、竹林坑窑IT1011②：0。

手制则主要是用于原始瓷器物的耳、系及硬纹硬陶的把、足等，一般先用手捏制好，再粘贴到器物上去。

施釉主要采用浸釉和刷釉。豆、尊、小罐等小件器物基本上采用浸釉法，部分器物内外均施釉，仅足端无釉；大罐则采用刷釉法，器表还可见刷釉时的滴溅痕迹。如竹林坑窑IT1010②Y1：06。

2. 装烧工艺

由于未发现任何窑具，而且产品内底均施满釉，未发现叠烧粘连产生的废品，因此推测产品主要采用单件着地装烧。这一点我们亦可以从竹林坑窑IY1火道底部窑汗仍粘连部分器物残片，以及竹林坑窑IY2在清理窑床时，发现在窑床表面直接叠压部分产品得到证实。

3. 窑炉建造技术

由于竹林坑窑IY1在发掘前窑顶已直接裸露地表，竹林坑窑IY2与竹林坑窑IIY1窑顶均被后期人们生产活动破坏，因此窑炉构造技术只能通过保存较好的竹林坑窑IY1窑壁与窑顶结构来推测。

首先，窑壁、窑顶由于受窑内火焰直接烧烤，内壁形成一层厚3～8厘米的窑汗，而外部虽未直接受火烧烤，但由于高温传导作用，形成一层厚约5厘米的均匀红烧土层。从窑室后部被破坏的断面可以明显看出，窑底、窑壁与窑顶连成一体，未见分体建造痕迹（图三五）。

其次，在火道及火膛内清理出来的红烧土残块中，只有少量可见木棍或其他支撑物的痕迹，大部分红烧土块表面则不见支撑物痕迹。在保存较好的窑壁及窑顶，亦未见明显的竹骨或木骨泥墙的痕迹（图三六）。

再次，窑壁、窑顶外壁光滑，未见任何手指或工具涂抹痕迹（图三七）。

综合以上因素，推测竹林坑窑IY1窑炉采用掏挖方式建造。

图三五　窑室中部断面

图三六　木骨痕迹

图三七　窑室顶部

三、年代分析

由于此次发掘只对竹林坑窑址的窑炉遗迹进行了清理，未对废品堆积进行发掘，出土标本较少，亦无明确的地层堆积。因此只能根据以往我省与浙江等邻省土墩墓以及遗址出土资料进行比较，对竹林坑及其周边窑址的年代进行分析。

原始瓷在福建发现范围很广，从闽北到闽南、从闽东到闽西均有发现，而且在以往发现中，原始瓷与陶器、青铜器一般都有共生的地层关系。如闽侯昙石山遗址、溪头遗址、福清东张遗址、光泽油家垅遗址、光泽杨山、政和稻香村等遗址均发现大量的原始瓷与陶器或青铜器等共出。有专家亦专门对福建原始瓷进行了研究，认为福建地区的原始瓷器是福建地区先秦时期青铜文化的重要组成部分，与江浙地区相比，既表现出共同的时代风格，又带有自身的发展特点①。特别是2006年，配合浦（城）南（平）高速公路建设，福建博物院与福建省闽越王城博物馆在浦城管九村发掘了33座土墩墓，出土了一批原始瓷器，同时伴出的还有青铜器、陶器、玉器等。这批墓葬的碳-14测年为距今4000～2500年，其中又以西周至春秋的墓葬居多，为研究福建省原始瓷提供较为翔实可靠的材料②。根据发掘材料，浦城社公岗的D1M1、洋山D1M1出土的原始瓷豆、尊与竹林坑窑址产品风格相似，而根据洋山D1M1的碳-14测年数据，其年代在距今2920±40年，即西周早期。

浙江土墩墓材料比较丰富，原始瓷的分期研究亦更深入，根据有关专家研究，浙江地区进入西周时期，原始瓷打破了前期以素面为主的局面，开始在一些豆、盂、罐、尊上施以简单的刻划与堆贴纹饰，敞口豆的内底往往有几组细密的弦纹，有的弦纹中间还饰有篦状纹。敛口豆、盂和尊的口肩部除普遍有粗疏弦纹外，有的还堆贴有二三组小泥饼。这种小泥饼堆贴，成为这一时期最为常见和流行的装饰。西周晚期至春秋早期，新出现大量的“S”形纹堆贴，完全取代了前期那种成双配置的小泥饼堆贴，并成为此时盛行的主要纹饰③。因此竹林坑窑ⅠY1与二号、三号、四号窑址以及车后窑的年代为西周早中期，竹林坑窑ⅠY2的年代为西周中晚期至春秋早期。

① 林忠干：《福建出土原始青瓷的初步研究》，《东南文化》1989年增刊。

② 福建文博编辑部：《福建浦城管九村土墩墓荣获“2006年度全国十大考古新发现”》，《福建文博》2007年第2期。

③ 浙江省文物考古研究所编著：《古越瓷韵——浙江出土商周原始瓷集粹》，文物出版社，2010年，第5～6页。

四、重要收获

（1）已揭露的竹林坑窑IY1窑炉遗迹是我国目前已发现保存最好的商周时期龙窑遗迹。火膛与窑室顶部保存较好，形状结构清楚，这一窑炉遗迹的完整揭露，对研究我国商周时期原始瓷窑炉的结构形态提供了重要的实物资料。

（2）竹林坑窑炉遗迹有其自身特点，既不同于浙江地区商周时期窑炉遗迹，亦有别于福建浦城猫耳弄商代窑炉遗迹。

窑室底部坡度较大，而且利用窑底坡度来提高窑室火焰抽力。如竹林坑窑IY1火道坡度为13°，窑室中段坡度18°，后段晚期窑底坡度达26°。

火膛保存较好，规模较大，进深将近3米，约占窑炉通长的1/3，与窑室高差亦近1米。

火道、分焰柱与窑室保存较好，结构清楚。可以了解商周时期的窑室结构及其构筑工艺，是极其难得的窑业考古实物资料和窑炉技术证据。

窑尾排烟亦有特色，为扇形斜坡式排烟，与浦城猫耳弄商代窑炉的烟囱排烟有所区别。

（3）经过与福建省及浙江省商周时期土墩墓出土遗物的比较研究，竹林坑窑址的年代应为西周早中期至春秋早期。这是福建省第一次原始青瓷窑址考古发掘，将福建省青瓷生产的历史上溯到距今近3000年，并且填补了我国西周时期窑业技术的空白。

第二章　晚唐五代窑址

第一节　鱼网山窑址

一、窑址概况

麦场鱼网山窑址位于武夷山市麦场村西北侧约100米处的茶山上，窑址东南侧为低矮的小山包，山脚有福州至上饶的铁路，西侧为田垅，西南侧约30米为南源岭至麦场的机耕道，西南侧300米为205国道，西北侧700米为南源岭行政村。窑址所在山包相对高度12米，坡度约10度，南北长200米，东西宽50米，面积为10000平方米，遗物主要分布于山的东南侧山坡及东侧山包。

该窑址于2009年第三次全国文物普查发现，2011年12月福建博物院文物考古研究所与武夷山市博物馆对该窑址进行专题调查，采集部分标本（图三八）。

图三八　鱼网山窑址位置

二、遗物

调查采集标本主要有青釉瓷器和窑具，下面分别叙述。

（一）青釉瓷器

器形主要有碗、器盖、罐、盆等。胎多灰色，胎体较厚，釉多呈青褐、青绿色，釉面布满冰裂纹。

（1）**碗**　施釉均内满釉，外施至腹中部或下部。内、外底均可见4至6枚支钉痕。依足部形态可分二型。

A型　饼足。依腹部形态可分三式。

Ⅰ式：深腹，敞口微撇。尖唇，斜直腹微弧，内底微弧，饼足，足面内凹。

鱼网山窑：14，残，可复原。生烧。内满釉，外施至腹中部。口径15.2、足径6、高7.3厘米（图三九，1）。

鱼网山窑：14

鱼网山窑：16，残，可复原。略生烧。青黄釉，内满釉，外施至腹下部，外壁有流釉现象。口径15、足径6、高6.9厘米（图三九，2）。

鱼网山窑：16

鱼网山窑：11，腹下部、圈足。内底微弧。青褐釉，内满釉。内外底均可见5枚较粗支钉痕。内底压印一方框。足径7、残高2厘米（图三九，4）。

鱼网山窑：11

II式：腹较浅，敞口。圜唇，斜直腹微弧，内底微弧，饼足，足面内凹。

鱼网山窑：02，残，可复原。略生烧。青绿釉泛黄，通体冰裂纹，内满釉，外施至腹下部，外壁有流釉现象。内外底均可见叠烧支钉痕。口径14.2、足径5.7、高4.9厘米（图三九，5）。

鱼网山窑：02

鱼网山窑：04，残，可复原。略生烧。青绿釉泛灰，通体冰裂纹，内满釉，外施至腹中部。内外底均可见叠烧支钉痕。口径12.6、足径6.2、高4.1厘米（图三九，6）。

鱼网山窑：04

鱼网山窑：06，残，可复原。青绿釉泛褐，通体冰裂纹，内满釉，外施至腹下部，局部流至足外壁。内外底均可见五枚叠烧支钉痕。口径12.6、足径5.4、高3.4厘米（图三九，7）。

鱼网山窑：06

鱼网山窑：07，残，可复原。青绿釉泛灰，通体冰裂纹，内满釉，外施至腹中部，局部流釉。内外底均可见叠烧支钉痕。口径14.2、足径5.4、高3.6厘米（图三九，8）。

鱼网山窑：07

III式：敞口微敛，弧腹。内底弧，饼足，足面内凹。

鱼网山窑：15，口沿、腹上部残片。内壁折。青绿釉泛褐，通体冰裂纹。口径17、残高2.8厘米（图三九，3）。

鱼网山窑：15

鱼网山窑：01，残，可复原。斜弧腹。青绿釉，通体冰裂纹，内满釉，外施至腹中部，外壁有流釉现象。内壁中部刻划一道弦纹，内外底均可见叠烧支钉痕。口径14.8、足径6.8、高4.7厘米（图三九，9）。

鱼网山窑：01

B型　圈足。

鱼网山窑：05，腹下部及圈足，圈足制作较规整，足端略斜，足墙外直内斜，足内较平，灰胎，青绿釉略泛灰，通体冰裂纹，内满釉，外施至腹下部。内外底均可见叠烧的6枚支钉痕。足径7.2、残高3.7厘米（图四〇，2）。

鱼网山窑：05

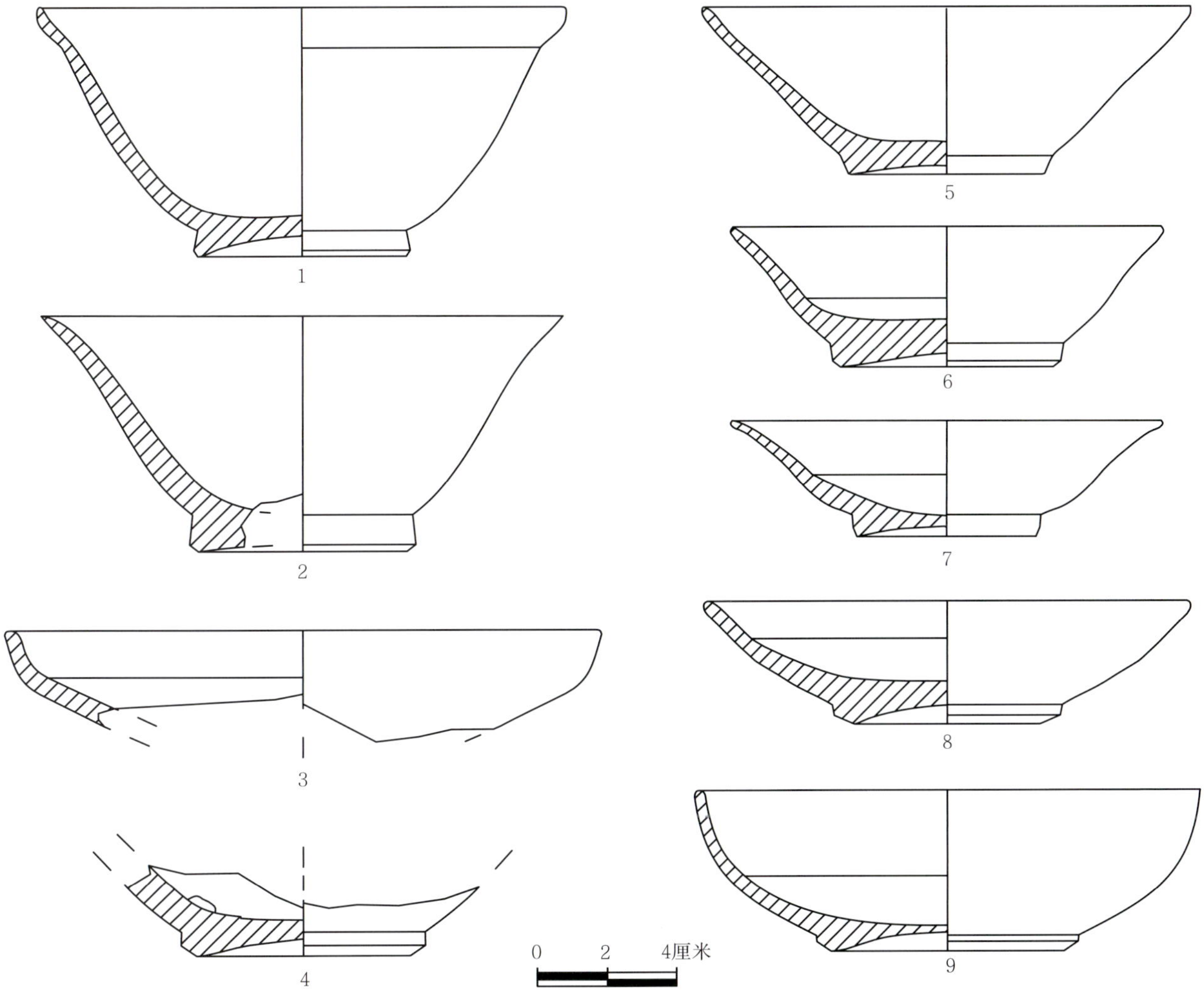

图三九　鱼网山窑址采集青釉瓷碗

1、2、4. AI式（鱼网山窑：14、16、11）　3、9. AIII式（鱼网山窑：15、01）　5～8. AII式（鱼网山窑：02、04、06、07）

鱼网山窑：22，仅存圈足。圈足制作欠规整，足端较平，足墙外壁不齐，内壁斜，足内较平，中心呈乳突状下凸。灰胎，青褐釉，脱落严重。内外底均可见叠烧的支钉痕。足径6.5、残高1.7厘米。

鱼网山窑：22

鱼网山窑：27，仅存圈足。圈足制作较规整，足端略斜，足墙外直内斜，足内较平，灰胎，青褐釉。内外底均可见叠烧的支钉痕。足径6.2、残高1.5厘米（图四〇，9）。

鱼网山窑：27

此外还有一件厚唇碗残片。

鱼网山窑：12，口沿及腹上部残片。圜唇，敞口。灰胎，青绿釉略泛褐，通体冰裂纹。口径15.4、残高4.4厘米（图四〇，3）。

鱼网山窑：12

（2）器盖

鱼网山窑：08，仅存盖顶及钮，斜直盖面，饼形钮。灰胎，青绿釉略泛褐，通体冰裂纹，内无釉，外施釉。钮径5.3、残高6.1厘米（图四〇，6）。

鱼网山窑：08

（3）罐

鱼网山窑：10，口沿、颈部残片。圜唇，直口，沿外折，颈较高。灰褐胎，青褐釉，通体冰裂纹，局部脱落。口径16、残高4.9厘米（图四〇，4）。

鱼网山窑：10

鱼网山窑：17，底部残片。平底内凹。深灰胎。内底可见4枚支钉痕。底径7.2、残高3厘米（图四〇，1）。

鱼网山窑：17

鱼网山窑：21，腹下部、足部残片。内底较平，饼足，足面内凹。灰黄胎，胎体厚重。青黄釉，内无釉，外施至腹下部。足径11、残高6.5厘米（图四〇，8）。

鱼网山窑：21

鱼网山窑：13，腹下部、足部残片。饼足，足面内凹。灰黄胎，胎体厚重。青褐釉，釉面布满冰裂纹，内满釉，外施至腹下部。足径15、残高7.3厘米（图四〇，7）。

鱼网山窑：13

（4）盆

鱼网山窑：09，口沿残片。圆唇，口沿外折。灰胎，青绿釉，釉面布满冰裂纹。口径44、残高3.9厘米（图四〇，5）。

鱼网山窑：09

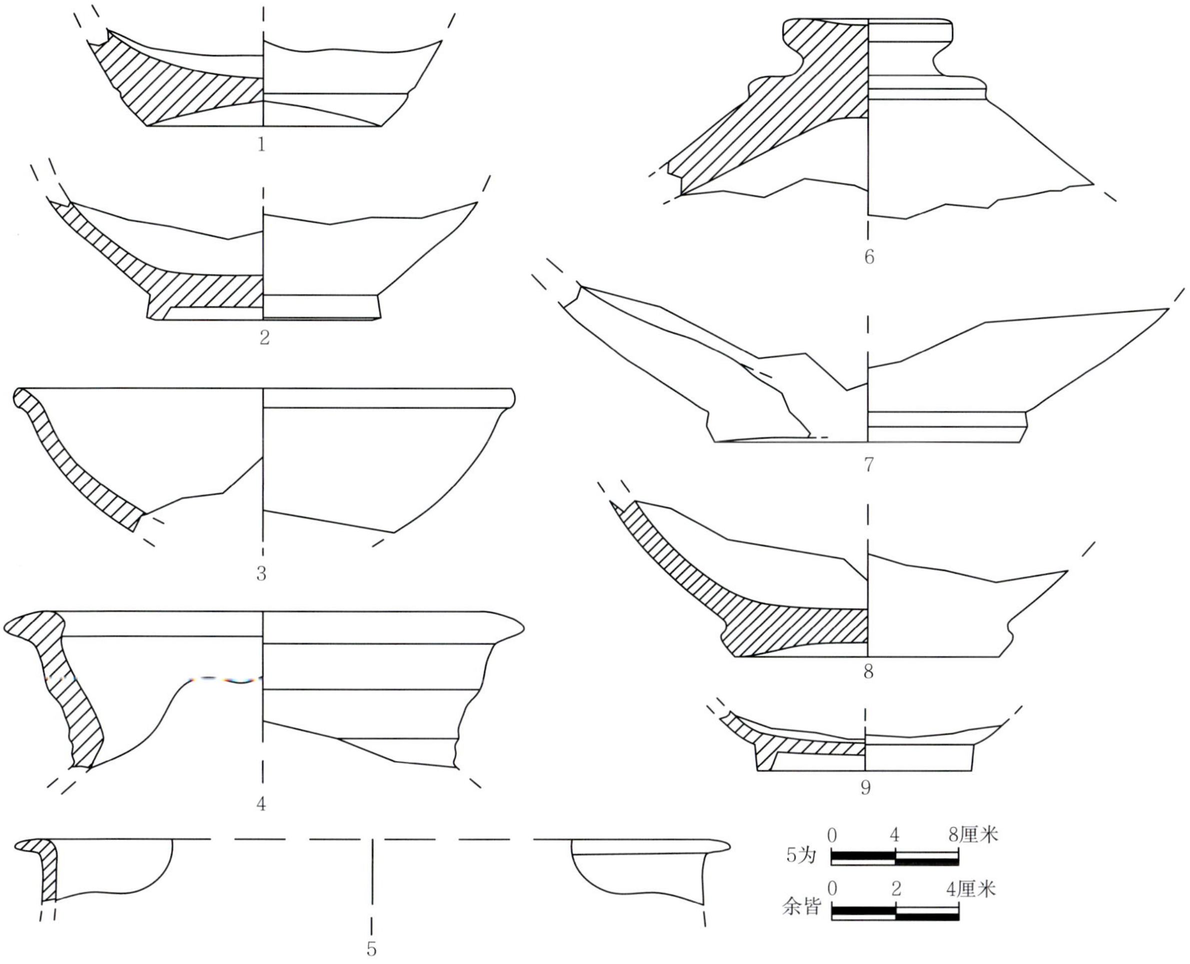

图四〇 鱼网山窑址采集青釉瓷器

1、4、7、8.罐（鱼网山窑：17、10、13、21） 2、9. B型圈足碗（鱼网山窑：05、27） 3. 碗残片（鱼网山窑：12） 5.盆（鱼网山窑：09） 6.器盖（鱼网山窑：08）

（二）窑具

垫座 可分二型。

A型 束腰形。

鱼网山窑：03，足残，平顶微内凹。外壁上部留有手指痕。灰胎，外壁有一层青绿色自然釉。顶径9.4、残高10.3厘米（图四一，2）。

鱼网山窑：03

鱼网山窑：19，足残，平顶，略束腰，上部有手指痕。灰胎，表面有一层自然釉，部分呈黑褐色。顶径8.6、残高9厘米（图四一，1）。

鱼网山窑：19

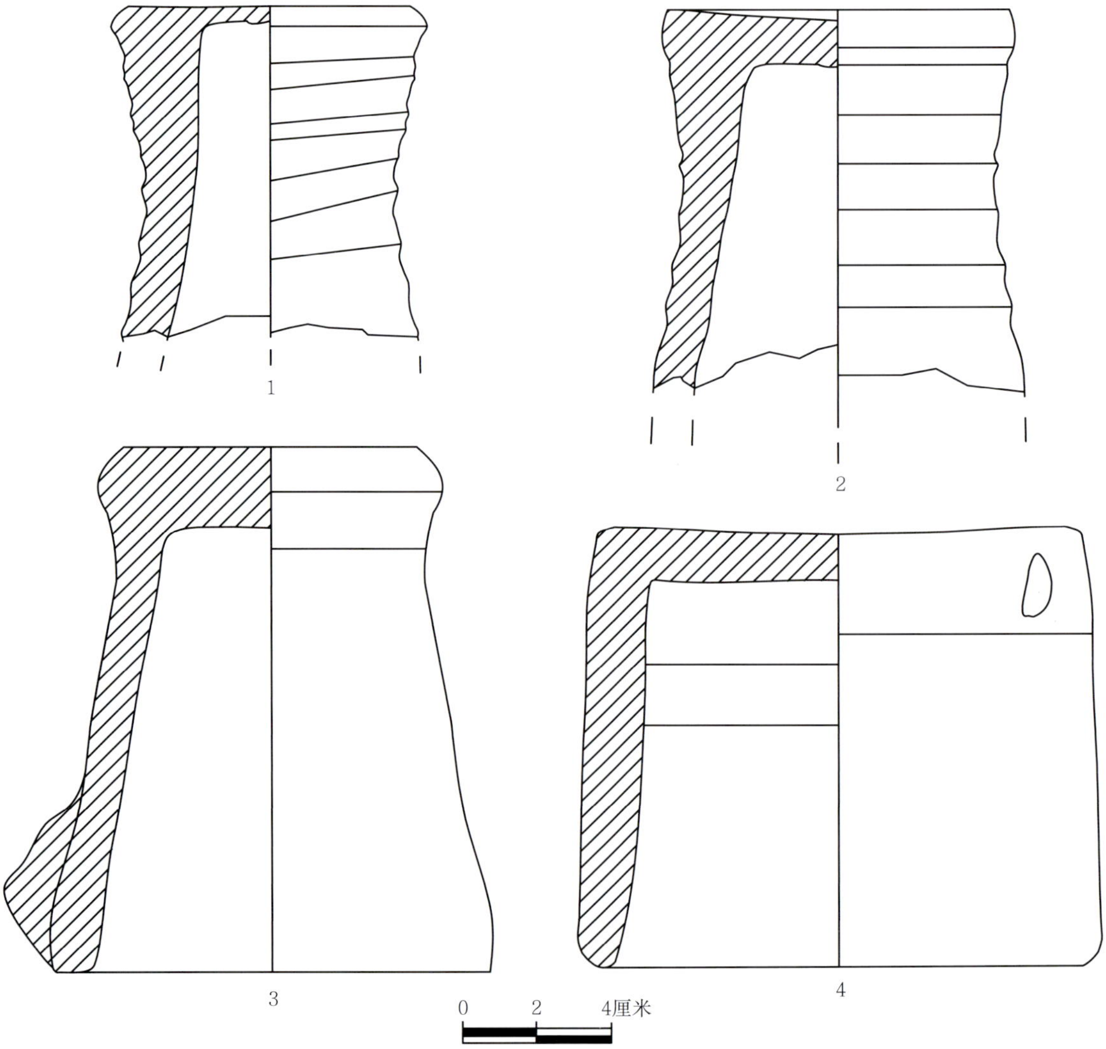

1 2 3 4

0 2 4厘米

图四一 鱼网山窑址采集窑具

1～3. A型垫座（鱼网山窑：19、03、20） 4. B型垫座（鱼网山窑：18）

鱼网山窑：20

鱼网山窑：20，平顶，略束腰，足微外撇。外壁下部粘有大量窑汗，应为埋入窑床所致。灰胎，表面呈黑褐色。顶径9.4、足径11.8、高14.5厘米（图四一，3）。

B型 直腹略斜。

鱼网山窑：18，平顶微内凹，直腹略斜。外壁下部粘有大量窑汗，应为埋入窑床所致。灰胎，表面呈黑褐色。顶径12、足径14、高11.8厘米（图四一，4）。

鱼网山窑：18

三、小结

（一）窑业技术和装饰工艺

鱼网山窑址器物成形主要采用轮制，碗类在轮制后再对器表进行修坯处理，故大部分表面很少见旋坯痕，部分碗外腹下部可见跳刀痕；为避免叠烧时容易粘连，饼足外缘均斜削。圈足则制作规整，足内不见旋足痕。施釉则以浸釉为主，一般内满釉，外壁施釉至腹中部或下部，釉线较齐。从采集标本来看，装烧方法以垫座垫烧为主，也有少量垫圈垫烧，均为明火裸烧。器形统计表参见表一一。

（二）窑址年代

由于窑址未发现纪年标本，当地志书亦无该窑记载，根据采集标本，初步判断鱼网山窑址年代为晚唐五代时期。

表一一 鱼网山窑址采集标本器形统计表

器名 \ 型式		A型 I式	A型 II式	A型 III式	B型	合计
青釉瓷器	碗	4	5	3	5	17
	器盖	1				1
	罐	5				5
	盆	1				1
窑具	垫座	4			1	5
共计						29

第二节　仙 店 窑 址

一、窑址概况

窑址位于仙店村村北约1千米的山冈。窑址地处低矮丘陵地带，东面较开阔,有武夷山至建阳公路及铁路。南面视野开阔，已开发为仙店工业园区，西侧为“遇林窑业”厂部，北面为丘陵山地（图四二）。

图四二　仙店窑址位置

图四三　仙店窑址堆积

窑址所在地为由北向南延伸的不规则山冈，遗物分布面积约为2000平方米，相对高度约10米，遗物分布在山顶及南侧山冈，均可见窑炉遗迹，在南侧山冈可见遗物堆积层,厚约2米。地表杂草丛生，生长许多小灌木，局部被开垦种植果树。南侧山脚被“遇林窑业”建厂时局部破坏，暴露大量的废品堆积层，厚约1.5米（图四三）。

该窑址于2003年闽越专题调查时发现，后又多次进行调查。2011年12月份，福建博物院文物考古研究所与武夷山市博物馆又对该窑址进行调查，采集部分标本，现介绍如下。

二、遗物

采集标本以青釉瓷器为主，另有一些窑具。下面分别叙述。

（一）青釉瓷器

器形较为单一，有碗、盏。灰胎或深灰胎，多为青灰色釉。所见器物均为素面。

（1）碗　敞口或撇口，斜直腹微弧，圈足，足部制作欠规整，修坯痕迹较明显。碗内施满釉，外施釉至腹下部或足跟，有流釉现象。内底常见支钉痕迹。依口沿形态可分二式。

I式：敞口。

仙店窑：07，残，可复原。足端宽窄不一，外施釉至腹下部，碗内残留支钉。口径14.8、足径7.2、高5.1厘米（图四四，1）。

仙店窑：07

仙店窑：01，残，可复原。圈足较浅，足端较窄。外施釉至腹下部，碗内粘连支钉。口径15.5、足径7.8、高5.4厘米（图四四，3）。

仙店窑：01

仙店窑：02，残，可复原。圈足制作不规整，足端宽窄不一，足底微凸。外施釉近足根处，内底、足底均残留支钉，已变形。口径15、足径6.8、高5.6厘米。

仙店窑：02

仙店窑：03，残，可复原。圈足较浅，足端较窄。外施釉至腹下部，碗内残留支钉。口径15.3、足径7.5、高5.5厘米。

仙店窑：03

仙店窑：04，残，可复原。圈足较浅，足内微凸。外施釉至腹下部，碗内残留支钉痕迹，已变形。口径15.4、足径7.4、高5.1厘米。

仙店窑：04

仙店窑：06，残，可复原。外施釉至腹下部，碗内残留支钉。口径15.6、足径7.8、高5.1厘米（图四四，4）。

仙店窑：06

II式：撇口。

仙店窑：05，叠烧粘连标本。斜弧腹，内有6枚支钉，足端较窄，足跟处有不规整的修坯痕迹。口径13.2、足径5.7、通高5.4厘米（图四四，2）。

仙店窑：05

（2）盏　均为敞口微敛，尖唇，斜弧腹，圈足。内施满釉，外施釉不及底。

仙店窑：10，残，可复原。生烧，圈足很浅，足墙外直内斜。口径10.4、足径4.5、高3.9厘米（图四四，6）。

仙店窑：10

仙店窑：09，残，可复原。内底上凸，足内下凹。足墙内外均斜，内外壁有明显的修坯痕迹。盏内粘连有支钉。口径11.2、足径6、高3.7厘米（图四四，7）。

仙店窑：09

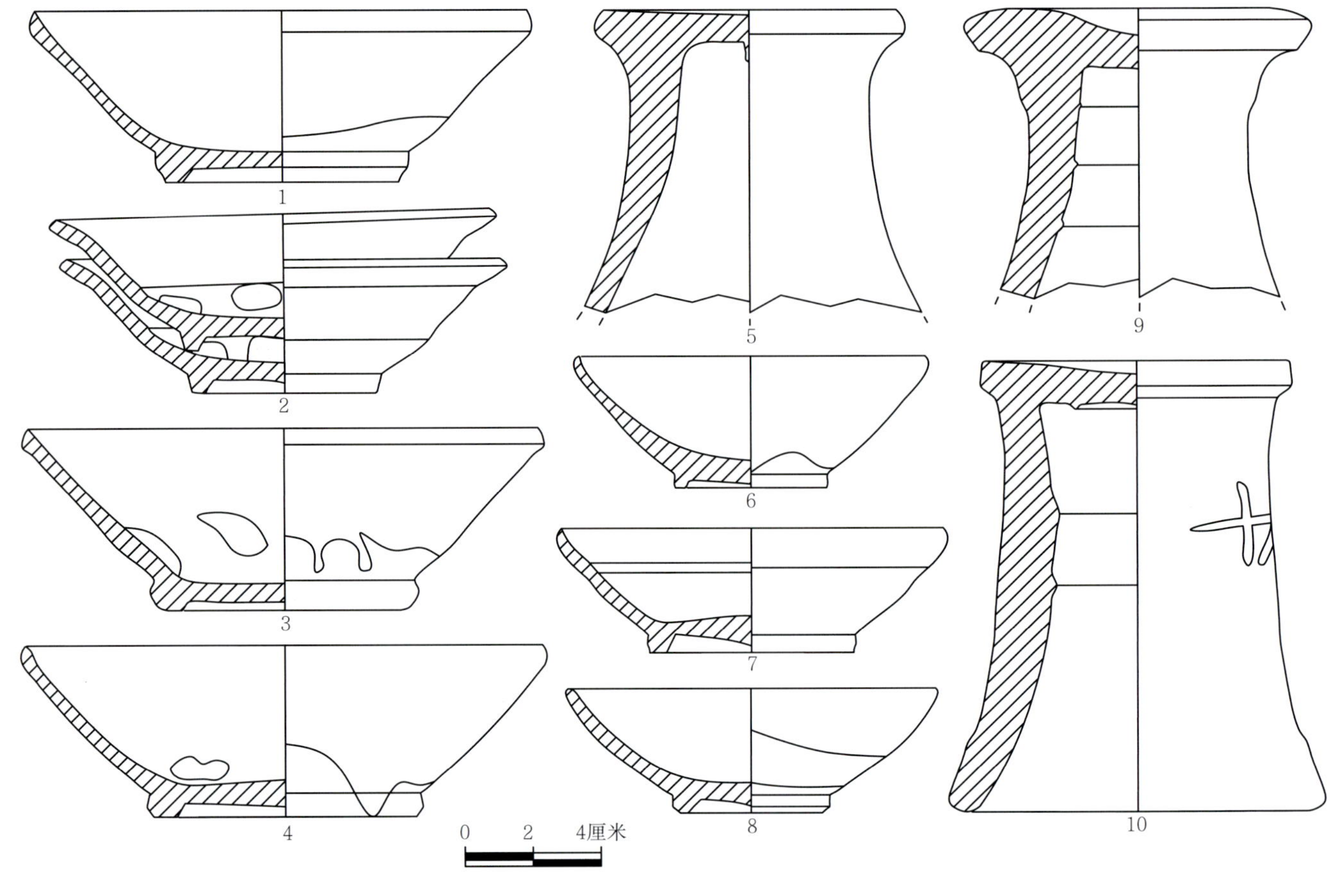

图四四　仙店窑址采集青釉瓷器与窑具

1、3、4. I式青釉瓷碗（仙店窑：07、01、06）　2. II式青釉瓷碗（仙店窑：05）　5、9、10. 垫座（仙店窑：12、13、11）　6～8. 青釉瓷盏（仙店窑：10、09、08）

仙店窑：08，残，可复原。足墙外直内斜，内底弧，足内微下凸。口径10.8、足径4.7、高3.7厘米（图四四，8）。

仙店窑：08

（二）窑具

垫座　平顶微内凹，圈足较高，下部外撇。灰褐胎，夹粗砂，旋坯痕迹明显，近顶部常见手指痕迹。仙店窑：12，足残。顶径9.2、残高9厘米（图四四，5）。

仙店窑：13，足残。顶径10.1、残高8.6厘米（图四四，9）。

仙店窑：11，残，可复原。柱身有刻划符号。顶径9、足径11、高13.4厘米（图四四，10）。

仙店窑：12

仙店窑：13

仙店窑：11

三、小结

（一）窑业技术和装饰工艺

器物成形主要采用轮制，碗、盏类在轮制后再对器表进行修坯处理，故表面旋坯痕不明显。

仙店窑址的釉色主要以青釉为主，大部分偏灰。施釉方法主要为浸釉。碗、盏内施满釉，外施釉至腹中部或下部，流釉现象明显。

从采集标本来看，主要装烧方法为垫座垫烧。碗、盏类采用支钉叠烧，即在内底放置数个支钉作为间隔具，因此碗、盏内底常见支钉痕迹。器形统计表见表一二。

（二）窑址年代

由于窑址未发现纪年标本，当地志书亦无该窑记载，根据采集标本，初步判断仙店窑址年代为晚唐五代时期。

表一二　仙店窑址采集标本器形统计表

器名＼型式		A型		合计
		I式	II式	
青釉瓷器	碗	8	2	10
	盏	3		3
窑具	垫座	5		5
共计				18

第三节　南 岸 窑 址

一、窑址概况

窑址位于南岸九队与前坝下自然村之间的低矮山冈上，东南面约650米为崇阳溪的一条支流。窑址所在山坡遍植茶园，地表可见散落的瓷片、窑具、窑砖等，遗物分布面积约1000平方米（图四五）。

图四五　南岸窑址位置

二、遗物

采集标本以青釉瓷器和窑具为主，少量陶器。

（一）青釉瓷器

器形以碗为多，另有盘、罐、器盖、器底、器柄等。灰胎，釉色除少量偏灰或绿色外，大部分略偏褐色。器物多素面，在个别器物残片上见附加堆纹，外壁靠近足部多有一道修棱痕迹。

（1）碗　敞口或敞口微撇，腹多斜弧或斜直腹，足有饼足和圈足二种。碗内施满釉，外施釉至腹上部或中部，有流釉现象，内底常见支钉痕迹。均为素面。依足部形态可分两型。

A型　饼足。足部制作较粗，足端斜削，足底内凹。依腹部形态可分三式。

Ⅰ式：斜弧腹。

南岸窑：07，两件粘连标本，口变形。敞口微撇，圆唇，灰胎，青绿釉略偏褐。内、外底均有支钉痕。足径7、高8.5厘米（图四六，1）。

南岸窑：07

II式：斜直腹，较深。

南岸窑：11，口、腹残片。敞口微撇，灰胎，青绿釉偏褐。口径18.4、残高6厘米（图四六，2）。

南岸窑：11

III式：斜直腹，较浅。

南岸窑：13，足残。尖唇。口径13.8、足径5.8、高5.6厘米（图四六，3）。

南岸窑：13

Ⅳ式：斜弧腹，较浅。敞口微撇，尖唇，饼足足端斜削，足底内凹。内施满釉，外施釉至腹上部。

南岸窑：10，灰胎，釉色青灰，有细密开片。足底有4枚支钉痕。口径13.3、足径6.9、高4厘米（图四六，4）。

南岸窑：10

南岸窑：14，内底有支钉痕。口径13.8、足径6.8、高3.9厘米（图四六，5）。

南岸窑：14

此外还有一件碗底残片。

南岸窑：08，两件叠烧粘连。灰胎，青绿釉偏褐。内底有5枚支钉痕。足径7、残高3.8、通高6厘米（图四六，8）。

南岸窑：08

B型　圈足。足部制作较规整，足端略斜，足墙内外均斜，圈足较浅。

南岸窑：12，灰白胎，青灰色釉。足径5.4、残高1.2厘米（图四六，15）。

南岸窑：12

（2）罐　均只发现口沿或腹、底部残片，未发现可复原者。

南岸窑：01，腹、底部残片。斜直腹，底内凹。胎体较厚，内壁轮旋痕迹明显，外壁施釉至腹下部，有流釉现象。底径8.4、残高4.2厘米（图四六，6）。

南岸窑：01

南岸窑：09，腹、足部残片。弧腹，内底微凸，圈足微外撇，足端较窄，足墙内外均斜。外壁施釉至足根，外壁靠近足部有一道明显的修棱痕迹。足径8.4、残高5.4厘米（图四六，7）。

南岸窑：09

南岸窑：02，口沿、肩部残片。短直口微内敛，圜唇，圆肩。口径26、残高3.4厘米（图四六，9）。

南岸窑：05，口沿、肩部残片。直口，圜唇，直领，溜肩，肩部残存一系。口径26、残高5.4厘米（图四六，10）。

南岸窑：02

南岸窑：05

南岸窑：16

南岸窑：16，腹部残片。内壁旋坯痕迹较明显，外壁饰一道附加堆纹。残长7.8、厚0.6～1厘米（图四六，12）。

（3）器盖

南岸窑：15，灰胎，青釉偏酱，圆形钮，盖面饰数道阶梯状凸棱。盖面及钮部施釉，盖内不施釉。残高4.2厘米（图四六，11）。

南岸窑：15

南岸窑：17

南岸窑：18

（4）器耳

南岸窑：17，仅存一个，位于器物肩部。扁条形，中间有一道凹槽。灰胎夹细砂粒，青褐釉，残长3.5厘米（图四六，14）。

（5）器把

南岸窑：18，残，扁条形，柄上有两道凹槽。灰黄胎，青釉泛黄褐，残长4.9、宽2厘米（图四六，13）。

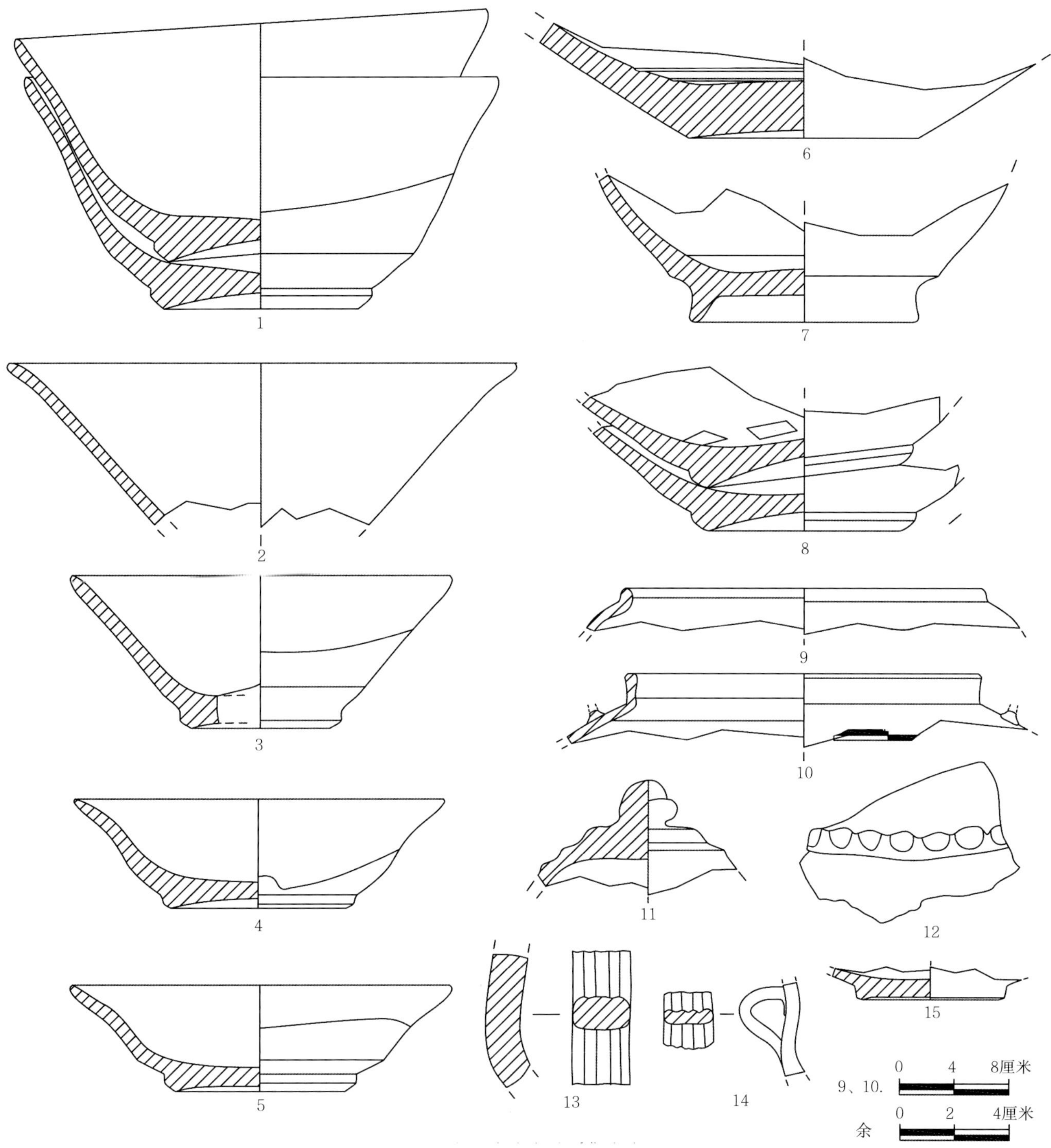

图四六 南岸窑址采集青釉瓷器

1. AI式碗（南岸窑：07） 2. AII式碗（南岸窑：11） 3. AIII式碗（南岸窑：13）
4、5. AIV式碗（南岸窑：10、14） 6、7、9、10、12. 罐（南岸窑：01、09、02、05、16）
8. 碗圈足（南岸窑：08） 11. 器盖（南岸窑：15） 13. 器把（南岸窑：18）
14. 器耳（南岸窑：17） 15. B型碗（南岸窑：12）

此外还发现不明器物圈足残片。圈足下端外撇，灰胎夹细砂粒，青釉偏黄褐，足根处积釉明显。

南岸窑：06，足径21、残高4.5厘米（图四七，1）。

南岸窑：04，足径28、残高4.8厘米（图四七，2）。

南岸窑：03

（二）陶器

数量很少，仅见盆一种。

南岸窑：03，口沿残片。平折沿，沿内有修坯痕迹，厚圜唇，灰胎，夹细砂粒。口径26.5、残高3.6厘米（图四七，3）。

（三）窑具

垫座　可分三型。

A型　外壁斜直。

南岸窑：19，平顶微内凹，圈足中部有一孔。灰黄胎，外壁近顶部多有手指痕。可分两式。顶径10.2、足径11.8、高9.2厘米（图四七，8）。

B型　外壁内束。可分二式。

I式：器形较矮。

南岸窑：20，外壁有一层自然釉。顶径9、足径12、高9厘米（图四七，6）。

南岸窑：21，顶部粘连一器物残片。外壁有一层自然釉。顶径9.4、足径11.2、高10.3厘米（图四七，7）。

南岸窑：19

南岸窑：20

南岸窑：21

II式：器形较高。

南岸窑：23，平顶微内凹，喇叭形圈足，灰黑胎，夹有细砂粒。外壁近顶部有多处手指痕。顶径9、足径12、高14厘米（图四七，4）。

C型　腹较直、深。

南岸窑：22，足中部残段。灰黄胎，夹有细砂粒。内壁旋制痕迹明显，外壁有手指痕。残高11.9厘米（图四七，5）。

南岸窑：23

南岸窑：22

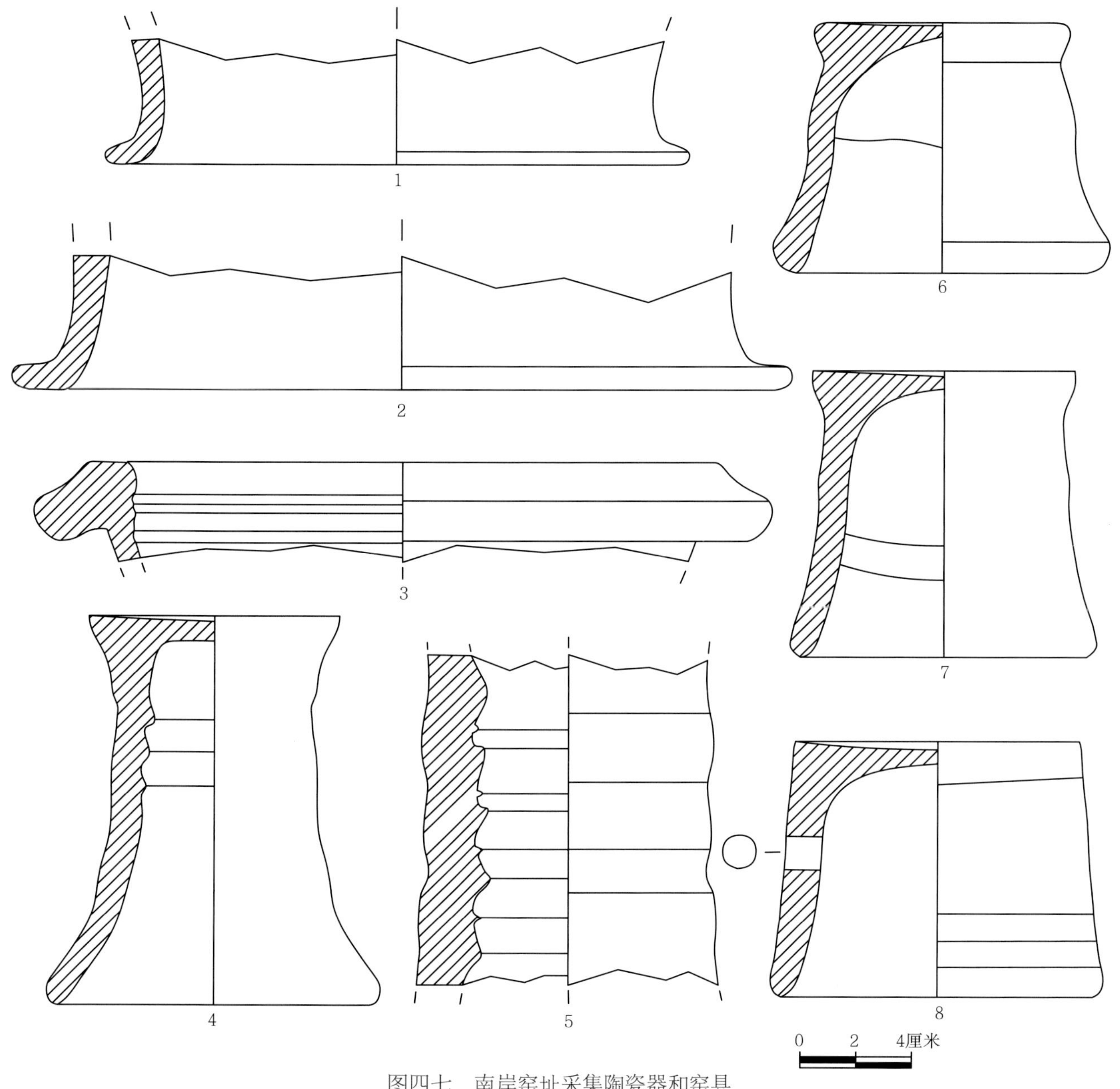

图四七　南岸窑址采集陶瓷器和窑具

1、2. 青瓷圈足（南岸窑：06、04）　3. 陶盆（南岸窑：03）　4. B Ⅱ式垫座（南岸窑：23）　5. C型垫座（南岸窑：22）　6、7. B Ⅰ式垫座（南岸窑：20、21）　8. A型垫座（南岸窑：19）

三、小结

（一）窑业技术和装饰工艺

器物成形主要采用轮制，碗类在轮制后再对器表进行修坯处理，故表面很少见旋坯痕；罐类内部旋坯痕较明显。碗、罐的外壁靠近足部多有一道较明显修棱痕迹。手制器物主要是一些壶、罐的柄，和盖钮等，一般先用手捏制好后，再贴附于器物上。

施釉方法主要有浸釉。碗内施满釉，外施釉至腹上部或中部，流釉现象明显。

从采集标本来看，主要装烧方法为器物置于垫座之上，再置于窑内裸烧，部分垫座顶部还粘有瓷器残片。为提高装烧效率，充分利用窑内空间，碗、盘类采用支钉叠烧，即在内底放置4至5个支钉作为间隔具，因此在碗内底、足底常见支钉痕迹。

南岸窑址大部分器物素面无纹，仅在个别罐的腹部可见饰附加堆纹，在器物的柄和系上刻有一至两道凹槽。器形统计表参见表一三。

（二）窑址年代

由于窑址未发现纪年标本，当地志书亦无该窑记载，根据采集标本，初步判断南岸窑址年代为晚唐五代时期。

表一三　南岸窑址采集标本器形统计表

器名＼型式		A型				B型		C型	合计
		I式	II式	III式	IV式	I式	II式	I式	
青釉瓷器	碗	2	1	2	4	1			10
	碗底	1							1
	罐	7							7
	器盖	1							1
	圈足	2							2
	器柄	1							1
	器系	1							1
陶器	盆	1							1
窑具	垫座	1				3	1	1	6
共计									30

第四节　苦竹垅窑址

一、窑址概况

南源岭位于福建省武夷山市南约20千米，隶属兴田镇，苦株垅窑址所在地为连绵丘陵，西、南侧山脚均为大片山垅，西侧临河，南侧山脚为南源岭变电站，西侧山脚为205国道，东侧高速公路的通道，北侧南源岭所在地。苦竹垅窑址地形以低山为主，相对高度约20米，山上植被茂密，水源充足，这些为瓷器的生产提供了优越的地理和自然条件。由于该山包种植大量的杂木，大量的瓷片和窑具暴露遗表，分布面积约为1.5万平方米（图四八）。

苦竹垅窑址于2009年第三次全国文物普查时发现，2011年福建博物院文物考古研究所与武夷山市博物馆对该窑址进行专题调查，采集部分标本，现将苦竹垅窑址情况汇报如下。

图四八　苦竹垅窑址位置

二、遗物

调查采集标本主要有青釉瓷器和窑具，下面分别叙述。

（一）青釉瓷器

主要器形有碗、器盖、罐、盆等。胎多灰色，胎体较厚，釉多呈青褐、青绿色，釉面布满冰裂纹。

（1）碗　均只存腹下部、圈足或口沿残片，未见可复原者。均内满釉，外施至腹中部或下部。内、外底均可见4至6枚支钉痕。依足部形态可分二型。

A型　饼足。

苦竹垅窑：07，斜弧腹，饼足，足面微内凹，灰胎，青绿釉，外施釉至腹中部。内底粘较多细窑渣，足底有四个支钉痕。足径5.7、残高3.9厘米（图四九，2）。

苦竹垅窑：07

苦竹垅窑：15，饼足，足面内凹，灰胎，青黄釉泛褐。足底有四个支钉痕。足径7.2、残高2.5厘米（图四九，3）。

苦竹垅窑：15

B型　圈足。

苦竹垅窑：14，内底微弧，圈足较小，制作较规整，足端略斜，足内较平。灰褐胎。内底残留2个支钉，足底有4个支钉痕。足径4.3、残高3厘米（图四九，1）。

苦竹垅窑：14

苦竹垅窑：02，生烧，内底弧，圈足制作规整，足端略斜，足内微下凹。灰胎。足底有4个支钉痕。足径6.4、残高2厘米（图四九，4）。

苦竹垅窑：02

苦竹垅窑：10，内底弧，圈足较矮，制作较规整，足端较平，足内微下凹。深灰胎，青绿釉泛灰，釉面布满冰裂纹，内底残留2个支钉。足径7、残高3厘米（图四九，5）。

苦竹垅窑：10

苦竹垅窑：11，内底较平，圈足较矮，制作较规整，足端略斜，外缘斜削，足内较平。灰胎，青绿釉泛灰，釉面布满冰裂纹，内底残留2个支钉，足底有5个支钉痕。足径6、残高1.8厘米（图四九，6）。

苦竹垅窑：11

此外还采集到部分碗口沿残片。

苦竹垅窑：05，圆唇，敞口，斜弧腹。灰胎，青灰釉，釉面有较多小气孔。口径18、残高6.4厘米（图四九，8）。

苦竹垅窑：05

苦竹垅窑：04，圜唇，口微撇，斜弧腹。灰胎，青褐釉。口径17、残高4.2厘米（图四九，7）。

苦竹垅窑：04

（2）罐　均只存腹下部和足部，未见可复原者。

苦竹垅窑：01，生烧，内底较平，饼足，足面微内凹。灰胎，夹细砂。足径12.2、残高4厘米（图四九，9）。

苦竹垅窑：01

苦竹垅窑：13，内底下凹，饼足，足面内凹。灰胎，胎体较厚，青绿釉泛褐，内底粘有较多窑渣。足径12、残高4.7厘米（图四九，10）。

苦竹垅窑：13

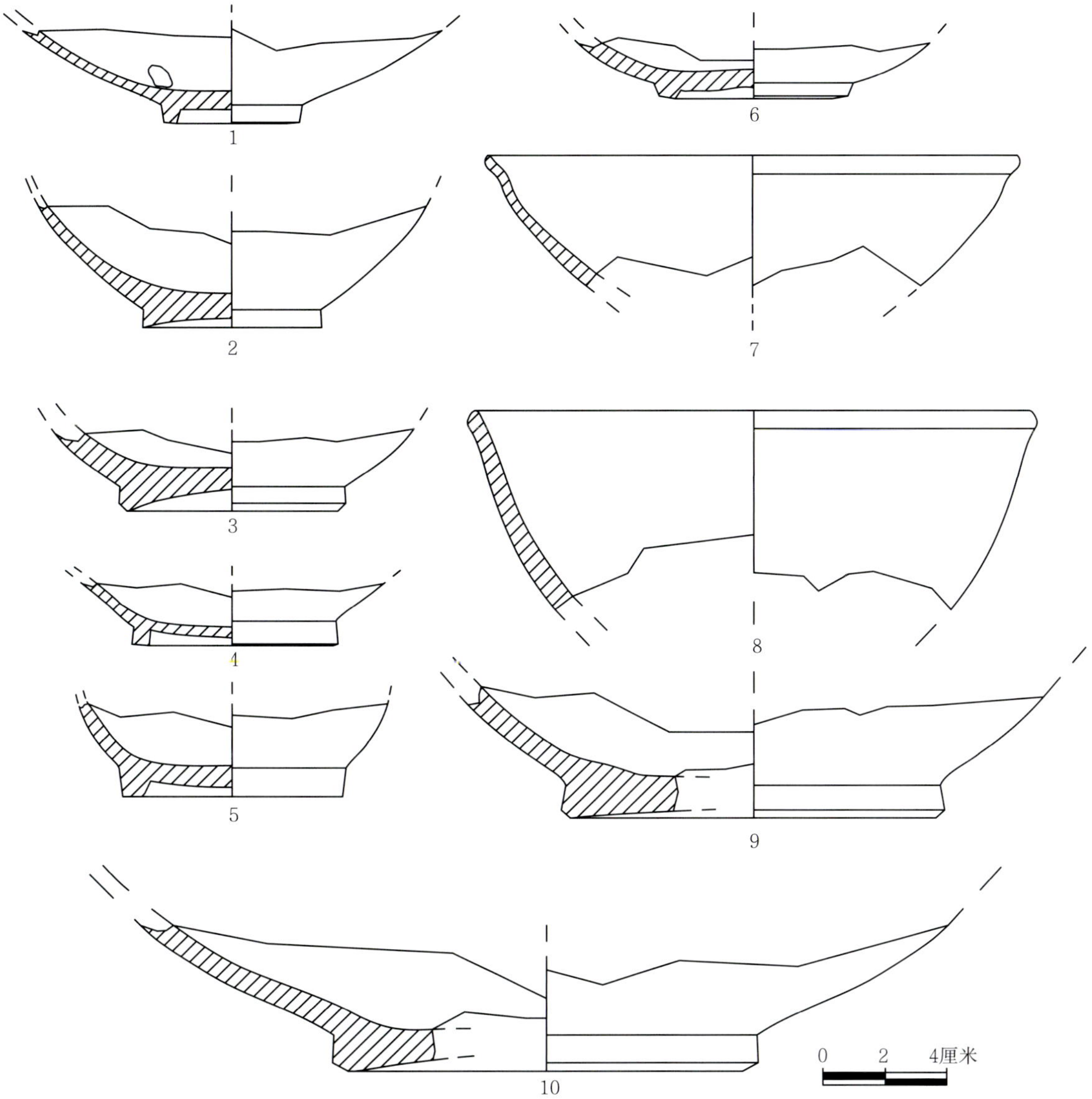

图四九　苦竹垅窑址采集青釉瓷器

1、4～6. B型碗（苦竹垅窑：14、02、10、11）　2、3. A型碗（苦竹垅窑、07、15）
7、8. 碗口沿（苦竹垅窑：04、05）　9、10. 罐残片（苦竹垅窑：01、13）

苦竹垅窑：12，生烧，内底较平，饼足，足面内凹。灰胎，夹细砂，腹部可见旋坯痕。足径11.2、残高6厘米（图五〇，2）。

苦竹垅窑：12

苦竹垅窑：06，生烧，内底较平，饼足，足面内凹。灰黄胎，腹部可见旋坯痕。足径10.4、残高9.8厘米（图五〇，3）。

苦竹垅窑：06

（3）盆

苦竹垅窑：03，仅存口沿残片，略生烧。尖唇，直口微内敛，沿面微内凹。灰胎，青褐色，夹细砂，腹部可见旋坯痕。口径49、残高8.3厘米（图五〇，1）。

苦竹垅窑：03

（二）窑具

垫座　均残，未见可复原者。

苦竹垅窑：08，平顶，圈足下部残。灰胎，夹细砂。腹部旋坯痕明显，上部可见手指痕。顶径8.8、残高7厘米（图五〇，4）。

苦竹垅窑：08

苦竹垅窑：09，平顶微内凹，圈足下部残。灰黑胎，夹细砂。腹部可见旋坯痕。顶径9.2、残高6厘米（图五〇，5）。

苦竹垅窑：09

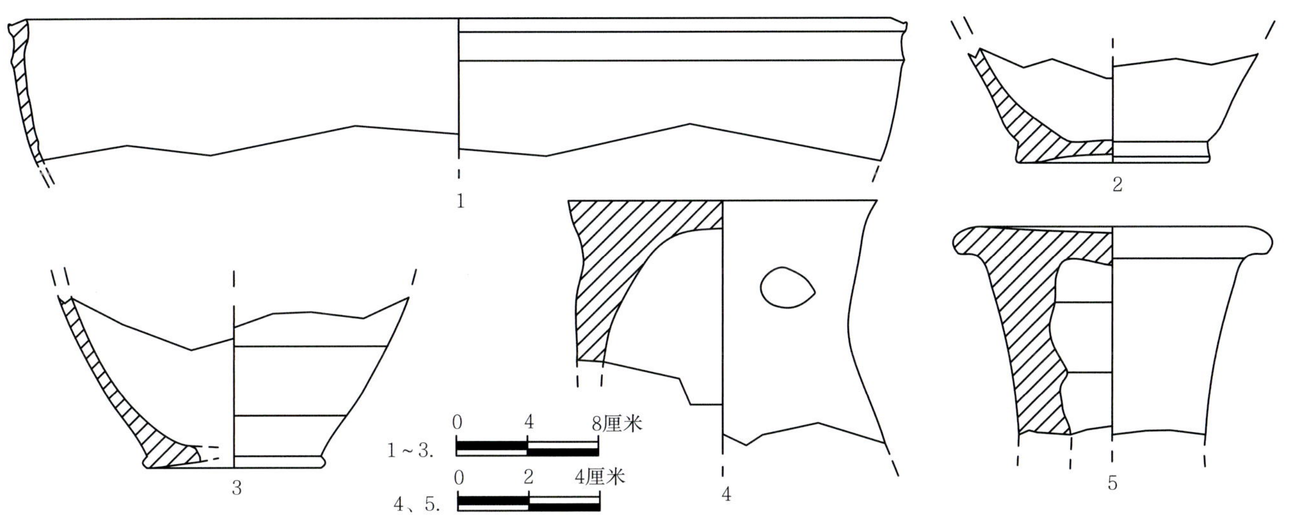

图五〇　苦竹垅窑址采集陶瓷器和窑具

1. 青釉瓷盆口沿（苦竹垅窑：03）　2、3. 青釉瓷罐残片（苦竹垅窑：12、06）　4、5. 垫座（苦竹垅窑：08、09）

三、小结

（一）窑业技术和装饰工艺

苦竹垅窑址器物成型主要采用轮制，碗类在轮制后再对器表进行修坯处理，故大部分表面很少见旋坯痕；圈足则制作规整，足内不见旋足痕。施釉则以浸釉为主，一般内满釉，外壁施釉至腹中部或下部。从采集标本来看，装烧方法为垫座垫烧。器形统计表参见表一四。

（二）窑址年代

从苦竹垅窑址采集的标本来看，器物种类较少，釉色单一，胎质较粗，淘洗不够精细。器物多饼足、矮圈足，均采用支钉叠烧，具有晚唐五代风格。因此窑址年代应为晚唐五代时期。

表一四　苦竹垅窑址采集标本器形统计表

器名 \ 型式		A型	B型	口沿残片	合计
青釉瓷器	碗	4	5	4	13
	罐	5			5
	盆	1			1
窑具	垫座	5			5
共计					24

第五节　母猪山窑址

一、窑址概况

窑址位于兴田镇镇政府所在地西南侧山冈，俗称水源垅母猪山的南面山脚。窑址地处丘陵地带，东面开阔有武夷山至建阳公路和崇阳溪，南侧为水源垅田垅，西侧与低矮山包相连，北侧为兴田村。

窑址所在冈为由西向东延伸的不规则山冈，呈南高北低。南北长约200米，东西宽约100米，面积约为2万平方米，相对高度约20米，遗物分布在西北侧山腰及山脚。西北面山脚可见废品堆积层，厚约1米。地表植被被火烧毁，仅留地表灌木根。2008年第三次全国文物普查发现。2010年兴田镇建灾后安置房时被破坏。

二、遗物

采集标本以青釉瓷器为主，另有少量窑具。下面分别叙述。

（一）青釉瓷器

器形主要有碗、盘、罐、壶等。灰胎或深灰胎，淘洗不够精细，夹杂有较多细砂。釉多为青绿色偏灰。素面，腹部旋坯痕迹较明显。

（1）碗　均为敞口，斜直腹微弧，饼足，足端外缘较斜，足底微内凹。灰胎，夹细砂，青绿釉偏灰色，内底多不施釉，外施釉至腹中部。

母猪山窑：01，足底可见5枚支钉痕。足径6.9、残高4.6厘米（图五一，3）。

母猪山窑：02，内底中心凸起。足底可见5枚支钉痕。口径18.8、足径7.5、高5.9厘米（图五一，2）。

母猪山窑：01

母猪山窑：05，足底可见5枚支钉痕。足径6.9、残高4厘米（图五一，8）。

母猪山窑：06，内底中心微凸。足径7.4、残高3.9厘米（图五一，4）。

母猪山窑：06

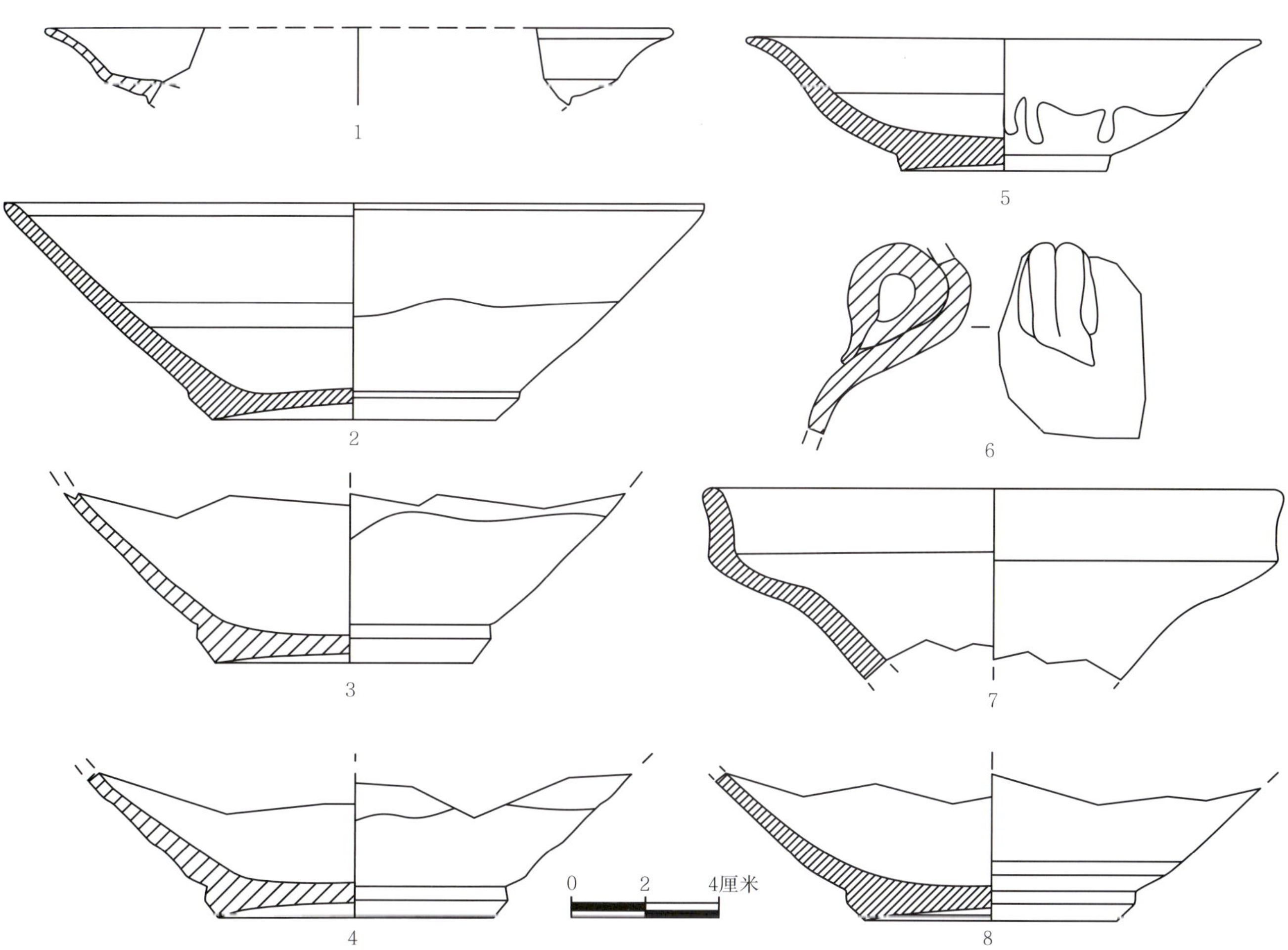

图五一　母猪山窑址采集青瓷器

1. B型盘（母猪山窑：08）　2～4、8. 碗（母猪山窑：02、01、06、05）
5. A型盘（母猪山窑：07）　6、7. 盘口壶残片（母猪山窑：11、10）

（2）**盘**　撇口，圆唇，斜弧腹或折腹，饼足。深灰胎，夹细砂，青绿釉偏灰。依腹部形态可分二型。

A型　斜弧腹。

母猪山窑：07，残，可复原。内壁下部刻划一道弦纹。胎体较厚，内施满釉，外施釉至腹中部，釉线不齐。口径14、足径5.6、高3.6厘米（图五一，5）。

母猪山窑：07

B型　折腹。

母猪山窑：08，口沿、腹部残片。胎体较薄，青釉偏深灰，釉层剥落明显。内施釉情况不清，外施釉至腹中部。口径16.6、残高2.1厘米（图五一，1）。

（3）**盘口壶**　均为口沿或肩部残片。灰胎，夹细砂。

母猪山窑：10，口沿、颈部残片。盘口，圜唇，束颈。口径15.8、残高5.2厘米（图五一，7）。

母猪山窑：11，肩部残片。圆肩，肩部粘连一扁条形耳。残高5.2厘米（图五一，6）。

（4）**罐**

母猪山窑：09，罐底残片。下腹斜直，平底。深灰胎夹粗砂，内施满釉，外施釉至底部。底径15、残高7.8厘米（图五二，1）。

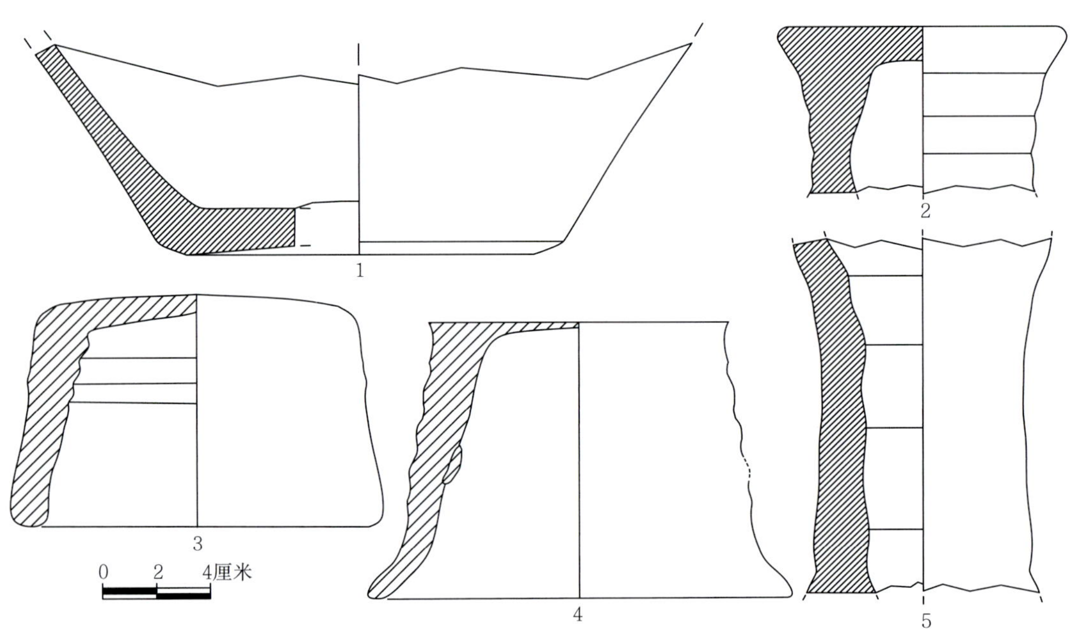

图五二　母猪山窑址采集青釉瓷器和窑具

1. 青釉瓷罐底（母猪山窑：09）　2～4. I式垫座（母猪山窑：13、14、03）　5. II式垫座（母猪山窑：12）

（二）窑具

垫座　可分为二式。

I式：器形较矮。平顶，圈足外撇，灰黄胎，夹粗砂。外壁近顶部有指痕。

母猪山窑：13，圈足有一穿孔。顶径10.4、残高6.2厘米（图五二，2）。

母猪山窑：14，顶径11.8、足径13.8、高8.6厘米（图五二，3）。

母猪山窑：03，顶径11、足径15.6、高10.2厘米（图五二，4）。

II式：器形较高。灰黑胎，夹细砂。

母猪山窑：12，残高14.4厘米（图五二，5）。

此外，还在窑址采集少量土坯残块，夹较多粗砂，表面有烧结窑汗，黄褐色，较硬。

母猪山窑：04，长12.6、宽5～7.3、厚4.6厘米。

三、小结

（一）窑业技术和装饰工艺

器物成形主要采用轮制，碗、盘、罐类轮制痕迹较明显，修坯不精。盘口壶的器耳主要是将泥条手工捏制好后，再粘连在壶肩上。

母猪山窑址的釉色主要以青釉为主，釉色呈青灰或青绿，生烧严重。施釉方法主要为浸釉。碗类底部多不施釉，外施釉一般至腹中部，有流釉现象。

从采集标本来看，主要装烧方法为垫座垫烧。碗、盘类采用支钉叠烧，即在内底放置数枚支钉做为间隔具，碗底常见五枚支钉痕迹。器形统计表参见表一五。

（二）窑址年代

由于窑址未发现纪年标本，当地志书亦无该窑记载，根出采集标本，初步判断母猪山窑址年代为晚唐五代时期。

表一五　母猪山窑址采集标本器形统计表

器名	型式	A型	B型	合计
青瓷	碗	5		5
	盘	1	1	2
	罐	1		1
	壶	2		2
窑具	垫座	5	3	8
土坯		1		1
共计				19

第三章　宋元窑址

第一节　官山岗窑址

一、窑址概况

该窑址位于武夷山市南源岭旧村部西北侧约500米处山包，窑址地处丘陵地带。东侧开阔为田垅，田垅外有山包，东南亦是田垅及南源岭旧村部，南侧为田垅及南源岭旧村通往茶山的小山路，西面与其他茶山相连接，北侧有小田垅与其他山包，东北侧山脚约600米为205国道。窑址所在由东南向西北延伸的山冈，面积较小，相对高度8米，其东西长约60米，南北宽约20米，面积为1200平方米。遗物主要分布

图五三　官山岗窑址位置

在山顶及东北侧山坡。遗址地表现已开垦为茶园，破坏严重，只发现少量瓷片和窑具（图五三）。

该窑址于2009年全国第三次文物普查时发现。2011年，福建博物院文物考古研究所与武夷山市博物馆对该窑址进行复查，并采集一批标本。

二、遗物

（一）青白釉瓷器

可分两类。

第一类，釉色青白或略泛灰，器形制作规整，胎体薄。

（1）碗　仅一件可复原。

官山岗窑：16，残，仅存腹底部及圈足，内底微弧，圈足制作规整，挖足过肩，足端平，足墙外直内斜，足内微下凸。白胎，胎体薄，青白釉，釉面有较多小黑点，内底有一涩圈，外施至足外壁。足径5.9、残高1.6厘米（图五四，1）。

官山岗窑：16

官山岗窑：09，残，仅存腹底部及圈足，内底微弧，圈足较矮，制作规整，足端平，足墙外直内斜，足内下凸。白胎，胎体薄，青白釉，釉面有较多小黑点，内底有一涩圈，外施至腹下部。足径5.5、残高2.1厘米（图五四，2）。

官山岗窑：09

官山岗窑：13，敞口，厚唇，斜弧腹，内底微弧，圈足制作规整，足端平，足墙内外壁均斜，足内微下凸。白胎，青白釉略泛灰，内满釉，外施至腹下部。口径14.4、足径5.4、高5厘米（图五四，13）。

官山岗窑：13

（2）杯

官山岗窑：11，残，仅存腹底部及圈足，内底微弧，喇叭形圈足制作规整，足内下凸。白胎，胎体薄，青白釉，釉面有较多小黑点，内底有一涩圈，外施至腹下部。足径3.2、残高2.7厘米（图五四，10）。

官山岗窑：11

（3）瓶

官山岗窑：23，残，仅存腹部残片，外壁刻有竖条纹。灰白胎，胎较厚，青白釉略泛灰，釉面布满冰裂纹，内壁无釉，外施釉。残高7.5厘米。

官山岗窑：23

第二类，釉色呈灰白色或泛青，器形制作稍粗，胎体较厚。

（1）碗

官山岗窑：18，残，仅存腹底部及圈足，内底微弧，圈足制作较规整，足端圆，足墙内外均斜，足内微下凸。灰胎，灰白釉泛青，内满釉，外施至足内，内外底可见5枚支钉痕。足径4.8、残高3.3厘米。

官山岗窑：18

官山岗窑：20，残，仅存腹下部及圈足，内底弧，圈足制作较粗，足墙外直内斜，足内平。灰黄胎，青白釉泛灰，内底有一涩圈，外施至足外壁。足径5.4、残高3厘米（图五四，7）。

官山岗窑：20

（2）器盖

官山岗窑：21，生烧，盖底微内凹，盖沿平，盖面中间下凹，宝珠形钮。灰白胎。底径3、沿径7、高2.1厘米（图五四，9）。

官山岗窑：21

（二）青釉瓷器

（1）碗

官山岗窑：03，口沿残，斜弧腹，内底中心上凸，饼足，足面微内凹。灰胎，青绿釉泛褐，釉层薄，通体冰裂纹，内满釉，外施至腹下部，内、外底残留4个支钉痕。足径5.6、残高4.7厘米（图五四，12）。

官山岗窑：03

官山岗窑：12，圜唇，撇口，斜弧腹，内底微弧，饼足，足面微内凹。灰胎，胎质较粗，青绿釉泛褐，釉层薄，内满釉，外施至腹中部，有流釉。内底留有粗支钉痕。口径16.4、足径6.6、高6.5厘米（图五四，14）。

官山岗窑：12

（2）罐

官山岗窑：04，仅存足部残片，饼足，足面微内凹。灰胎，青褐釉，内满釉，外施釉至腹底部。足径5.1、残高5.7厘米（图五四，8）。

官山岗窑：04

（三）酱黑釉瓷器

（1）碗

官山岗窑：07，圜唇，敞口，斜直腹微弧，内底弧，矮圈足，足端略斜。深灰胎，黑釉，口沿釉薄处呈深褐色，内满釉，外施至腹下部。内底留有粗支钉痕。口径10.6、足径3.6、高4.1厘米（图五四，3）。

官山岗窑：07

（2）罐

官山岗窑：22，残，仅存口沿、颈部残片，生烧，尖唇，颈部残存一纵向桥形系，系下端刻划一人面。灰胎。口径9.6、残高6.2厘米（图五四，4）。

官山岗窑：22

官山岗窑：08，残，仅存口沿、肩部残片，直口微敛，口沿、肩部残存一扁条形柄，柄面中部有一道凸棱。灰胎，酱釉脱落严重，外施釉至腹中部。口径11、残高7.6厘米（图五四，5）。

官山岗窑：08

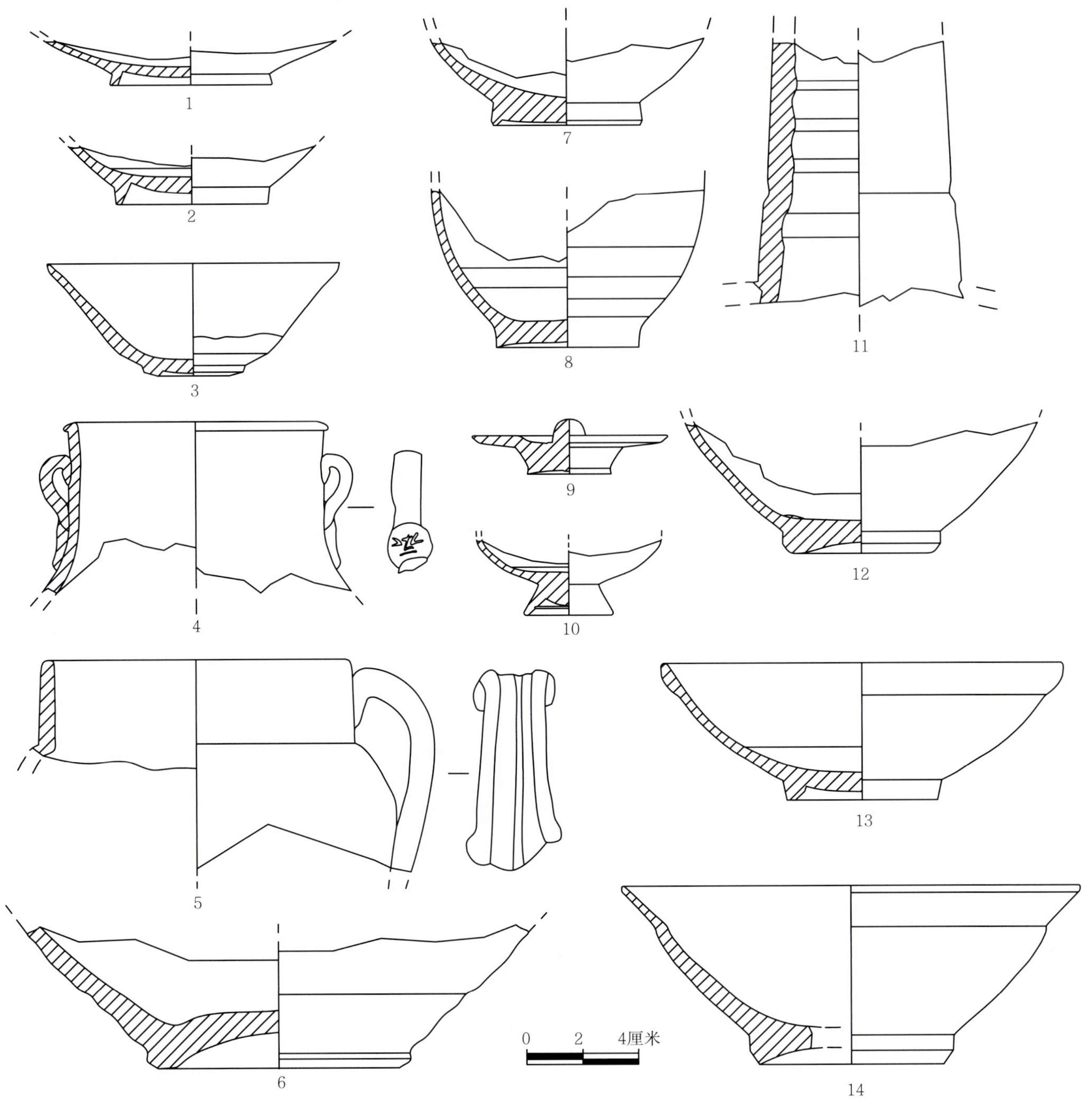

图五四　官山岗窑址采集瓷器

1、2、13. 第一类青白釉瓷碗（官山岗窑：16、09、13）　3. 酱黑釉瓷碗（官山岗窑：07）
4～6. 酱黑釉瓷罐（官山岗窑：22、08、05）　7. 第二类青白釉瓷碗（官山岗窑：20）　8. 青釉瓷罐（官山岗窑：04）
9. 第二类青白釉瓷器盖（官山岗窑：21）　10. 第一类青白釉瓷杯（官山岗窑：11）　11. 酱黑釉瓷瓶（官山岗窑：01）
12、14. 青釉瓷碗（官山岗窑：03、12）

官山岗窑：05，残，仅存腹下部、足部残片。内底上凸，饼足，足内凹。灰褐胎，酱釉脱落严重，足径9.7、残高5.2厘米（图五四，6）。

官山岗窑：05

（3）瓶

官山岗窑：01，残，仅存颈部残片，长直颈。灰胎，酱釉，内壁轮旋痕明显。残高10.4厘米（图五四，11）。

官山岗窑：01

（四）陶器

（1）器盖

官山岗窑：17，残，仅存盖钮残片，饼形钮，钮面内凹，内顶有一小圆洞。灰褐胎。钮径5.9、残高2.5厘米（图五五，1）。

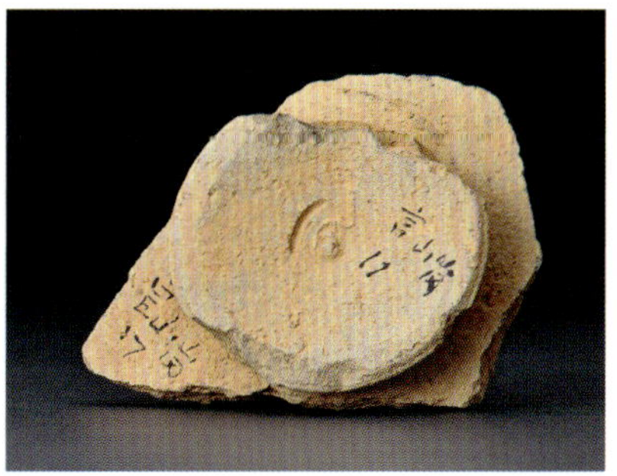

官山岗窑：17

（2）瓮

官山岗窑：10，残，仅存口沿残片，圜唇，敛口，沿外折，束颈。灰褐胎，夹细砂，酱黑釉。口径39、残高6.5厘米（图五五，4）。

官山岗窑：10

官山岗窑：02，残，仅存口沿、颈部残片，圜唇，敛口，沿外卷，短颈。灰胎。口径40、残高6.8厘米（图五五，5）。

官山岗窑：02

（3）研磨器

官山岗窑：19，残，仅存腹下部、圈足残片。浅圈足，足墙较厚。灰黄胎，夹细砂。内壁刻划方格。足径10、残高2.5厘米（图五五，2）。

官山岗窑：19

（五）窑具

垫座　可分二式。

Ⅰ式：器形较矮。

官山岗窑：15，平顶，圈足微外撇，足外壁上部留有手指痕。灰胎，夹细砂。顶径11.6、足径12.2、高6厘米（图五五，6）。

官山岗窑：15

官山岗窑：14，平顶内凹，圈足微外撇，足外壁上部留有手指痕。灰胎，夹细砂，顶部残存支钉痕，顶径13、足径12、高5.9厘米（图五五，7）。

官山岗窑：14

Ⅱ式：器形较高。

官山岗窑：06，平顶微内凹，圈足较高，束腰，足外壁上部留有手指痕。灰胎，夹细砂，顶部残存支钉痕。顶径8、足径9、高10.6厘米（图五五，3）。

官山岗窑：06

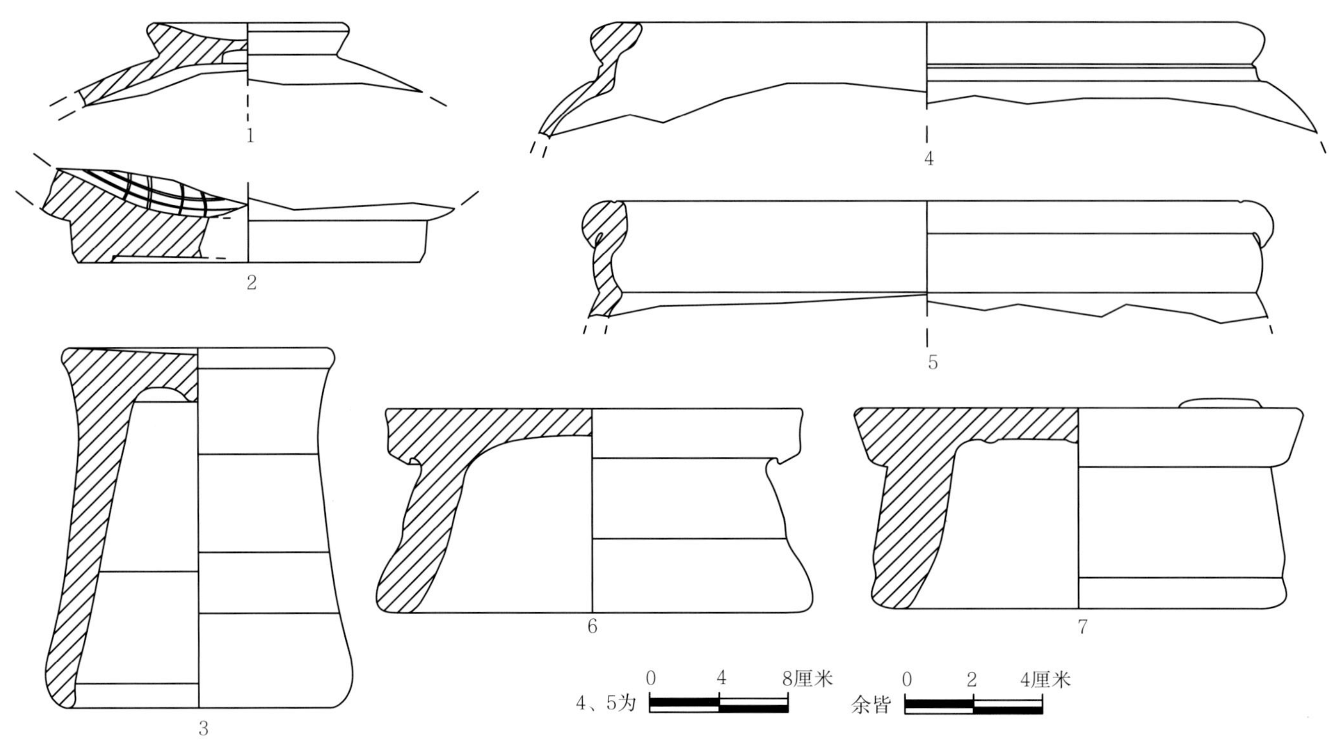

图五五　官山岗窑址采集陶器

1. 陶器盖（官山岗窑：17）　2. 陶研磨器（官山岗窑：19）　3. II式垫座（官山岗窑：06）
4、5. 陶瓮（官山岗窑：10、02）　6、7. I式垫座（官山岗窑：15、14）

三、小结

（一）窑业技术和装饰工艺

官山岗窑址器物成型采用轮制，碗类在轮制后再对器表进行修坯处理，故大部分表面很少见旋坯痕；第一类青白釉瓷器，胎土淘洗较精细，较白，器形制作亦规整；第二类青白瓷则相对较粗，胎土淘洗不够精细，表面有较多小孔。青釉饼足碗则为避免叠烧时容易粘连，足外缘斜削。施釉则以浸釉为主，一般内满釉，外壁施釉至腹中部或下部，釉线较齐。从采集标本来看，装烧方法以垫座垫烧为主，也有少量垫圈垫烧，均为明火裸烧。器形统计表参见表一六。

（二）窑址年代

官山岗窑址采集的标本中未发现有明确纪年的器物，烧造历史亦未见文献记载。从器物来看，青釉瓷器均为饼足，碗类为支钉叠烧，釉多青绿色，施釉较薄，胎土淘洗不够精细，具有典型晚唐风格。青白釉类的厚唇碗、高足杯等具有典型北宋中晚期风格，因此，初步判断官山岗窑址的年代为唐代晚期至北宋晚期。

表一六　官山岗窑址采集标本器形统计表

<table>
<tr><th colspan="3" rowspan="2">型式
器名</th><th colspan="2">A型</th><th rowspan="2">合计</th></tr>
<tr><th>I式</th><th>II式</th></tr>
<tr><td rowspan="5">青白釉瓷器</td><td rowspan="3">第一类</td><td>碗</td><td>5</td><td></td><td>5</td></tr>
<tr><td>杯</td><td>1</td><td></td><td>1</td></tr>
<tr><td>瓶</td><td>2</td><td></td><td>2</td></tr>
<tr><td rowspan="2">第二类</td><td>碗</td><td>4</td><td></td><td>4</td></tr>
<tr><td>器盖</td><td>1</td><td></td><td>1</td></tr>
<tr><td colspan="2" rowspan="2">青釉瓷器</td><td>碗</td><td>3</td><td></td><td>3</td></tr>
<tr><td>罐</td><td>2</td><td></td><td>2</td></tr>
<tr><td colspan="2" rowspan="3">酱黑釉瓷器</td><td>碗</td><td>2</td><td></td><td>2</td></tr>
<tr><td>罐</td><td>5</td><td></td><td>5</td></tr>
<tr><td>瓶</td><td>1</td><td></td><td>1</td></tr>
<tr><td colspan="2" rowspan="3">陶器</td><td>器盖</td><td>1</td><td></td><td>1</td></tr>
<tr><td>瓮</td><td>2</td><td></td><td>2</td></tr>
<tr><td>研磨器</td><td>1</td><td></td><td>1</td></tr>
<tr><td colspan="2" rowspan="2">窑具</td><td>垫座</td><td>3</td><td>2</td><td>5</td></tr>
<tr><td>垫圈</td><td>1</td><td></td><td>1</td></tr>
<tr><td colspan="2">共计</td><td></td><td></td><td></td><td>36</td></tr>
</table>

第二节　碗窑垅窑址

一、窑址概况

碗窑垅窑址位于大渚东际自然村北面约1千米处，大渚位于福建省武夷山市东南侧约40千米，隶属兴田镇，西、南、北三面环山。山上植被茂密，山谷溪流清澈。山上多为灌木、松树等，在山坡中部可见部分窑炉遗迹，窑室内有被盗挖形成的坑洞。在窑址下部有部分弧形火膛遗迹露出地表，瓷片与窑具分布面积约为2400平方米（图五六）。

图五六　碗窑垅窑的火膛

碗窑垅窑址于2009年第三次全国文物普查时发现，2011年福建博物院文物考古研究所与武夷山市博物馆对该窑址进行专题调查，采集部分标本。

二、遗物

采集标本主要有青釉瓷器和青白釉瓷器，少量黑釉瓷器，另有一些窑具。

（一）青釉瓷器

器形均为碗，深灰胎，可见细小气孔，青釉大部分偏灰褐或青褐色，釉面多有冰裂纹，内施满釉，外施釉至腹下部。均为素面。

碗　仅见一型。敞口，厚唇，斜弧腹，圈足制作较规整。足端较平或略斜，足墙大部分外直内斜。外壁旋坯痕迹明显，内底及足端残留支钉或支钉痕迹，一般有6～7枚。

碗窑垅窑：10，为三只碗底叠压粘连，足端稍宽。青釉偏灰褐，外施釉近足根。最上面的碗内底（6枚支钉痕）和最下面的碗足底均粘连支钉。足径6.2、残高2.5、通高5.6厘米（图五七，2）。

碗窑垅窑：10

碗窑垅窑：11，残，可复原。内底弧，足端外缘斜削，足内较平。内满釉，外施釉至腹下部。内底残留一枚支钉。口径14.2、足径6.2、高5.4厘米（图五七，3）。

碗窑垅窑：11

碗窑垅窑：12，残，变形，可复原。内底弧，足端稍斜，足内较平。内满釉，外施釉至足根。内底保存7枚支钉。口径15、足径6.3、高5.3厘米（图五七，4）。

碗窑垅窑：12

碗窑垅窑：15，残，可复原。内底弧，足内较平。内满釉，外施釉至腹下部。内底残留一枚支钉。口径14.4、足径5.8、高5.2厘米（图五七，5）。

碗窑垅窑：18，残，可复原。内底弧，足端外缘斜削，足内较平。青灰釉泛褐，内满釉，外施釉至腹下部，釉面较光亮。口径15、足径6.1、高4.6厘米（图五七，12）。

碗窑垅窑：04，残，可复原，生烧。足端与足墙内外略斜。内底残留三枚支钉痕迹。口径18、足径8.1、高7.3厘米（图五七，13）。

碗窑垅窑：04

（二）青白釉瓷器

器形主要有碗、杯、瓶、器柄等。灰白胎，胎中可见细小气孔，青白釉泛灰或泛黄，釉面常布满细碎开片。内施满釉，外施釉至足根处或足墙外壁。所见均为素面。

（1）碗　可分两型。

A型　敞口，浅腹。

I式：圆口。

碗窑垅窑：20，残，可复原。圜唇，斜弧腹，内底下凹。矮圈足，足端较宽。内满釉，外施至足根。口径10.8、足径5、高3厘米（图五七，11）。

II式：花口。

碗窑垅窑：01，匣钵内粘连的碗口沿残片。口径约12、残高约3厘米。

碗窑垅窑：01

B型　撇口，腹较深。

碗窑垅窑：13，残，可复原。圆唇，弧腹，内底下凹，中间可见旋坯痕。圈足较高，足端较窄，足墙较直，足内下凸。口径10.2、足径4.4、高4.9厘米（图五七，10）。

另有少量碗圈足。

碗窑垅窑：24，内底较平，圈足较高，足端较窄，足墙内外均斜。内满釉，外施至腹底部，部分流至足外壁。足径5.9、残高2.9厘米（图五七，6）。

碗窑垅窑：17，内底微弧，圈足制作较规整，足端较窄，足墙内外均斜。内满釉，外施至腹下部。足径4.8、残高3厘米（图五七，7）。

（2）**杯**　根据圈足可分两式。

I式：敞口，尖唇，喇叭形圈足较矮。

碗窑垅窑：21，残，可复原，略生烧。弧腹，内底弧，足内下凸。青白釉泛灰，内满釉，外施至足外壁中部，局部脱落。口径7.6、足径3.8、高4.6厘米（图五七，9）。

碗窑垅窑：32，口径8、足径3.4、高4.1厘米。

II式：圈足较高。

碗窑垅窑：22，仅存腹下部、圈足。喇叭形圈足，足端窄斜。胎色较白，胎质致密，釉色偏白，釉面开片，内满釉，外施至足外壁上部。足径3.4、残高5.1厘米（图五七，8）。

（3）**瓶**　仅见口沿、颈部残片，未见可复原者。

碗窑垅窑：23，尖唇，撇口，长束颈。青白釉泛灰褐，釉面有冰裂纹。口径11.4、残高3.7厘米（图五八，8）。

（4）**器把**　此外还有少量器把残片。

碗窑垅窑：25，扁条形，柄面中间一道较深的凹槽，凹槽中心有一道细凸棱。灰胎，夹细砂，灰青釉。残长4.1厘米（图五七，1）。

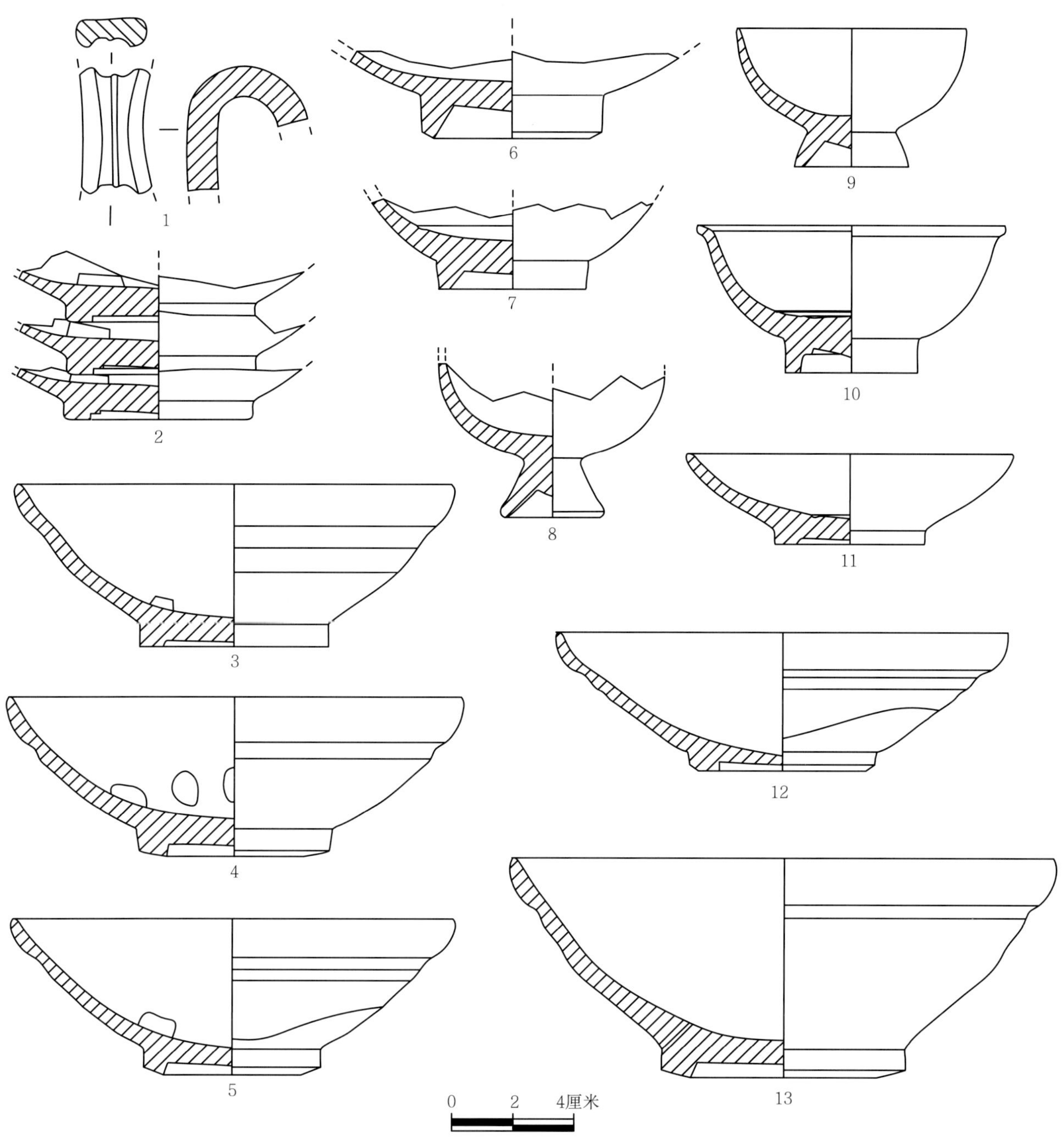

图五七　碗窑垅窑址采集瓷器

1. 青白釉瓷器把（碗窑垅窑：25）　2～5、12、13. 青釉瓷碗（碗窑垅窑：10、11、12、15、18、04）　6、7. 青白釉瓷碗圈足（碗窑垅窑：24、17）　8. II式青白釉瓷杯（碗窑垅窑：22）　9. I式青白釉瓷杯（碗窑垅窑：21）　10. B型青白釉瓷碗（碗窑垅窑：13）　11. A I式青白釉瓷碗（碗窑垅窑：20）

（三）酱黑釉瓷器

器形主要有碗、杯。

（1）碗　均为敞口微敛，圜唇，斜弧腹，圈足。

碗窑垅窑：14，微残，可复原。内壁粘一匣钵底部残片。矮圈足，制作较规整，足墙外直内斜，足内中心微下凸。灰胎，黑釉，内满釉，外施釉至腹下部。口径9.7、足径3.5、高4.2厘米（图五八，2）。

碗窑垅窑：16，口沿、腹部残片。深灰胎，釉呈酱褐色，外壁粘连一碗残片。口径9.6、残高3.8厘米（图五八，3）。

（2）杯

碗窑垅窑：19，腹下部、圈足残片，生烧。矮圈足制作欠规整，足端略斜，足墙外直内斜。足径3.4、残高4厘米（图五八，1）。

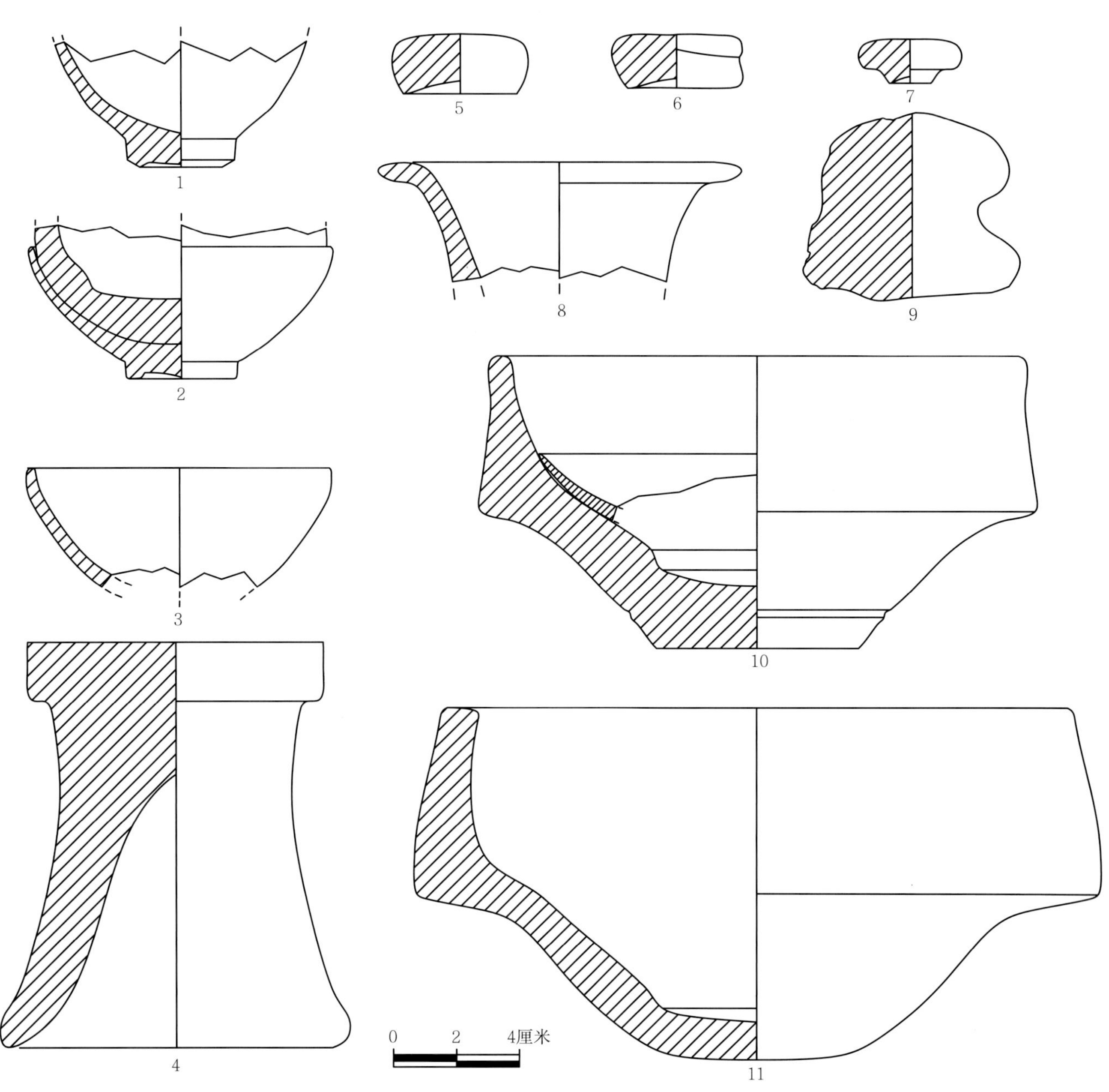

图五八　碗窑垅窑址采集瓷器与窑具

1. 酱黑釉瓷杯（碗窑垅窑：19）　2、3. 酱黑釉瓷碗（碗窑垅窑：14、16）　4. 垫座（碗窑垅窑：09）　5～7. 垫饼（碗窑垅窑：07、06、05）　8. 青白釉瓷瓶（碗窑垅窑：23）　9. 垫块（碗窑垅窑：26）　10、11. 匣钵（碗窑垅窑：29、02）

（四）窑具

主要有匣钵、垫柱、垫饼和垫块。

（1）匣钵　均为漏斗形，多为灰褐胎，夹粗砂粒。

碗窑垅窑：29，匣钵内壁粘连碗口沿残片。口径17.2、底径7、高9.6厘米（图五八，10）。

碗窑垅窑：29

碗窑垅窑：02，微残，可复原。口径19.3、底径6.4、高11.1厘米（图五八，11）。

碗窑垅窑：02

碗窑垅窑：27，灰胎，口残，内底有指痕。底径7.6、残高5.1厘米。

碗窑垅窑：27

（2）垫座　均为平顶，高圈足，中部略束，下部微撇。灰褐胎，夹粗砂。大部分外壁上部有指痕。

碗窑垅窑：03，顶径10.6、足径12.2、高13.8厘米。

碗窑垅窑：03

碗窑垅窑：08，顶径9.5、足径10.7、高12.5厘米。

碗窑垅窑：08

碗窑垅窑：09，顶径9.5、足径11.2、高12.5厘米（图五八，4）。

碗窑垅窑：09

（3）**垫饼** 圆形，深灰胎，夹细砂。底部较平，顶部凸出。

碗窑垅窑：07，直径4.3、厚1.5厘米（图五八，5）。

碗窑垅窑：06，直径4.1、厚1.7厘米（图五八，6）。

碗窑垅窑：05，直径3.3、厚1.4厘米（图五八，7）。

碗窑垅窑：05

（4）**垫块** 不规则形状，表面可见随意捏制痕。

碗窑垅窑：30，灰胎，夹细砂。长7.7、宽约6.2、厚1.8～3.6厘米。

碗窑垅：26，灰褐胎，夹粗砂。不规则柱体，直径约6.8、高5.9厘米（图五八，9）。

碗窑垅窑：30

三、小结

（一）窑业技术和装饰工艺

1. 器物成形工艺

主要是轮制和手制。

器物成形主要采用轮制，碗、杯类一般在轮制后对器表进行修坯处理，但青瓷碗修坯不精，旋坯痕迹较为明显。圈足制作大多数较规整，足端、足墙一般经过修整。手制器物主要是器柄等，先用手捏制好后，再贴附于器物上。器形统计表参见表一七。

表一七　碗窑垅窑址采集标本器形统计表

器名	型式	A型		B型	合计
		I式	II式	I式	
青釉瓷器	碗	7			7
青白瓷器	碗	1	1	3	5
	杯	1	1		2
	瓶	1			1
	器柄	1			1
黑釉瓷器	碗	2			2
	杯	1			1
窑具	垫座	3			3
	匣钵	4			4
	垫饼	3			3
	垫块	2			2
共计					31

2. 施釉工艺

碗窑垅窑的釉色有青、青白和黑色三种，施釉方法主要是浸釉和荡釉，有流釉现象。碗、杯主要是浸釉，大多内施满釉，外施釉位置不定，尤其是青瓷，外施釉较为随意。瓶类浸釉和荡釉相结合，所采集瓶口内外均施釉。

3. 装烧工艺

从采集标本来看，碗窑垅窑的装烧方法主要是支钉叠烧、垫座垫烧和匣钵装烧。碗、杯类主要使用支钉叠烧，即在内底放置数枚支钉作为间隔具，层层叠压，因此碗杯内底常见支钉痕迹。垫块主要用于匣钵或垫柱之间，有加固和防止窑具变形的作用。垫饼可能是垫置在匣钵内，然后其上再放置器物。

（二）窑址年代

碗窑垅窑址采集的标本中未发现有明确纪年的器物，烧造历史亦未见文献记载。从器物来看，具有南宋早中期风格，因此，初步判断碗窑垅窑址的年代为南宋早中期。

第三节　谷岭凹窑址

一、窑址概况

谷岭凹窑址位于武夷山市上梅乡里江村村部西南面约1千米处。其东南、西北面为连绵山峦，东南侧山腰处有一条乡镇公路，东北面有一条小河流经山脚。窑址面积约2500平方米。遗物主要分布在南侧山坡，堆积厚约1米（图五九）。

谷岭凹窑址于2009年全国第三次文物普查时发现，2011年12月，福建博物院文物考古研究所与武夷山市博物馆又对该窑址进行调查，采集部分标本。

图五九　谷岭凹窑址堆积

二、遗物

采集标本以青白釉瓷器为主，还发现有少量酱釉瓷器和窑具。

（一）青白釉瓷器

器形主要有碗、盘、碟，以碗居多。多为灰白胎，青白色釉，多偏灰色或青灰。器物大部分内壁刻划弦纹和篦划纹，外壁多素面，此外，还在一圈足内发现有墨书。

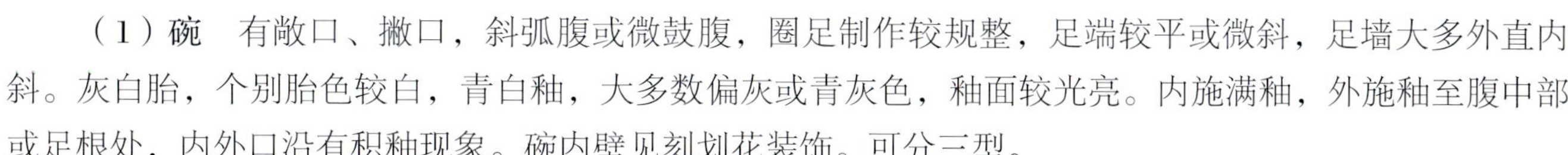

（1）碗　有敞口、撇口，斜弧腹或微鼓腹，圈足制作较规整，足端较平或微斜，足墙大多外直内斜。灰白胎，个别胎色较白，青白釉，大多数偏灰或青灰色，釉面较光亮。内施满釉，外施釉至腹中部或足根处，内外口沿有积釉现象。碗内壁见刻划花装饰。可分三型。

A型　敞口，斜弧腹，圈足。碗内底与壁相连处有一明显圈线，内壁口沿下先饰一道弦纹，下面再装饰有刻划花。可分两式。

I式：花口。均为口沿、腹部残片。尖唇，斜弧腹。青白釉偏灰。

谷岭凹窑：09，内壁刻划草叶纹，间以蓖划纹。口径14.2、残高4.2厘米（图六〇，1）。

谷岭凹窑：09

谷岭凹窑：18，内壁刻划卷云纹，间以篦划纹。口径16、残高3.3厘米（图六〇，2）。

谷岭凹窑：18

II式：圆口。

谷岭凹窑：17，残，可复原。尖唇，斜弧腹，内底下凹，圈足制作规整，足端较平，足墙内外均直。青白釉偏灰，内满釉，外施釉至腹下部。内壁刻划卷云纹，间以篦划纹。口径15、足径4.4、高5.2厘米（图六〇，3）。

谷岭凹：17

谷岭凹窑：07，残，可复原。尖唇，斜弧腹，内底下凹，圈足制作规整，足端较平，足墙外直内斜。青白釉偏灰，内满釉，外施釉至足根，部分流至足外壁。内壁刻划连弧纹，间以篦划纹。口径16.4、足径5.6、高5.9厘米（图六〇，4）。

谷岭凹：07

谷岭凹窑：22，残，可复原。尖唇，斜弧腹，内底凹平，圈足制作规整，足端较平，足墙内外略斜。青白釉偏灰，内满釉，外施釉至腹下部。内壁刻划草叶纹间以篦划纹，外施釉至足腹下部。口径16、足径5.4、高5.3厘米（图六〇，5）。

谷岭凹：22

B型　撇口。依口沿、腹部形态可分三式。

I式：圆口。

谷岭凹：19，残，可复原。尖唇，斜弧腹，内底弧凹，圈足制作规整，足端较平，足墙外直内略斜。青白釉偏灰，内满釉，外施至足根，部分流至外墙。内壁刻划连弧纹，间以篦划纹。口径16.2、足径5.4、高5.6厘米（图六〇，7）。

谷岭凹：19

II式：花口。

谷岭凹：16，残，可复原。尖唇，斜弧腹，内底弧，圈足制作规整，足端较平，足墙内外均直。青白釉偏灰，内满釉，外施至腹下部，内壁中部有一圈弦纹。口径14.4、足径5、高4.8厘米（图六〇，6）。

谷岭凹：16

III式：撇口，斜腹较弧。

谷岭凹：26，与匣钵、垫饼粘连残片。圆唇，圈足制作欠规整。灰胎，青白釉偏灰色，内满釉，外施釉至腹下部。碗内底粘连匣钵残片，匣钵底部还残留一垫饼，垫饼上粘连有碗圈足残片。口径11.6、足径4.7、高4.6、通高5.1厘米（图六〇，8）。

谷岭凹：26

C型 斜直腹，浅圈足。

谷岭凹：10，腹下部、圈足。内底窄平，足端稍斜，圈足极浅，与斗笠碗相类。胎色较白，釉色青白中泛黄，釉面遍布开片，内满釉，外施至腹下部，部分流至足墙外壁。足径4、残高3.1厘米（图六〇，9）。

谷岭凹：10

另采集部分碗圈足。

谷岭凹：06，内底中心凸起，足端微斜，足内壁斜削。内满釉，外施釉至足外墙。内壁刻划六道类S形纹，将内壁分成六等分。足径4.6、残高2.6厘米（图六〇，10）。

谷岭凹：12，内底阔平，足端较平，足墙内外壁较直，足内有墨书，模糊不识。足径6.7、残高2.1厘米（图六〇，11）。

谷岭凹：12

谷岭凹：13，内底弧，足端窄平，足墙内外壁均斜。青白釉色泛灰，内满釉，外施釉至足外墙，碗内粘有落渣。足径4.9、残高4.1厘米（图六〇，12）。

谷岭凹：13

谷岭凹：20，内底弧凹。足端略斜，足墙内外壁较直，足内微下凹。釉色泛青灰，内满釉，外施釉至足根，局部流至足外墙。足径4.8、残高2.7厘米（图六〇，13）。

谷岭凹：20

谷岭凹：15，内底凹平。足端较平，足墙内外壁较直，足内较平，中心微下凸。内满釉，外施至腹底部，局部流至足外墙。内壁刻划草叶纹，间以篦划纹。足径5.2、残高4.2厘米（图六〇，14）。

谷岭凹：15

（2）**盘**　可分二式。

I式：撇口。斜折腹，圈足制作规整，足端较平，足墙内外均斜。灰白胎，青白釉略泛灰。

谷岭凹窑：08，残，可复原。内满釉，外施釉至腹中部。口径14.8、足径5.2、高3厘米（图六〇，15）。

谷岭凹窑：08

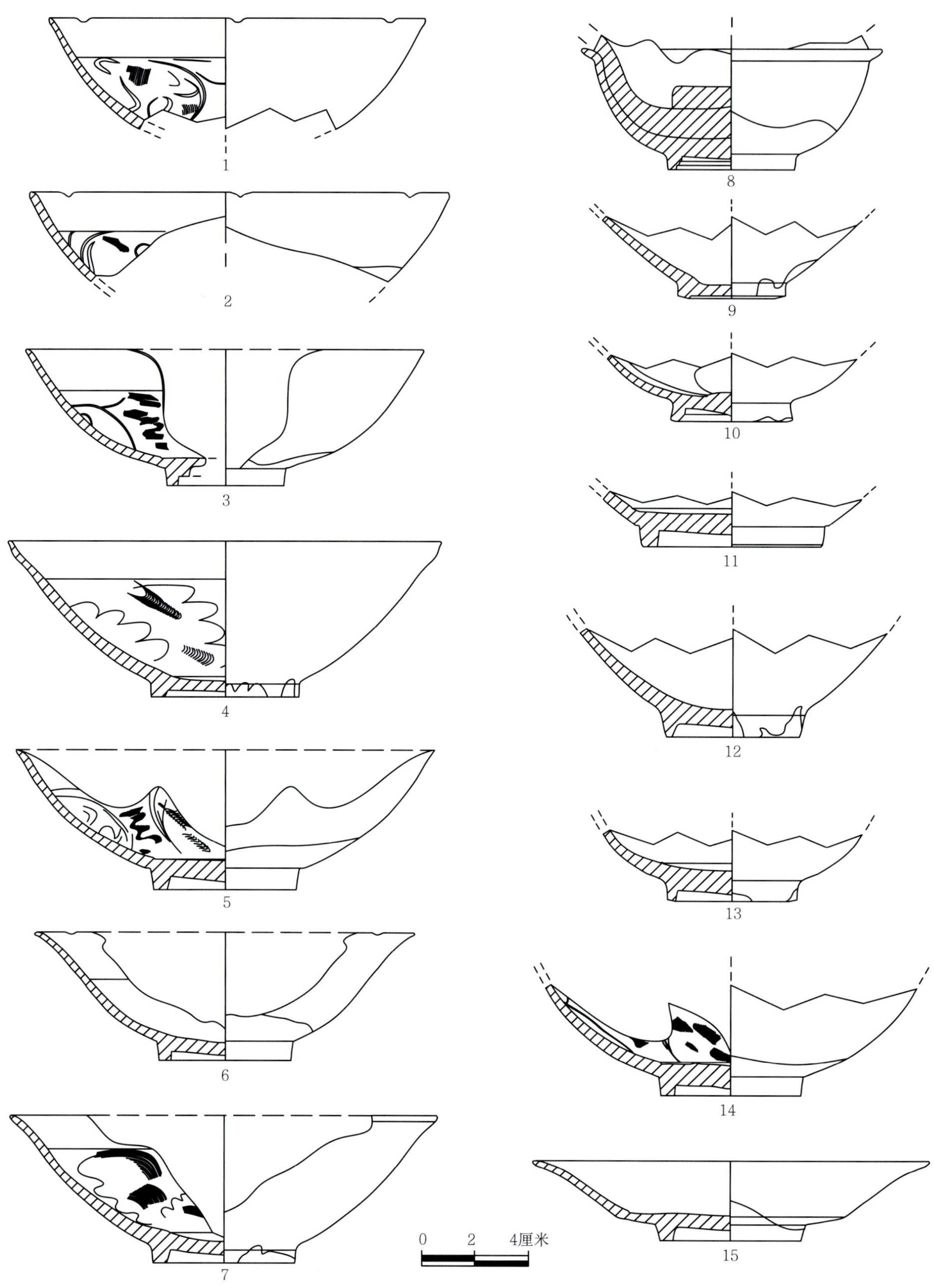

图六〇　谷岭凹窑址采集青白釉瓷器

1、2. AI式碗（谷岭凹窑：09、18）　3～5. AII式碗（谷岭凹窑：17、07、22）　6. BII式碗（谷岭凹窑：16）　7. BI式碗（谷岭凹窑：19）　8. BIII式碗（谷岭凹窑：26）　9. C型碗（谷岭凹窑：10）　10～14. 碗圈足（谷岭凹窑：06、12、13、20、15）　15. I式盘（谷岭凹窑：08）

谷岭凹窑：23，残，可复原。内满釉，外施釉至腹下部，部分流至足外墙。口径14.2、足径4.8、高3厘米（图六一，2）。

谷岭凹窑：23

II式：敞口。未见完整器。

谷岭凹窑：21，口沿、腹部残片。敞口，尖唇，腹下部圆折。灰白胎，青白釉，内外均施釉。口径12.6、残高2.5厘米（图六一，3）。

谷岭凹窑： 21

（二）酱釉瓷器

数量很少，仅见研磨器一种。

谷岭凹窑：11，口沿、腹部残片。敞口，圜唇，沿外折，沿面有一道凹槽。灰褐胎，内施酱釉至口沿，外施至口沿下部。内壁刻划篦划纹。口径24、残高5.9厘米（图六一，6）。

谷岭凹窑：11

（三）陶器

数量很少，仅见罐底残片。均为饼足，足底内凹。灰褐胎，夹细砂。

谷岭凹窑：14，足径7.6、残高3.6厘米（图六一，4）。

谷岭凹窑：14

谷岭凹窑：25，足径7.4、残高3.8厘米（图六一，5）。

谷岭凹窑：25

（四）窑具

主要有垫块、匣钵、匣钵盖、垫饼。

（1）垫块

谷岭凹窑：05，略呈实柱状，平顶微凹，外壁可见较多捏制痕。深褐色胎，夹较多粗砂。顶径7.3、高9.6厘米（图六一，10）。

谷岭凹窑：05

（2）**匣钵** 仅见漏斗形匣钵。灰黄胎，夹粗砂。

谷岭凹窑：01，口径18、底径5.2、高10.1厘米（图六一，7）。

谷岭凹窑：01

谷岭凹窑：03，口径16.8、底径5、高10厘米（图六一，8）。

谷岭凹窑：03

（3）**匣钵盖**

谷岭凹窑：02，覆盆形，顶部较平。黄褐胎，夹粗砂，有旋坯痕迹。口径13.6、高3.5厘米（图六一，1）。

（4）**垫饼** 仅见一型。

谷岭凹窑：04，圆形，底面微弧，顶部凸出呈一平台，灰黄胎，夹细砂。直径5.4、厚1.9厘米（图六一，9）。

谷岭凹窑：04

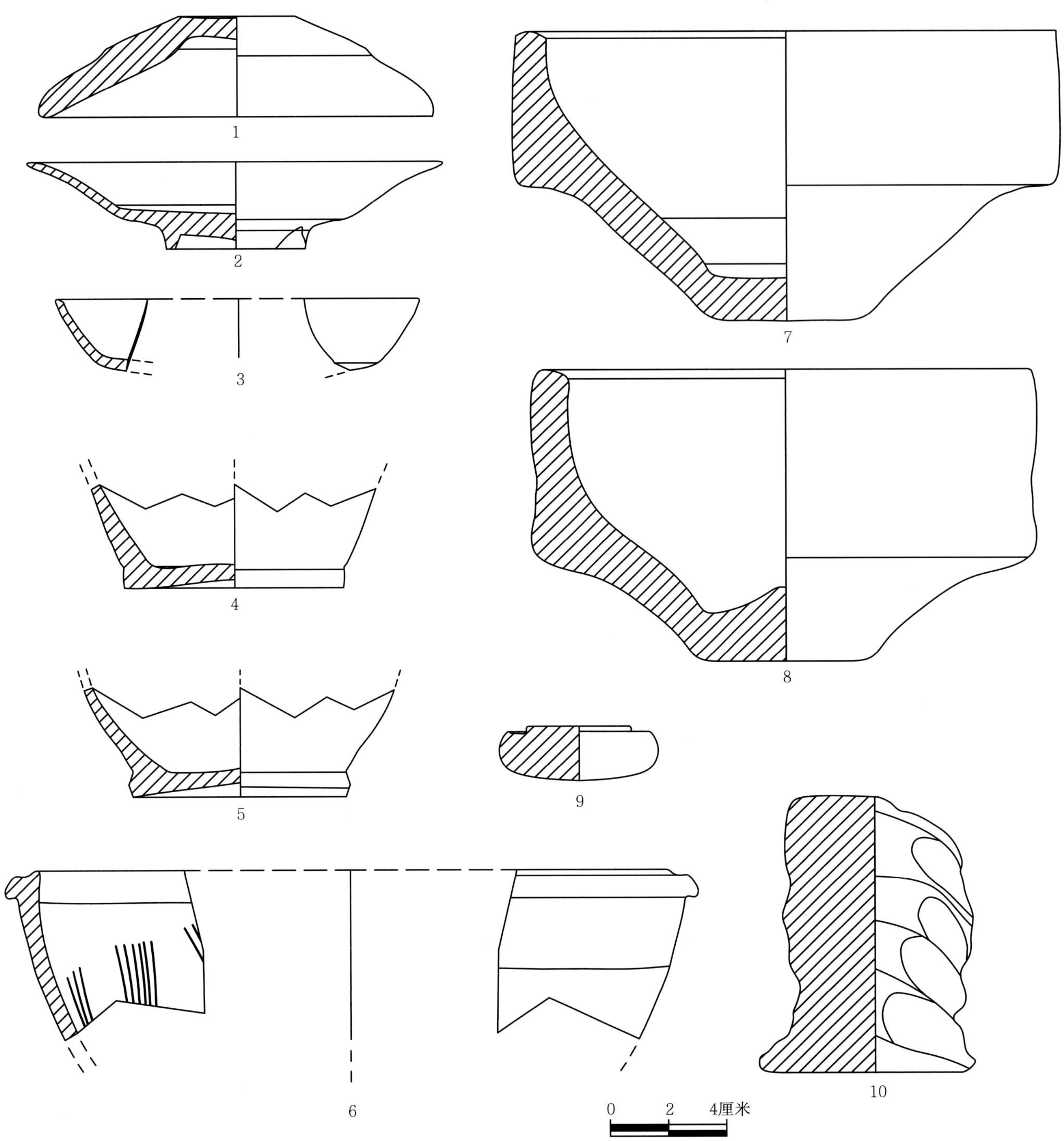

图六一　谷岭凹窑址采集陶瓷器与窑具

1. 匣钵盖（谷岭凹窑：02）　2. I式青白釉瓷盘（谷岭凹窑：23）　3. II式青白釉瓷盘（谷岭凹窑：21）
4、5. 陶罐底部（谷岭凹窑：14、25）　6. 酱釉研磨器（谷岭凹窑：11）　7、8. 匣钵（谷岭凹窑：01、03）
9. 垫饼（谷岭凹窑：04）　10. 垫块（谷岭凹窑：05）

三、小结

（一）窑业技术和装饰工艺

器物成形主要采用轮制，碗、盘、碟类在轮制后再对器表进行修坯处理，故表面很少见旋坯痕；罐类内部旋坯痕较明显。碗内底与壁相连处有一明显圈线，碗、盘圈足大多制作规整，足端、足墙均经过修整。器形统计参见表一八。

谷岭凹窑址产品施釉方法主要为浸釉。碗、盘、碟内均施满釉，外施釉至腹中部或足根处，有流釉现象。

表一八　谷岭凹窑址采集标本器形统计表

<table>
<tr><th colspan="2" rowspan="2">型式 / 器名</th><th colspan="2">A型</th><th colspan="3">B型</th><th>C型</th><th rowspan="2">合计</th></tr>
<tr><th>I式</th><th>II式</th><th>I式</th><th>II式</th><th>III式</th><th>I式</th></tr>
<tr><td rowspan="3">青白釉瓷器</td><td>碗</td><td>3</td><td>4</td><td>2</td><td>2</td><td>1</td><td>1</td><td>13</td></tr>
<tr><td>碗底</td><td></td><td></td><td></td><td></td><td></td><td></td><td>12</td></tr>
<tr><td>盘</td><td>3</td><td>1</td><td></td><td></td><td></td><td></td><td>4</td></tr>
<tr><td>酱釉瓷器</td><td>研磨器</td><td>1</td><td></td><td></td><td></td><td></td><td></td><td>1</td></tr>
<tr><td>陶器</td><td>罐</td><td>3</td><td></td><td></td><td></td><td></td><td></td><td>3</td></tr>
<tr><td rowspan="4">窑具</td><td>垫块</td><td>4</td><td></td><td></td><td></td><td></td><td></td><td>4</td></tr>
<tr><td>匣钵</td><td>6</td><td></td><td></td><td></td><td></td><td></td><td>6</td></tr>
<tr><td>匣钵盖</td><td>2</td><td></td><td></td><td></td><td></td><td></td><td>2</td></tr>
<tr><td>垫饼</td><td>6</td><td></td><td></td><td></td><td></td><td></td><td>6</td></tr>
<tr><td colspan="2">共计</td><td></td><td></td><td></td><td></td><td></td><td></td><td>51</td></tr>
</table>

从采集器物和窑具标本来看，主要装烧方法为匣钵单件装烧，器物与匣钵以垫饼间隔。

谷岭凹窑址的碗内壁常见草叶纹、云纹、连弧纹等刻划花装饰，其中再间以蓖划纹；部分口沿呈葵口式。另外还有一种，在内壁饰六道类S形纹，将内壁六等分。

（二）窑址年代

由于窑址未发现纪年器物，当地志书亦未对该窑有记载，从谷岭凹窑址产品的器物风格判断其时代应为南宋早中期。

第四节　崩埂窑址

一、窑址概况

崩埂窑址位于武夷山市温岭街道崩埂村北侧，该窑址东侧约80米为吴屯通往市区的公路及一条南北流向的崇阳溪上游溪流，南侧约100米为崩埂村，西南侧有大片耕地。

窑址呈由北向南延伸相对平缓的山包，南北长150米，东西宽100米，遗址面积约为15000平方米，遗物主要分布在南侧山坡，废品堆积层约2米，相对高度约8米。窑址南部因取土建道，暴露大量窑具及瓷片。

该窑址于1987年第二次全国文物普查时发现，2009年第三次全国文物普查期间，武夷山市博物馆对该窑址进行再次复查，2011年12月福建博物院文物考古研究所与武夷山市博物馆对该窑址进行专题调查，采集部分标本，现将该窑址的情况汇报如下。

二、遗物

采集标本以青白釉瓷器为主，少量酱釉瓷和一些窑具。下面分别叙述。

（一）青白釉瓷器

器型主要有碗、盘、杯，其中以碗居多。碗类大多为灰胎，盘类胎色较白。青白釉多泛灰色。器物多素面，另有少量印花装饰的碗。

（1）**碗**　所见均为敞口，斜弧腹，圈足制作较规整，足端大多略斜，足墙内外较直。灰胎，胎质大多较致密，釉色青白中泛灰或泛黄。可分二型。

A型　涩圈碗。

崩埂窑：09，腹、圈足。斜弧腹，内底弧，圈足制作规整，较矮，足端较平。灰白胎，釉色灰青，内满釉外施釉至腹中部。足径5.4、残高3.3厘米。

崩埂窑：09

崩埂窑：21，碗粘连标本。通高6.2厘米。

崩埂窑：21

崩埂窑：05，腹、圈足。斜弧腹，内、外底微下凹，圈足制作规整，较矮，足墙较厚，内、外壁斜，足端较平。灰白胎，胎体较厚。青白釉偏灰，内底有涩圈，外施釉至腹中部。足径7.6、残高3.9厘米（图六二，2）。

崩埂窑：05

崩埂窑：06，腹、圈足。生烧。斜弧腹，内、外底微下凹，圈足制作规整，较矮，足墙较厚，内、外壁斜，足端较平，外缘斜削。灰白胎，内底釉被刮掉，外施釉至腹下部。足径7、残高4.5厘米（图六二，3）。

崩埂窑：06

崩埂窑：07，腹、圈足。生烧。斜弧腹，内、外底微下凹，圈足制作规整，较矮，足墙较厚，足端较平，外缘斜削。灰白胎，内底有涩圈，外施釉至腹中部。足径7.4、残高5.5厘米（图六二，4）。

崩埂窑：07

崩埂窑：10，腹、圈足。斜弧腹，内底下凹，圈足制作规整，较矮，足墙较厚，足端较平，外缘斜削。灰白胎，青白釉泛灰，内底有一涩圈，外施釉至腹下部。内、外底及足端粘较多窑渣。足径6、残高4.5厘米（图六二，5）。

崩埂窑：10

崩埂窑：18，腹、圈足。斜弧腹，内底微弧，圈足制作规整，较矮，足墙较厚，足端较平，外缘斜削。灰白胎，青白釉泛灰，内底有一涩圈，外施釉至腹中部。足径7.2、残高4厘米（图六二，11）。

崩埂窑：18

崩埂窑：03，残，可复原。圜唇，敞口，斜弧腹，内底微下凹，圈足制作较规整，足端较窄，足内较平。灰白胎，青白釉泛灰，内底釉被刮掉，留有明显刮痕，外施釉至腹下部。口径16.4、足径6.3、高6.2厘米（图六二，13）。

崩埂窑：03

B型　芒口碗

崩埂窑：11，腹、圈足。内底下凹，圈足较矮，制作规整。内外均施釉，内壁印花叶纹。外壁下部粘连有少量窑渣。足径4.7、残高2.3厘米（图六二，8）。

崩埂窑：11

崩埂窑：04，腹、圈足。内底下凹，圈足较矮，制作规整。内外均施釉，釉面布满冰裂纹，内壁印花叶纹。足径5.3、残高3.8厘米（图六二，9）。

崩埂窑：04

崩埂窑：14，敞口，方唇，斜直腹微弧，圈足较矮，制作较规整，足墙内外较直。灰白釉泛青，内满釉，外施釉至腹下部，口沿无釉。口径14.8、足径5.2、高4.8厘米（图六二，12）。

崩埂窑：14

崩埂窑：22，碗底残片叠压粘连标本。内底施釉，外施釉至腹下部。内壁印花叶纹。足径4.7、通高5.8厘米。

崩埂窑：22

（2）**盘** 胎色较白，质较致密。可分二型。

A型 圈足。

崩埂窑：12，残，可复原。敞口，方唇，斜弧腹，浅圈足，足端窄且规整。内壁出筋。青白釉泛灰，内满釉，外施釉至腹下部。口径14.8、足径4.8、高2.5厘米（图六二，7）。

崩埂窑：12

B型 底内凹。

崩埂窑：15，腹、底部。口部残，斜直腹微弧，底内凹较甚。胎较薄，内施满釉，外底中部无釉。底径9、残高2.2厘米（图六二，10）。

崩埂窑：15

（3）杯

崩埂窑：13，残，可复原。直口微敛，圜唇，弧腹，平底微内凹。深灰胎，青白釉偏深灰，内施满釉，外施釉至腹下部。腹部旋坯痕迹明显。口径7.2、底径3.4、高4厘米（图六二，1）。

崩埂窑：13

（二）酱釉瓷器

器型仅见碗、罐。灰胎，酱釉，腹部旋坯痕迹明显。

（1）碗

崩埂窑：08，腹、圈足。圈足制作规整，足端较宽平，足墙内外均直，足根与腹部相接处修棱明显。内底有一涩圈，刮釉不规整，外施釉至腹下部。足径6.6、残高2.9厘米（图六二，6）。

崩埂窑：08

（2）罐

崩埂窑：19，口、肩残片。直颈，圆肩，口下部及肩部残存罐耳的两端。灰胎，外施酱釉至腹中部，内壁上部施酱釉，下部施青釉，口沿刮釉。残高5.5厘米。

崩埂窑：19

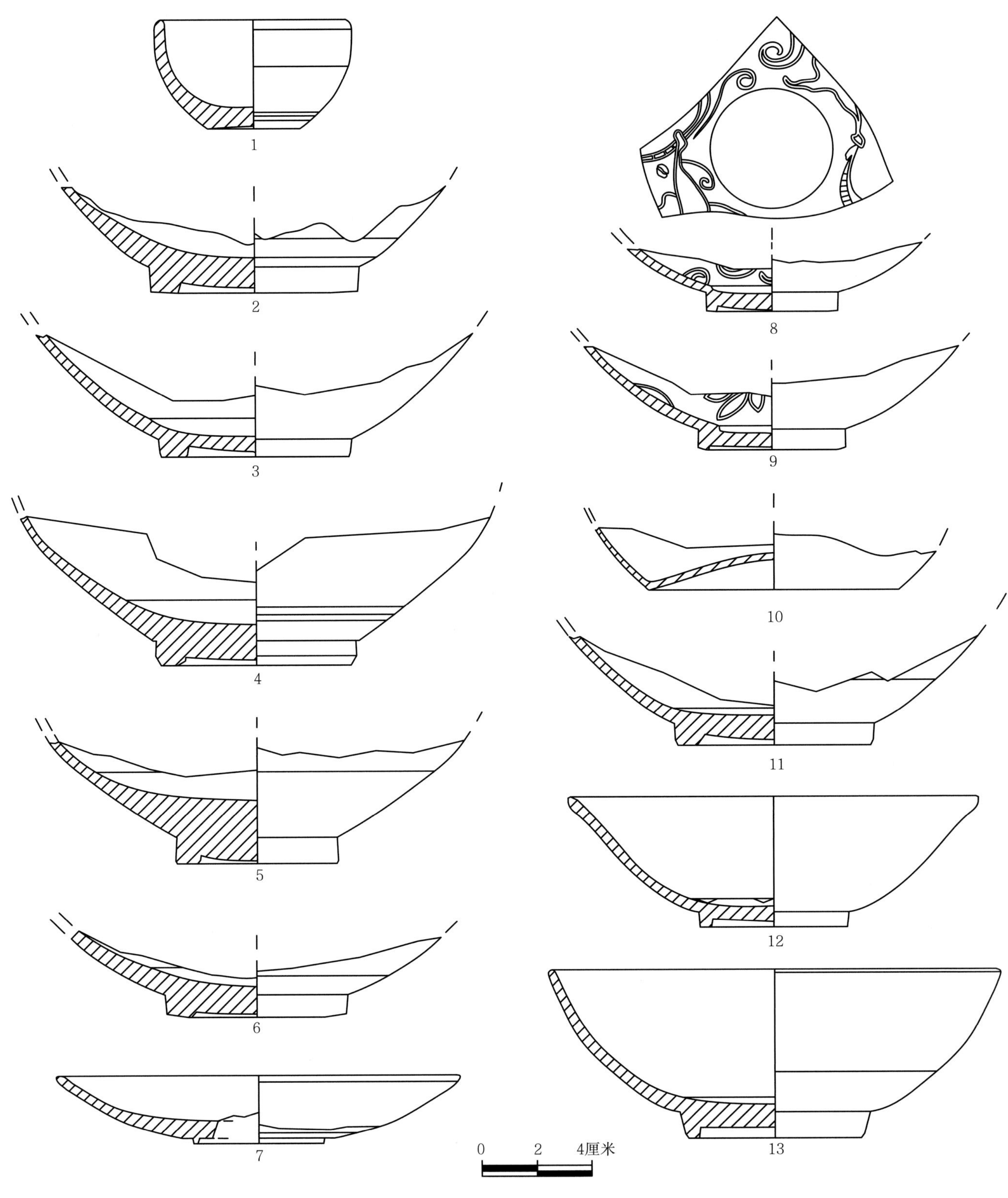

图六二　崩埂窑址采集瓷器

1. 青白釉瓷杯（崩埂窑：13）　2～5、11、13. A型青白釉瓷碗（崩埂窑：05、06、07、10、18、03）　6. 酱釉瓷碗（崩埂窑：08）　7. A型青白釉瓷盘（崩埂窑：12）　8、9、12. B型青白釉瓷碗（崩埂窑：11、04、14）　10. B型青白釉瓷盘（崩埂窑：15）

（三）窑具

主要有支圈、垫钵和匣钵。

（1）**支圈**

崩埂窑：02，支圈粘连标本，底部较密，未放置器物，应为垫底支圈。陶土制成，外壁粘连。灰胎。口径20、通高11.8厘米（图六三，2）。

崩埂窑：02

崩埂窑：16，五层支圈粘连标本。为瓷土制成，灰白胎，胎质较细密。外壁施青白釉。口径11、通高7.2厘米（图六二，4）。

崩埂窑：16

崩埂窑：20，口径18.4、高7.5厘米。

崩埂窑：20

（2）**垫钵**

崩埂窑：01，碗形，直口，斜弧腹，饼足微凹。灰褐胎，夹粗砂，外壁上部有酱色窑汗。口径21、底径12.4、高8.6厘米（图六三，3）。

（3）**匣钵**　仅见筒形匣钵。深灰胎，夹粗砂。

崩埂窑：01

崩埂窑：17，口径16.6、底径17.4、高6.9厘米（图六三，1）。

崩埂窑：17

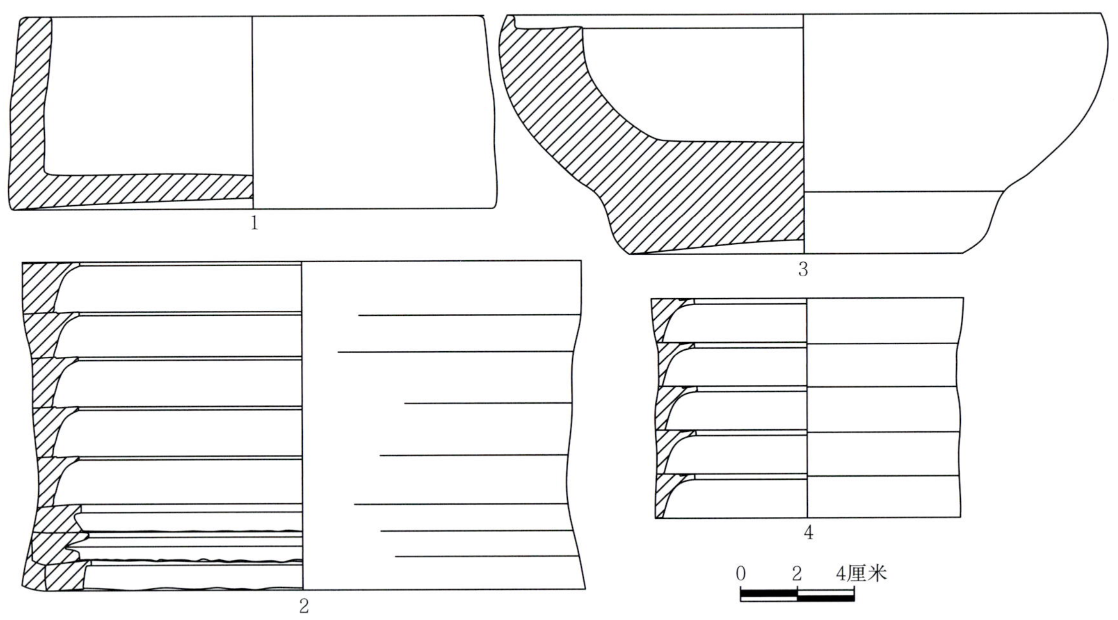

图六三 崩埂窑址采集窑具

1. 匣钵（崩埂窑：17） 2、4. 支圈（崩埂窑：02、16） 3. 垫钵（崩埂窑：01）

三、小结

（一）窑业技术和装饰工艺

器物成形主要采用轮制，碗、盘类一般在轮制后对器表进行修坯处理，尤其是盘类制作较为精细，但涩圈碗修坯不精，旋坯痕迹较为明显；杯、罐则较少修坯，旋坯痕明显。圈足制作大多数较规整，足端、足墙明显经过修整。器形统计参见表一九。

手制器物主要是罐耳等，先用手捏制好后，再贴附于器物上。

崩埂窑址的釉色主要以青白釉为主，大部分偏灰色，一些支圈外壁也施青白釉。施釉方法主要为浸釉。涩圈碗外施釉至腹中部，有流釉现象；芒口碗则内施满釉，外施釉至腹下部甚至足根处。

从采集标本来看，崩埂窑主要装烧方法为涩圈叠烧、支圈覆烧和匣钵装烧。碗类的装烧方法主要有两种，其中涩圈碗采用涩圈叠烧，芒口碗则用支圈覆烧。筒形匣钵主要用来装烧杯类等小型器物。

崩埂窑址的器物大部分为素面，部分在内壁模印花叶纹等；盘内壁可见出筋装饰。

（二）窑址年代

由于窑址未发现纪年器物，当地志书亦未对该窑有记载。从崩埂窑址产品的器物风格判断其年代应为南宋中晚期。

表一九　崩埂窑址采集标本器形统计表

器名 \ 型式		A型	B型	合计
青白釉瓷器	碗	15	10	25
	盘	1	1	2
	杯	1		1
酱釉瓷器	碗	2		2
	罐	1		1
窑具	支圈	8		8
	筒形匣钵	2		2
	垫钵	1		1
共计				42

第五节　五渡桥窑址

一、窑址概况

五渡桥窑址位于洋庄乡四渡村溪尾自然村北侧山冈，俗称窑岭头山。窑址地处丘陵地带，东侧为开阔田垅；南面开阔，为水稻田；西面较开阔，北侧为低矮山丘；洋庄至武夷山的溪流由西经南面向东流入武夷山崇阳溪（图六四）。

图六四　五渡桥窑址远景

窑址所在山冈为由东向西延伸的椭圆形，东西长约200米，南北宽约40米，相对高度约10米，遗物分布面积约为8000平方米，主要堆积在西南侧山坡，厚度约3米。山坡地表长满灌木及杂草,南侧山坡被村民开垦种植毛竹、杉木等（图六五）。

1982年第二次全国文物普查时发现该窑址，后又多次进行调查，1990年第2期《福建文博》闽北专辑发表关于该窑址的发掘简报，2008年第三次全国文物普查又进行调查。2011年修建宁（德）武（夷山）高速公路时，窑址的东、北侧坡面被取土破坏，暴露大量的瓷片和窑具。福建博物院文物考古研究所与武夷山市博物馆多次对现场进行调查，并采集部分标本。

图六五　五渡桥窑址堆积

二、遗物

采集标本以青白釉瓷器为主，其次为酱黑釉瓷。此外还有部分素胎器及少量绿釉瓷、窑具。下面分别叙述。

（一）青白釉瓷器

器形主要有碗、罐、执壶、碟、器盖、研磨器等，胎多为灰色，较致密，釉为青白泛灰、灰黄等。器物素面为多，部分执壶腹部有釉下褐彩；碗的内壁、底部有釉下褐书文字或彩绘花叶等；部分碗、执壶、罐的口沿、颈部施一圈酱黑釉。

（1）碗　多为敞口或敞口微撇，斜弧腹，大部分圈足制作较规整。胎较薄，部分外壁在施釉前先上一层化妆土，外施釉至腹上部或中部，内底有涩圈。多素面，部分内壁釉下褐书文字。可分五型。

A型　器形较大。

五渡桥窑：117，敞口，圆唇，沿微外折，斜弧腹，内底弧，圈足制作较粗，足端较平，内缘斜削，足墙外直内斜，足内有挖足痕迹。灰胎，浅灰色化妆土施至腹底部，青白釉泛灰，口沿施一圈酱黑釉，内底有一涩圈，外施釉至腹中部。口径26.2、足径7、高8.7厘米（图六六，4）。

五渡桥窑：117

B型　器形较A型小。

五渡桥窑：174，三件叠烧粘连标本。敞口微撇，圜唇，斜弧腹，内底弧，圈足制作较规整，足端较平，足墙内外均斜，足内可见挖足痕。灰胎，浅灰色化妆土施至腹中部，青白釉泛灰，通体冰裂纹，内底有一涩圈，外施釉至腹上部。器物之间在涩圈上还以四个支钉相隔。口径16.4、足径5.8、通高10.2厘米（图六六，1）。

五渡桥窑：174

五渡桥窑：169，敞口微撇，尖唇，斜弧腹，内底弧，圈足制作欠规整，足端较平，足墙内外均斜，足内可见挖足痕。灰胎，浅灰色化妆土施至腹中部，青白釉略泛黄，通体冰裂纹，内底有一涩圈，外施釉至腹中部。外壁下部可见跳刀痕。口径18、足径5.4、高6.7厘米（图六六，2）。

五渡桥窑：169

五渡桥窑：001，敞口微撇，圜唇，斜弧腹，内底弧，圈足制作较规整，足端较平，足墙外直内斜，足内下凹。灰胎，青白釉泛灰，通体冰裂纹，内底有一涩圈，外施釉至腹中部。外壁下部可见跳刀痕。口径16.5、足径5.6、高7厘米（图六六，3）。

五渡桥窑：001

五渡桥窑：016，敞口微撇，尖唇，斜弧腹，内底弧，圈足制作较规整，足端较平，足墙内外均斜，足内下凹。灰胎，浅灰色化妆土施至腹上部，青白釉泛灰，内底有一涩圈，外施釉至腹上部。口径17.9、足径5.7、高6.7厘米（图六六，5）。

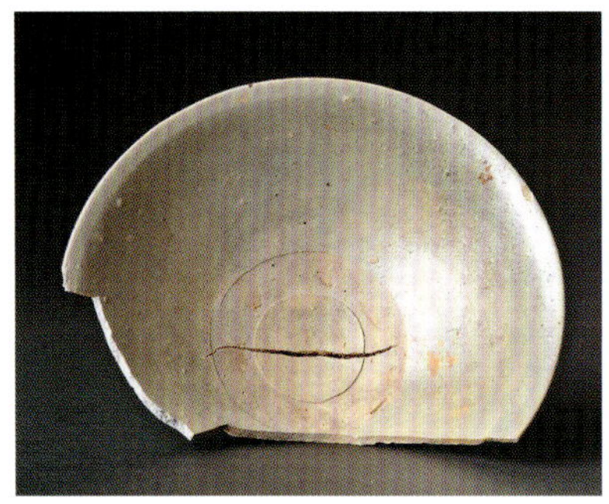

五渡桥窑：016

五渡桥窑：012，敞口微撇，尖唇，斜弧腹，内底弧，圈足较宽厚，制作较规整，足端略斜，足墙内外均斜，足内下凹。灰胎，灰黄色化妆土施至腹中部，青白釉泛灰，通体冰裂纹，内底有一涩圈，外施釉至腹上部。外壁下部可见跳刀痕。口径18.5、足径5.9、高6.6厘米。

五渡桥窑：012

五渡桥窑：110，敞口微撇，尖唇，斜弧腹，内底弧，圈足宽厚，制作欠规整，足端略斜，足墙内外均斜，足内下凹。灰胎，青白釉泛灰，内底有一涩圈，外施釉至腹上部。外壁下部可见跳刀痕。内壁釉下褐书“□福會”。口径16.6、足径6.2、高6.2厘米。

五渡桥窑：110

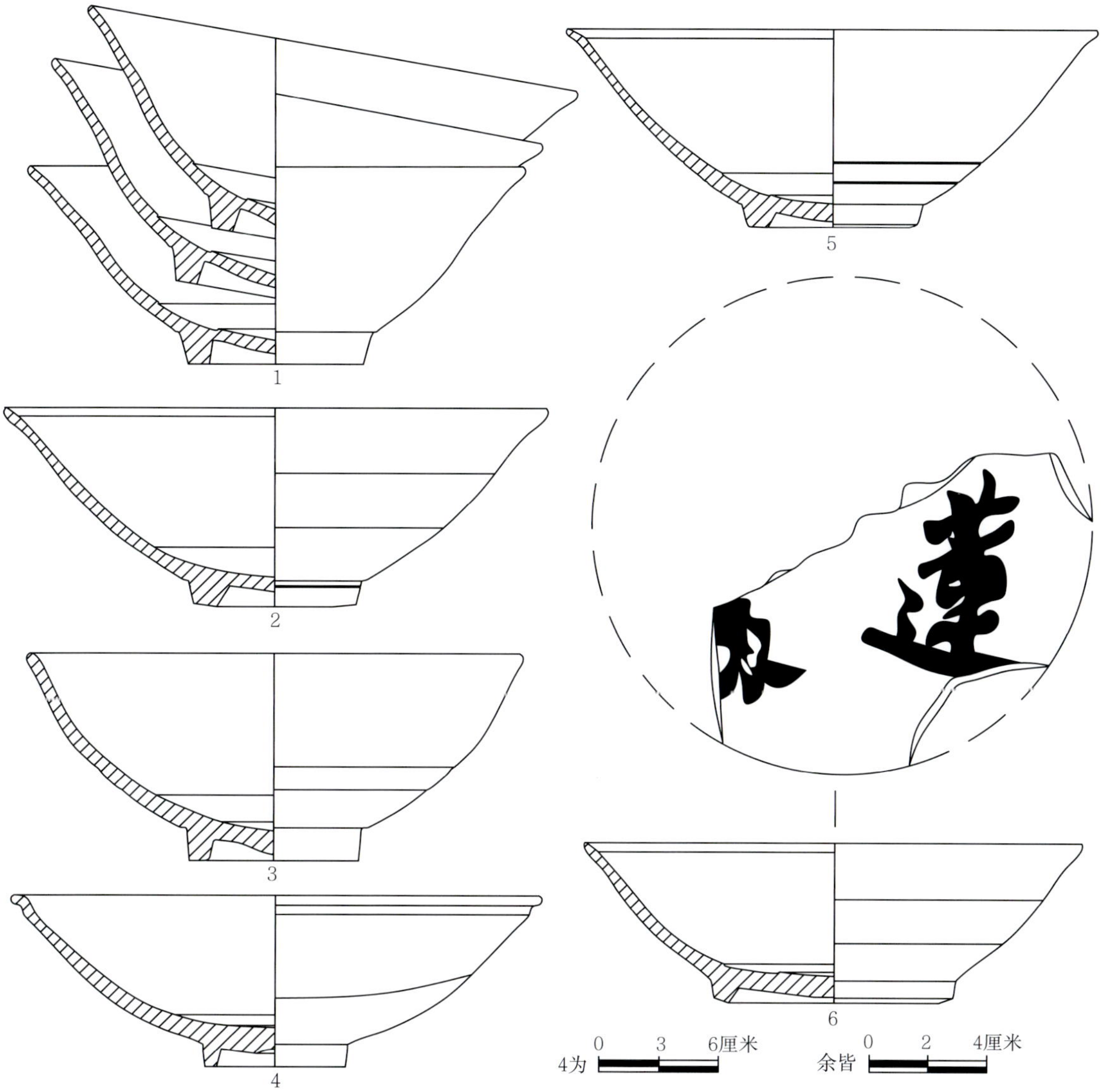

图六六　五渡桥窑址采集青白釉瓷碗

1～3、5. B型（五渡桥窑：174、169、001、016）　4. A型（五渡桥窑：117）　6. CⅢ式（五渡桥窑：148）

五渡桥窑：118，敞口微撇，圆唇，斜弧腹，内底弧，圈足制作较规整，足端略斜，足墙内外均斜，足内下凹，中心较平。灰胎，青白釉泛灰，内底有一涩圈，外施釉至腹上部。口径16、足径5.6、高6.5厘米。

五渡桥窑：118

五渡桥窑：003，三件叠烧粘连标本。敞口，圆唇，斜弧腹，内底弧，圈足制作较规整，足端较平，足墙内外均斜，足内下凹，可见挖足痕。灰胎，青白釉泛灰，通体冰裂纹，内满釉，外施釉至腹上部，三件内壁均有褐书。器物之间以支钉相隔。口径17.6、足径5.6、高6厘米。

五渡桥窑：132，仅存碗底及圈足部分。圈足较宽厚，制作欠规整，足端中间高，两端略斜，足墙内外均斜，足内下凹。灰胎，青白釉泛灰，内底有一涩圈，内底中间釉下褐书一“吉”字。足径5.6、残高3.1厘米。

五渡桥窑：003

五渡桥窑：132

五渡桥窑：136，敞口微撇，尖唇，斜弧腹，内底弧，圈足制作较规整，足端略斜，足墙内外均斜。灰胎，青白釉泛灰，内底有一涩圈，外施釉至腹上部。外壁下部可见跳刀痕。口径17.4、足径6.2、高6.7厘米。

五渡桥窑：136

五渡桥窑：137，敞口微撇，圆唇，斜弧腹，内底弧，圈足制作较规整，足端较平，足墙内外均斜，足内下凹，中心较平。灰胎，青白釉泛灰，内底有一涩圈，涩圈上残存3个支钉，外施釉至腹上部，内壁褐书“禮”。口径16.4、足径5.5、高6.1厘米。

五渡桥窑：137

五渡桥窑：147，敞口微撇，圜唇，斜弧腹，内底弧，圈足制作较规整，足端较平，足墙内外均斜，足内下凹，中心较平。灰胎，青白釉泛灰，内底有一涩圈，外施釉至腹上部。口径16.2、足径5.8、高5.8厘米。

五渡桥窑：147

C型　器形较小，可分三式。

I式：圜唇，撇口。

五渡桥窑：37，斜弧腹，内底微弧，圈足较高，制作较规整，足内较平。灰胎，青白釉泛灰黄，内满釉，外施至腹中部。内底釉下褐书“五郎”二字。口径15、足径5.4、高6.2厘米（图六七，5）。

五渡桥窑：37

II式：厚唇，敞口。

五渡桥窑：140，斜直腹微弧，圈足较宽厚，制作规整，足端略斜，足墙内外均斜，足内下凹，中心微上凸。灰胎，青白釉泛灰黄，口沿施一圈酱黑釉，内底有一涩圈，外施釉至腹上部。口径12.8、足径5、高5.1厘米（图六七，2）。

五渡桥窑：140

五渡桥窑：146，斜弧腹，内底弧，圈足制作欠规整，足端窄平，足墙内外均斜，足内下凹。灰胎，青白釉泛灰黄，内满釉，可见4枚支钉痕，外施至腹上部。口径14.8、足径5.2、高6.3厘米（图六七，3）。

五渡桥窑：146

Ⅲ式：圜唇，敞口。

五渡桥窑：138，斜直腹微弧，圈足制作规整，足端略斜，足墙内外均斜，足根处有一窄平台，足内微下凹。灰胎，青白釉泛灰黄，口沿施一圈酱黑釉，内底有一涩圈，外施釉至腹中部。口径16、足径5.2、高5.5厘米。

五渡桥窑：138

五渡桥窑：149，斜直腹微弧，圈足较矮，制作规整，足端略斜，足墙内外均斜，足内微下凹。灰胎，青白釉泛灰黄，内底有一涩圈，外施釉至腹上部，外壁可见跳刀痕。口径15、足径5.7、高6厘米（图六七，4）。

五渡桥窑：149

五渡桥窑：148，生烧。斜直腹微弧，圈足制作欠规整，足端较平，足墙内外均斜，足内下凹，中心平。灰胎，青白釉泛灰黄，内底有一涩圈，外施釉至腹中部。内壁釉下褐书“□莲”。口径16.8、足径8、高5.4厘米（图六六，6）。

五渡桥窑：148

D型 浅腹。

五渡桥窑：101，圜唇，敞口，斜弧腹，圈足制作欠规整，足端略斜，足墙内外均斜，足内下凹，中心微上凸。灰胎，青白釉泛灰绿，通体冰裂纹，内底有一涩圈，外施至腹中部，外壁下部可见跳刀痕。口径16.4、足径5.7、高4厘米（图六七，10）。

五渡桥窑：101

五渡桥窑：38，圜唇，敞口，斜直腹微弧，圈足制作较规整，足端略斜，足墙内外均斜。灰胎，灰黄色化妆土施至腹中部，青白釉泛灰，内底有一涩圈，外施至腹上部。口径13.2、足径5、高4厘米（图六七，1）。

五渡桥窑：38

E型　直口，弧腹。

五渡桥窑：150，生烧，圜唇，直口，弧腹，圈足制作较规整，足端向内倾，足墙内外均斜，外底下凹。灰胎。口径9.4、足径4.7、高5.6厘米（图六七，11）。

五渡桥窑：150

五渡桥窑：141，圜唇，直口，弧腹，圈足制作较规整，足端向内倾，足墙内外均斜，外底下凹。灰胎，青白釉泛灰，内满釉，外施至腹中部。口径10.4、足径4.4、高5.4厘米（图六七，12）。

五渡桥窑：141

此外还采集到一些内壁釉下褐书文字或彩绘花卉的残片。

彩绘碎片

（2）碟　可分二型。

A型　平底。可分二式。

I式：腹较深。

五渡桥窑：76，圜唇，敞口，斜直腹微弧，平底微内凹。灰胎，青白釉泛灰，内满釉，外施至腹中部。口径8.8、足径3.3、高3.4厘米（图六七，8）。

五渡桥窑：76

II式：腹较浅。

五渡桥窑：04，圜唇，敞口，斜直腹微弧，平底微内凹。灰胎，青白釉泛灰黄，通体冰裂纹，内满釉，外施至腹中部。口径9、底径3.8、高2.8厘米（图六七，7）。

五渡桥窑：04

B型　圈足。

五渡桥窑：75，生烧，圜唇，敞口，浅斜直腹微弧，小圈足，足端较圆，足内较平。灰胎。口径10、足径3.6、高2.3厘米（图六七，9）。

五渡桥窑：75

（3）**器盖** 可分二型。

A型 器形较小，浅子口。可分二式。

I式：桥形钮。

五渡桥窑：160，盖沿平出，斜弧盖面，桥形钮残。青白釉泛绿，盖面施釉，内底无釉。口径12、残高2.7厘米。

五渡桥窑：160

II式：圈足形钮。

五渡桥窑：175，盖沿平出，斜弧盖面，盖顶残。青白釉泛灰，盖面、内均施釉，盖沿下、圈足形钮内无釉。口径17、钮径6、高6.5厘米（图六七，13）。

五渡桥窑：175

B型 器形较大，子口较高。

五渡桥窑：122，子口圆唇，微内敛，盖沿平出，斜弧盖面，顶残。青白釉泛灰黄，盖面施釉，内底无釉。口径18、残高4.4厘米（图六七，14）。

五渡桥窑：122

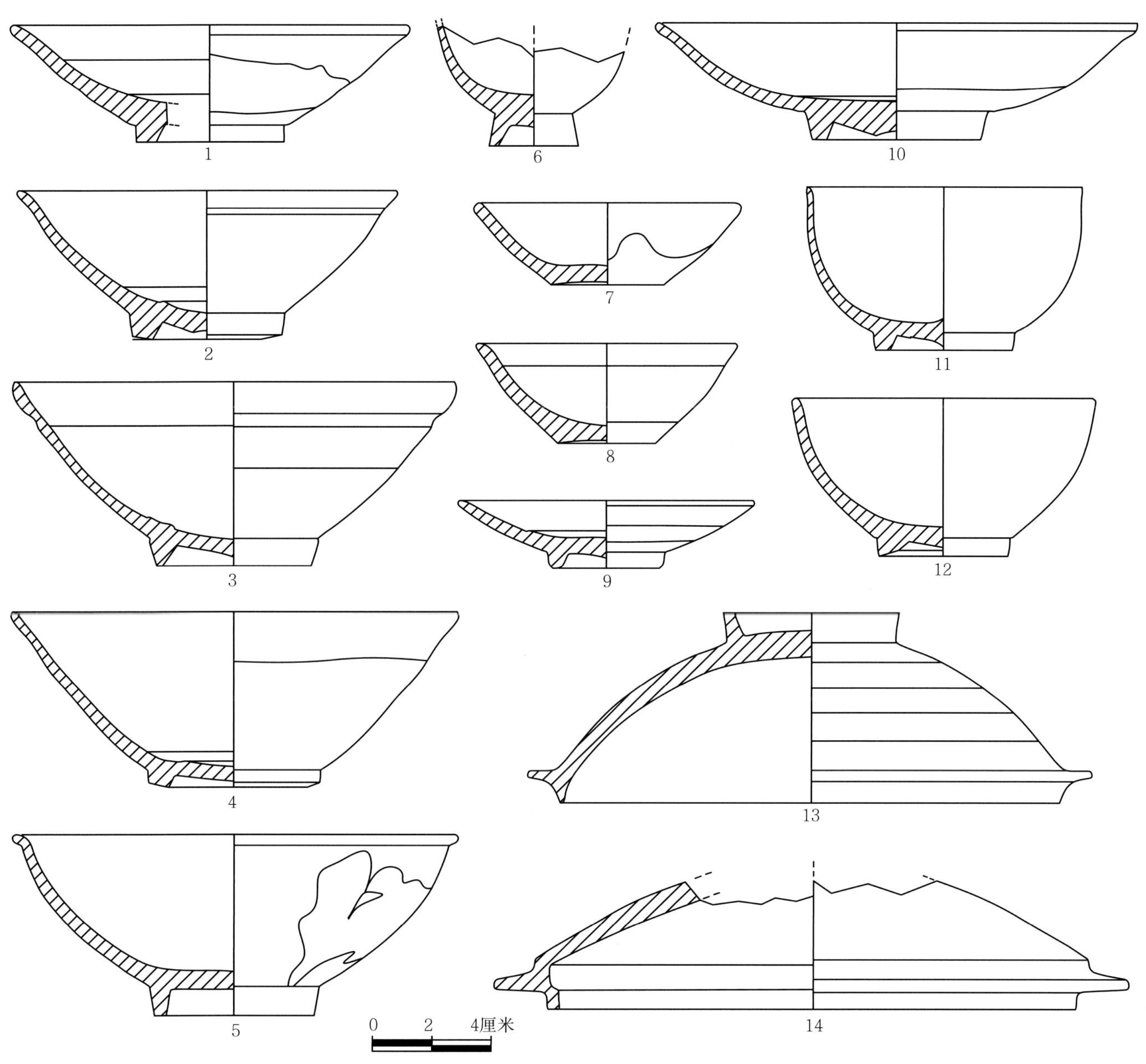

图六七　五渡桥窑址采集青白釉瓷器

1、10. D型碗（五渡桥窑：38、101）　2、3. CⅡ式碗（五渡桥窑：140、146）　4. CⅢ式碗（五渡桥窑：149）　5. CⅠ式碗（五渡桥窑：37）　6. 高足杯（五渡桥窑：201）　7. AⅡ式碟（五渡桥窑：04）　8. AⅠ式碟（五渡桥窑：76）　9. B型碟（五渡桥窑：75）　11、12. E型碗（五渡桥窑：150、141）　13. AⅠ式器盖（五渡桥窑：175）　14. B型器盖（五渡桥窑：122）

（4）**高足杯**

五渡桥窑：201，仅存腹下部、圈足。喇叭形圈足，足端平，足内微下凹。青白釉泛灰黄，内满釉，外施至圈足上部。足径3、残高4厘米（图六七，6）。

（5）**执壶**　可分二型。

A型　溜肩，深弧腹。

五渡桥窑：02，尖唇，直口微敛，沿外折，长颈，扁条形柄已残，饼足，足面微内凹。青白釉泛灰，内施釉至颈部，外施至腹中部，腹部旋坯痕明显。口径9.2、足径6.9、高17.9厘米（图六八，1）。

五渡桥窑：02

五渡桥窑：178，尖唇，直口微敛，沿外折，长颈，长管流，腹下部残。青白釉泛黄，内施釉至颈部，外施至腹中部，腹部旋坯痕明显。口径9、残高14.6厘米（图六八，2）。

五渡桥窑：178

B型　圆肩，弧腹。

五渡桥窑：106，尖唇，直口微敞，长颈，扁条形柄，腹下部残。青白釉泛灰，内施釉至颈部，外施至腹中部，腹部旋坯痕明显。口径9、残高12.6厘米（图六八，3）。

五渡桥窑：106

此外还发现少量执壶残片及流等。

五渡桥窑：171，尖唇，直口微敛，沿外折，长颈，溜肩，肩部残存一系，流、柄及腹部残。青白釉泛灰，口沿、颈上部施酱釉，通体冰裂纹，内施釉至颈部，肩部旋坯痕明显。口径10、残高12.2厘米。

五渡桥窑：171

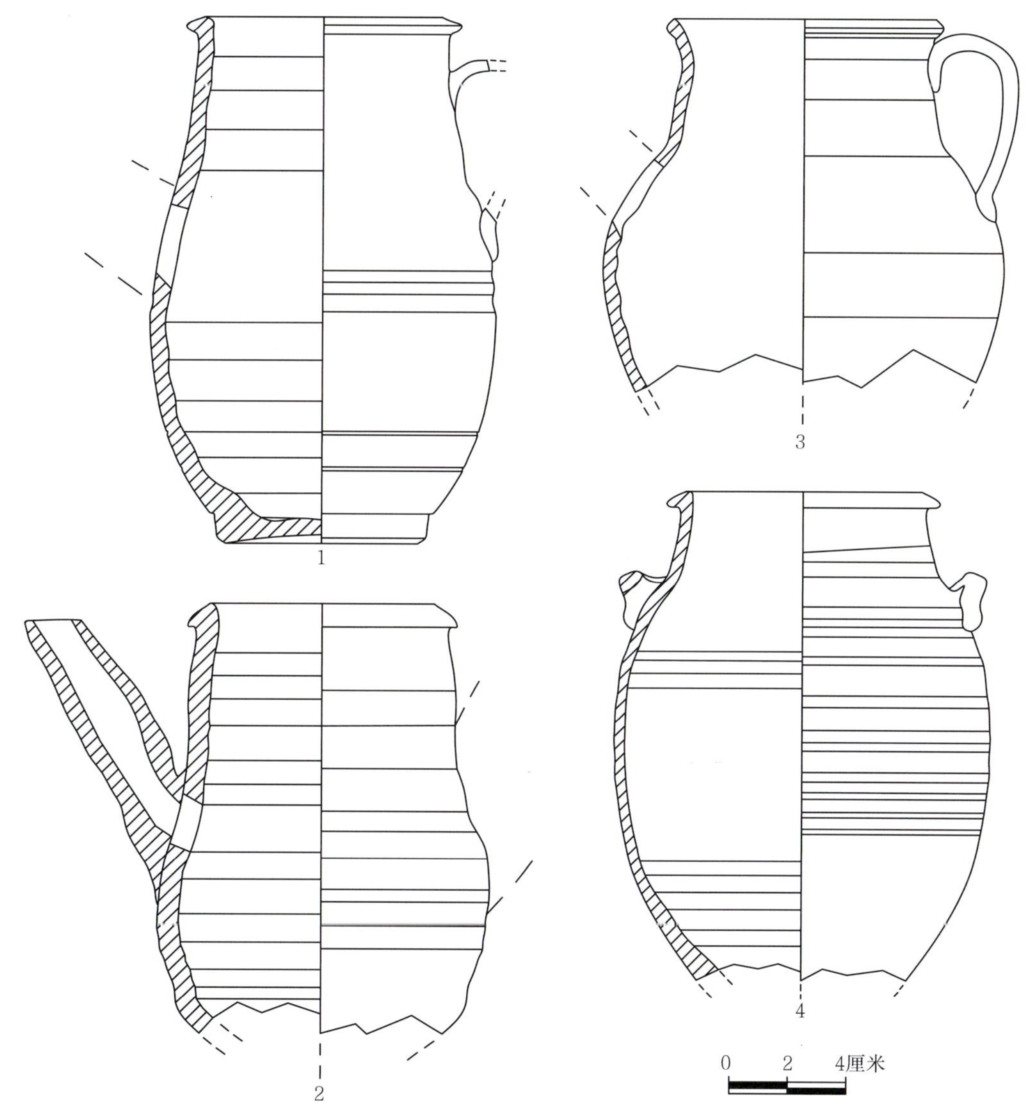

图六八 五渡桥窑址采集青白釉瓷器

1、2. A型执壶（五渡桥窑：02、178） 3. B型执壶（五渡桥窑：106） 4. A型罐（五渡桥窑：177）

五渡桥窑：36，碗、执壶叠烧粘连标本。碗仅存腹下部及圈足，内底可见6枚支钉痕。碗与执壶口沿之间无间隔具，系直接叠在执壶口沿之上。残通高8.3高厘米。

五渡桥窑：36

弯管流、直管流

此外，还采集到一些执壶的流，大体可分二式。

一种为弯管流，较长；另外一种为，略短，其中部分直管流的前端施酱釉。

I式：弯管流，较长。

五渡桥窑：83，灰白胎，内外均施釉。残长14.2，直径1～2.4厘米（图六九，6）。

II式：直管状，稍短。

五渡桥窑：58，灰白胎，内外均施釉。残长7.6，直径1.6～2.4厘米（图六九，7）。

（6）罐　可分二型。

A型　腹较深，未见完整器。

五渡桥窑：177，尖唇，沿外折，直口，短颈，溜肩，肩部残存一桥形系。深弧腹，下部残，肩、腹部旋坯痕明显。青白釉泛灰，内满釉，外施至腹下部，口沿、颈部施酱黑釉，沿面刮釉。口径9.3、残高16.6厘米（图六八，4）。

B型　腹较浅。可分三式。

I式：弧腹。均为尖唇，沿微外折，直口微敛，短颈，圆肩，肩部残存一桥形系，弧腹，饼足，足面内凹，肩、腹部旋坯痕明显。

五渡桥窑：108，生烧，青白釉泛灰黄，内满釉，外施至腹中部，口沿刮釉。口径8.6、足径6.1、高11.1厘米。

五渡桥窑：108

五渡桥窑：06，腹下部残，肩、腹部旋坯痕明显。青白釉泛灰，内满釉，外施至腹下部，口沿、颈部施酱黑釉，沿面刮釉。口径10.6、残高7.8厘米（图六九，8）。

五渡桥窑：06

II式：扁鼓腹。

五渡桥窑：102，尖唇，沿外折，直口，短颈，圆肩，肩部残存一桥形系，肩、腹部旋坯痕明显。青白釉泛灰，内满釉，外施至腹中部，沿面刮釉。口径8.8、足径8.7、高5.3厘米（图六九，2）。

五渡桥窑：102

Ⅲ式：圜唇，敞口。

五渡桥窑：96，束颈，鼓肩，肩部存一桥形系，腹下部残。青白釉泛灰，釉面布满冰裂纹内满釉，外施至腹上部，口沿刮釉。口径9.4、残高5.2厘米（图六九，1）。

五渡桥窑：96

五渡桥窑：72，束颈，鼓肩，腹下部残，肩、腹部旋坯痕明显。青白釉泛灰黄，内满釉，外施至腹中部，沿面刮釉。口径9、残高7.3厘米（图六九，5）。

五渡桥窑：72

此外，还采集到碗与罐叠烧粘连标本1件。

五渡桥窑：144，碗为二件叠烧，中间以涩圈上放置5枚支钉作为间隔具；罐与碗之间无间隔具，碗直接叠压在罐口沿之上。罐口沿、颈部施酱釉。碗足径6.4、罐口径9.2、残通高10厘米。

五渡桥窑：144

（7）**研磨器**　其中大部分施酱釉，极少数施青白釉。

五渡桥窑：113，圜唇，直口，弧腹，圈足制作较规整，足端斜，足内可见挖足痕，中心下凸。内壁刻划成组篦划纹，青白釉泛灰，内外均施至腹上部。口径16.4、足径5.8、高7.1厘米（图六九，3）。

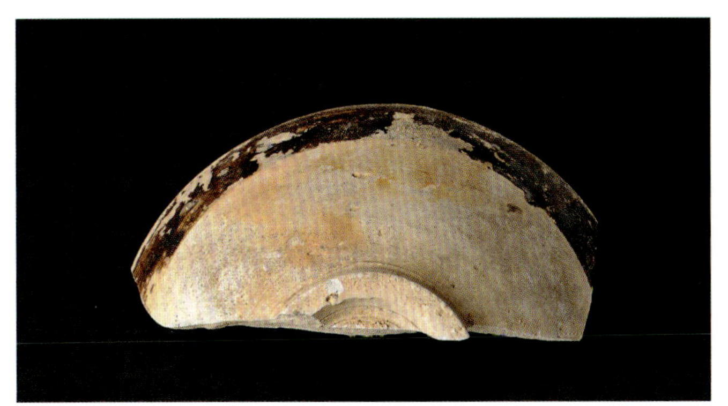

五渡桥窑：113

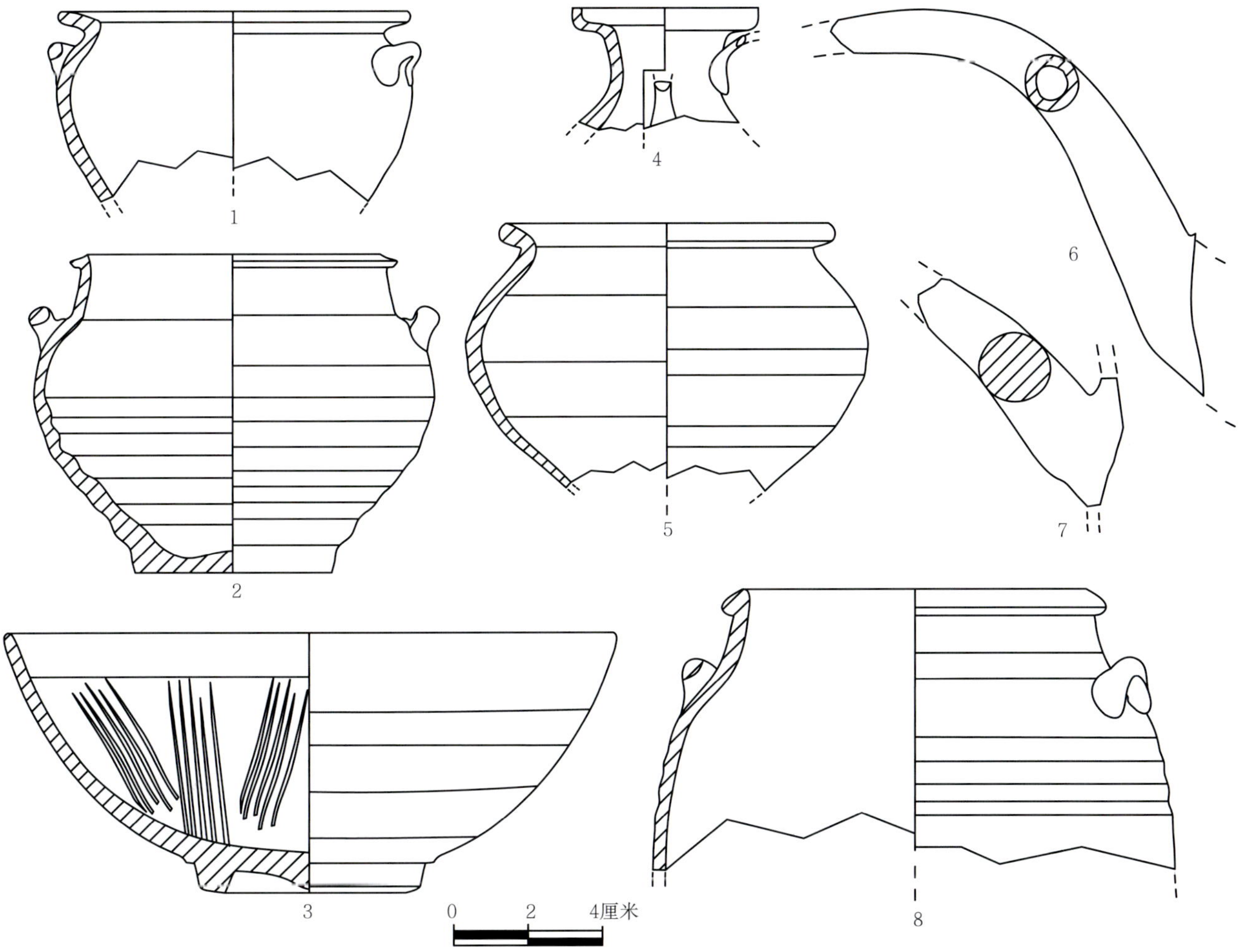

图六九　五渡桥窑址采集青白釉瓷器

1、5. BⅢ式罐（五渡桥窑：96、72）　2. BⅡ式罐（五渡桥窑：102）　3. 研磨器（五渡桥窑：113）
4. 水注（五渡桥窑：145）　6. Ⅰ式流（五渡桥窑：83）　7. Ⅱ式流（五渡桥窑：58）　8. BⅠ式罐（五渡桥窑：06）

（8）**水注**　仅见1件。

五渡桥窑：145，生烧，圆唇，浅盘口，细长颈，颈部残存扁条形柄以及双系残件。肩部以下残。口径5、残高3.3厘米（图六九，4）。

五渡桥窑：145

（二）酱黑釉瓷器

数量仅次于青白釉瓷，器形主要有碗、研磨器、灯盏、罐、把盏等。

（1）**碗**　均为圆唇，束口，斜弧腹，圈足制作较规整，足端平，足墙内外壁斜，足内下凹，中心平。酱黑釉，内满釉，外施至腹上部或中部，口沿施一圈青白釉，即人们通常说的“白覆轮”，釉面布满冰裂纹。

五渡桥窑：120，内外壁上部釉薄处呈青褐色，下部釉厚处呈酱黑色，内满釉，外施至腹中部，口径12.8、足径4.8、高6厘米（图七〇，1）。

五渡桥窑：120

五渡桥窑：87，内满釉，外施至腹上部，外壁釉脱落严重。口径11、足径4.3、高4.9厘米。

五渡桥窑：87

五渡桥窑：154，内满釉，外施至腹上部。口径10.2、足径4.4、高5厘米。

五渡桥窑：154

五渡桥窑：23，外壁粘有青白釉碗残片，为叠烧标本。内满釉，外施至腹中部，局部有流釉。口径11.8、足径4.2、高6.5厘米。

五渡桥窑：23

（2）**研磨器**　可分二型。

A型　圜唇，敞口。可分二式。

I式：器形较大。

五渡桥窑：179，斜弧腹，圈足制作规整，足端平。内壁刻划成组篦划纹。酱黑釉，内外均施至腹上部。口径16、足径6、高6.8厘米（图七〇，10）。

五渡桥窑：109，略生烧，斜弧腹，圈足制作欠规整，足端内斜，足内可见挖足痕，中心上凸。内壁刻划成组篦划纹。酱釉脱落严重，内外均施至腹上部。口径15.6、足径5.4、高6.6厘米（图七〇，11）。

五渡桥窑：109

五渡桥窑：112，斜弧腹，圈足制作规整，足端平，足内可见挖足痕，中心平。内壁刻划成组篦划纹。酱黑釉，内外均施至腹上部。口径17、足径5.6、高6.6厘米。

II式：器形较小。

五渡桥窑：69，斜弧腹，圈足制作规整，足端平，足墙内外壁略斜。内壁刻划成组篦划纹。酱黑釉，内外均施至腹上部。口径12.4、足径5.1、高6厘米（图七〇，2）。

五渡桥窑：112

五渡桥窑：69

五渡桥窑：07，斜弧腹，圈足制作规整，足墙内外壁略斜。内壁刻划成组篦划纹。酱黑釉，内外均施至腹上部。口径14、足径6、高5.5厘米（图七〇，3）。

五渡桥窑：07

五渡桥窑：70，口沿有流，斜弧腹，圈足制作欠规整，足端圆，足墙内外均斜，足内可见挖足痕。内壁刻划成组篦划纹。酱黑釉，内外均施至腹上部。口径12.4、足径5.4、高5.5厘米。

五渡桥窑：70

B型　尖唇，敞口，沿外折。

五渡桥窑：103，斜弧腹，圈足制作规整，足端略斜，足墙内外壁略斜，足内可见挖足痕。内壁刻划成组篦划纹。酱黑釉，内施至口沿附近，外施至腹中部。口径15、足径5.7、高6.3厘米（图七〇，4）。

五渡桥窑：103

五渡桥窑：91，斜弧腹，圈足制作较规整，足端平，足墙内外壁斜，足内下凹。内壁刻划成组篦划纹。酱黑釉，釉面布满冰裂纹，内施至腹上部，外施至腹中部，有聚釉。口径15.4、足径6、高6.6厘米（图七〇，5）。

五渡桥窑：91

五渡桥窑：79，斜弧腹，圈足制作规整，足端平，足墙内外壁略斜。内壁刻划成组篦划纹。灰褐胎，夹细砂，酱黑釉，内施至口沿附近，外施至腹中部。口径17.8、足径6.8、高8.2厘米（图七〇，12）。

（3）**灯盏**　均为圆唇，敞口，斜直腹微弧，平底微内凹。内壁附灯柄，已残。酱黑釉，内满釉，外施至腹上部，釉面布满冰裂纹。

五渡桥窑：21，口径8、底径3.7、高2.6厘米（图七〇，6）。

五渡桥窑：21

五渡桥窑：13，口径9、底径3.8、高2.3厘米（图七○，7）。

五渡桥窑：13

五渡桥窑：52，口径9、底径4.6、高2.1厘米（图七○，8）。

五渡桥窑：121，口径8.9、底径4、高3厘米（图七○，9）。

（4）**执壶** 均残，未见可复原者。

五渡桥窑：93，略生烧，尖唇，直口微敛，溜肩，肩部附短管形流，腹部以下残。深灰胎，酱黑釉，脱落严重，内施至颈部，口沿附近刮釉。口径7、残高7.9厘米（图七一，3）。

五渡桥窑：93

五渡桥窑：61，圜唇，直口微敛，溜肩，颈、肩部附扁条形柄，腹部以下残。深灰胎，酱黑釉，内施至颈部，外施至腹中部。口径6.4、高6.7厘米（图七一，5）。

五渡桥窑：61

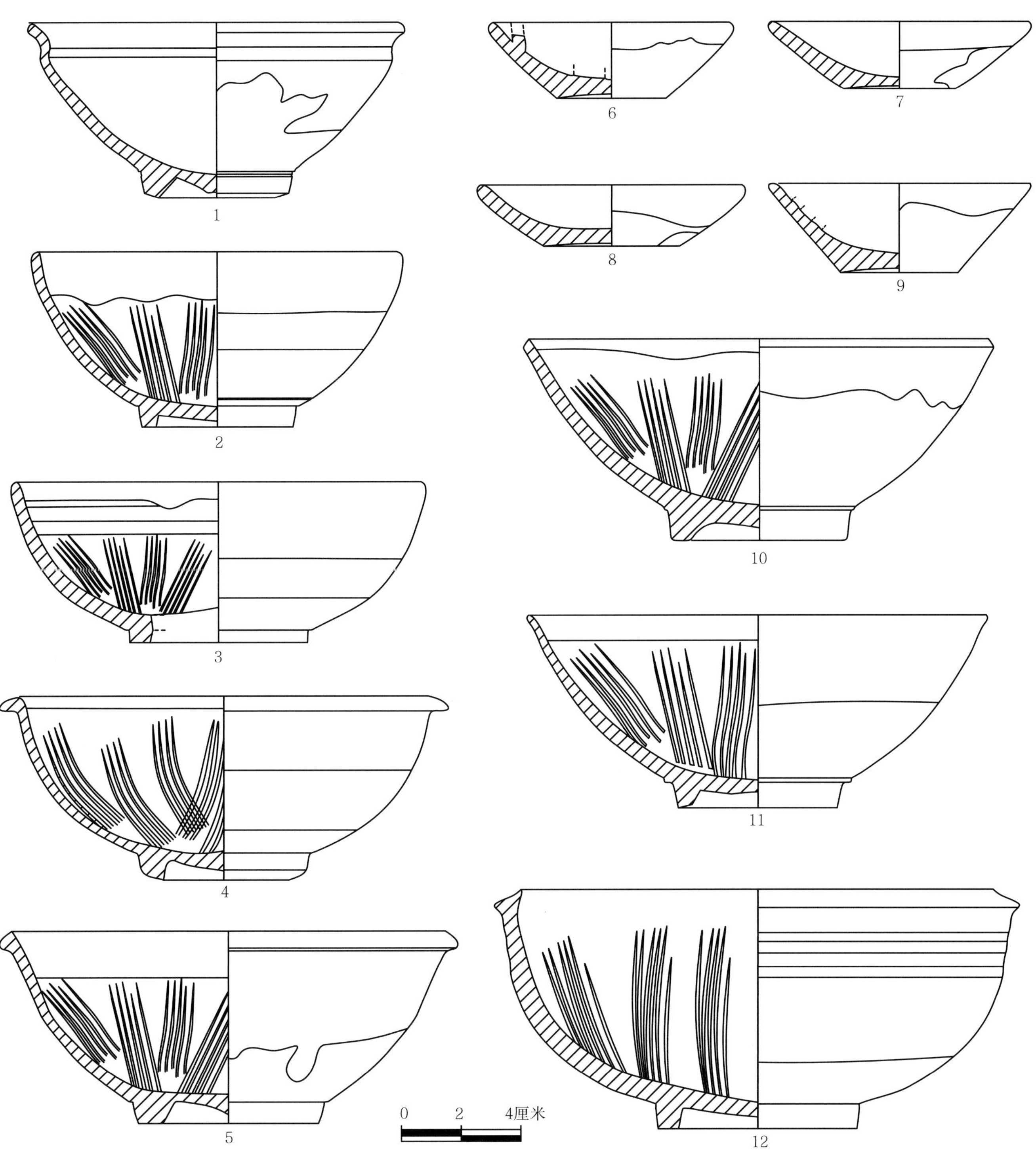

图七〇 五渡桥窑址采集酱黑釉瓷器

1. 碗（五渡桥窑：120） 2、3. AⅡ式研磨器（五渡桥窑：69、07） 4、5、12. B型研磨器（五渡桥窑：103、91、79）
6～9. 灯盏（五渡桥窑：21、13、52、121） 10、11. AⅠ式研磨器（五渡桥窑：179、109）

（5）罐　可分五型。

A型　器形较大，口沿有流。可分二式。

I式：器形较小，腹较浅。

五渡桥窑：173，尖唇，直口，口沿有流，沿微外折，颈较长，圆肩，肩部扁条形柄已残，弧腹，平底内凹。灰褐胎，酱黑釉，脱落严重，内施至颈部，外施至腹中部。肩、腹部旋痕明显。口径9.5、底径5.9、高12厘米（图七一，1）。

五渡桥窑：173

II式：器形较大，腹较深。

五渡桥窑：200，略生烧，尖唇，直口，流残，沿微外折，长颈，溜肩，颈肩部附扁条形柄，平底内凹。灰褐胎，酱黑釉，脱落严重，内施至颈部，外施至腹中部。肩、腹部旋痕明显。口径9.6、底径6、高15.4厘米（图七一，2）。

五渡桥窑：200

B型　圜唇，撇口，束颈，圆肩，肩部以下残。

五渡桥窑：68，灰黑胎，酱黑釉，釉面布满冰裂纹。口径11.2、残高4.7厘米（图七一，8）。

五渡桥窑：68

C型　器形小，双系，短管状流，扁鼓腹。

五渡桥窑：43，圜唇，口微撇，圆肩，鼓腹，肩部附短管流已残，腹部以下残。灰胎，内壁施青白釉，外施酱黑釉至腹中部。残高4.2厘米（图七一，7）。

五渡桥窑：43

D型　小罐。

未见可复原者。

五渡桥窑：86，略生烧，溜肩，弧腹，平底内凹。外施酱黑釉至腹中部，内壁无釉，腹部可见轮旋痕。底径4.4、残高7.8厘米（图七一，4）。

五渡桥窑：86

（6）带流盏

五渡桥窑：73，方唇，直口微敛，口沿有流，下腹内收，小平底。内壁施酱釉，外壁无釉。口径11.4、底径4、高5.2厘米（图七一，6）。

五渡桥窑：73

（7）急须　仅见急须柄。

五渡桥窑：89，直管形柄。长9.8、直径3.2厘米。

五渡桥窑：89

（三）素胎器

主要器形有瓶、罐、盆、炉等，大部分腹、肩部有褐彩。

（1）瓶　未见可复原者，依口沿形态可分四型。

A型　撇口，折沿，长束颈。

五渡桥窑：152，平折沿，颈下部绘褐彩花卉，灰黄胎。口径5.6、残高9.1厘米（图七二，1）。

五渡桥窑：152

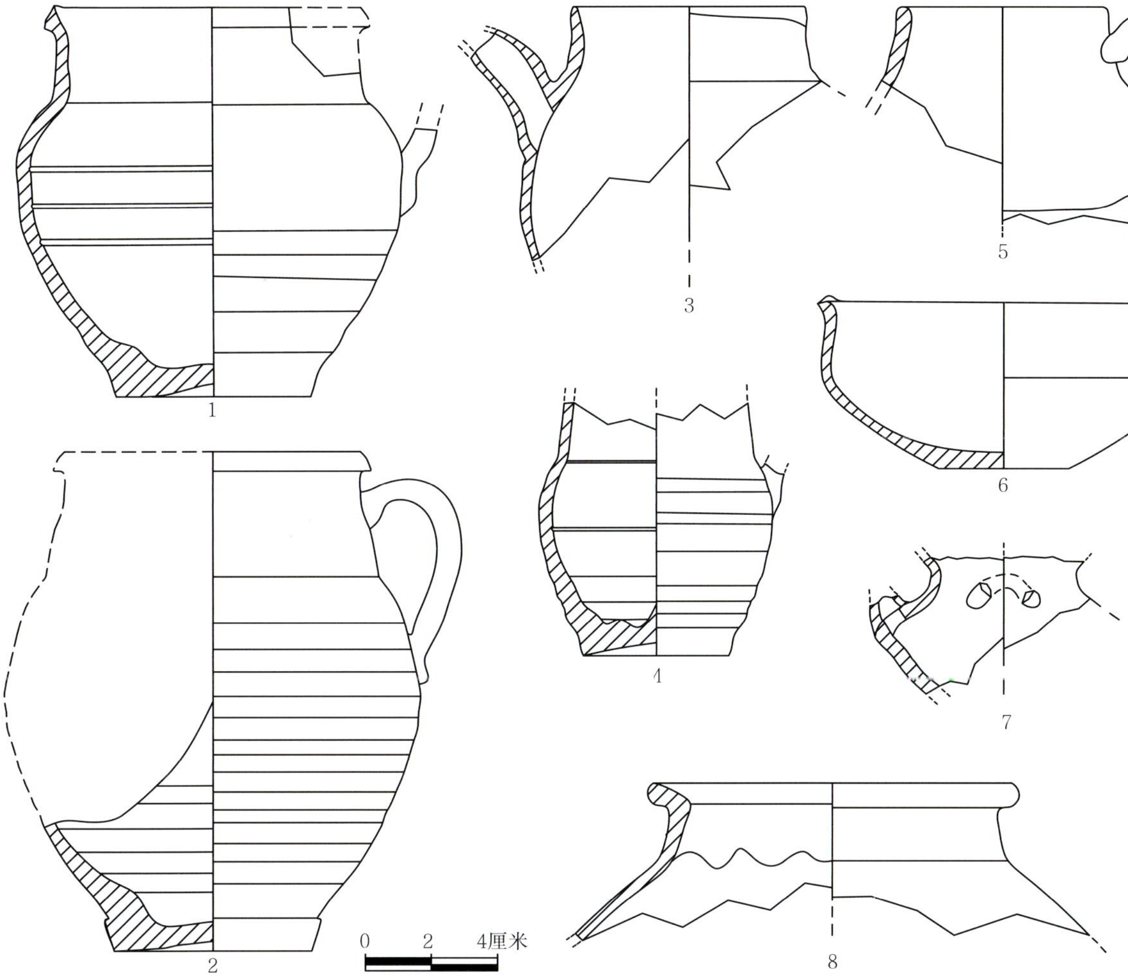

图七一　五渡桥窑址采集酱黑釉瓷器

1. AⅠ式罐（五渡桥窑：173）　2. AⅡ式罐（五渡桥窑：200）　3、5. 执壶（五渡桥窑：93、61）　4. D型罐（五渡桥窑：86）　6. 带流盏（五渡桥窑：73）　7. C型罐（五渡桥窑：43）　8. B型罐（五渡桥窑：68）

五渡桥窑：156，灰胎，口径7.2、残高9.2厘米（图七二，2）。

五渡桥窑：130，平折沿，灰黄胎，口径5.7、残高4.3厘米。

五渡桥窑：156

五渡桥窑：130

B型　花口，长束颈，颈部饰粗凹弦纹。

五渡桥窑：127，口径7、残高11.8厘米（图七二，3）。

五渡桥窑：84，颈下部绘褐彩花卉，口径6.8、残高9.4厘米（图七二，4）。

五渡桥窑：82，口径5.8、残高8.5厘米。

五渡桥窑：84

五渡桥窑：82

五渡桥窑：128，颈下部绘褐彩花卉，残高10.7厘米。

五渡桥窑：17，颈下部绘褐彩花卉，残高8.3厘米。

五渡桥窑：128

五渡桥窑：17

C型　方形口。

五渡桥窑：90，颈部与口呈四方形，口边长5.9、残高6.3厘米（图七二，5）。

五渡桥窑：90

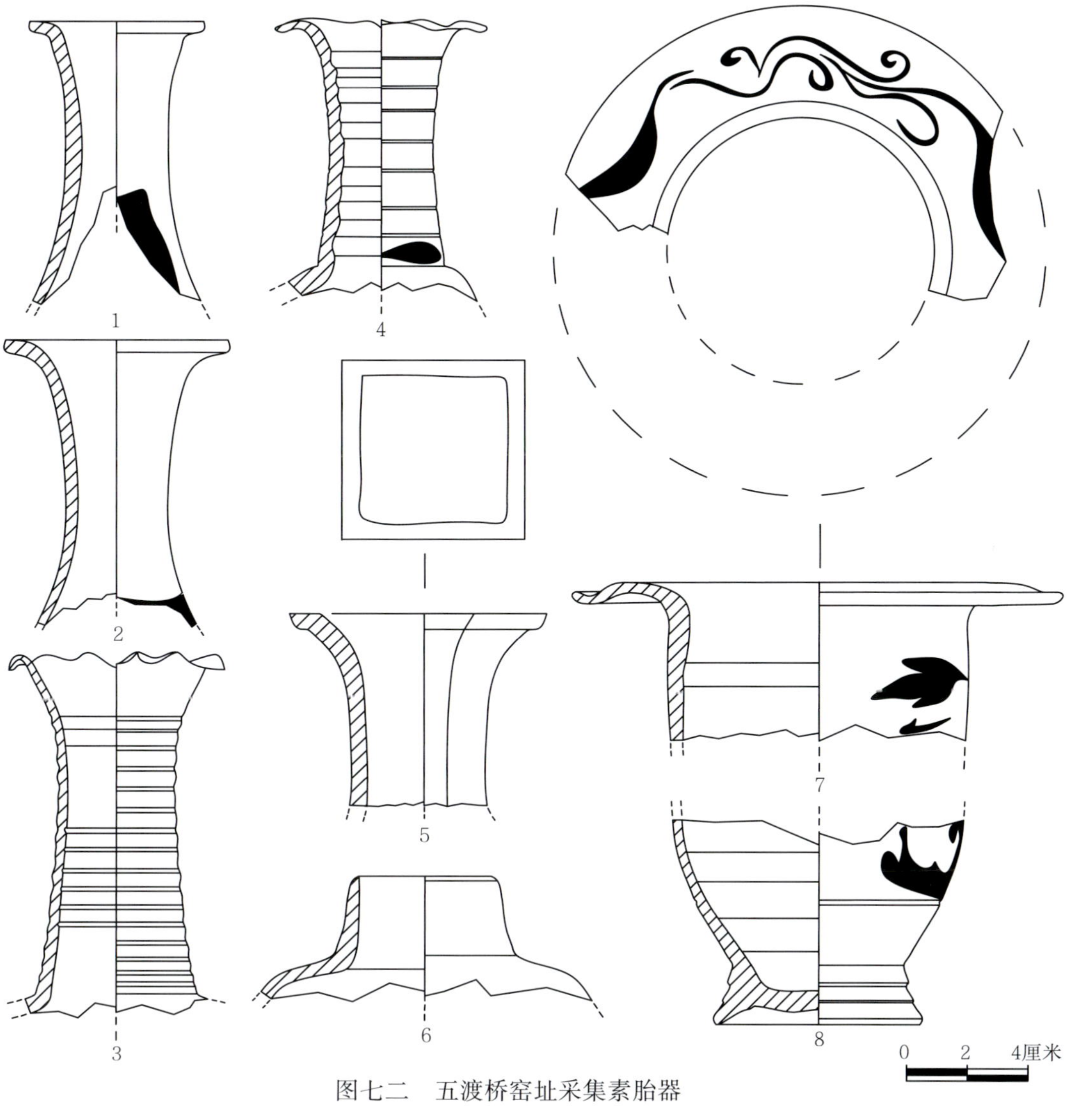

图七二　五渡桥窑址采集素胎器

1、2. A型瓶（五渡桥窑：152、156）　3、4. B型瓶（五渡桥窑：127、84）　5. C型瓶（五渡桥窑：90）　6. D型瓶（五渡桥窑：66）　7. 罐口沿（五渡桥窑：92）　8. 瓶（五渡桥窑：135）

D型　直口微内敛。

五渡桥窑：66，尖唇，鼓肩，肩部以下残。口径4.7、残高4.1厘米（图七二，6）。

五渡桥窑：66

此外，还发现少量瓶的圈足及底部残片。

五渡桥窑：135，圈足外撇，足端窄平，足内下凹，中心上凸，外壁刻划花卉，中间填褐彩。足径6.8、残高6.7厘米（图七二，8）。

五渡桥窑：135

五渡桥窑：157，圈足外撇，足端较平，足内较平，外壁绘褐彩花卉。足径7、残高6.2厘米（图七三，1）。

五渡桥窑：157

五渡桥窑：80，圈足外撇，足端较窄，足内下凹，中心上凸，外壁绘褐彩花卉。足径4.7、残高2.8厘米（图七三，7）。

五渡桥窑：80

五渡桥窑：158，下腹直，内底下凹，外底较平。外壁绘褐彩花卉。底径、残高6.6厘米（图七三，3）。

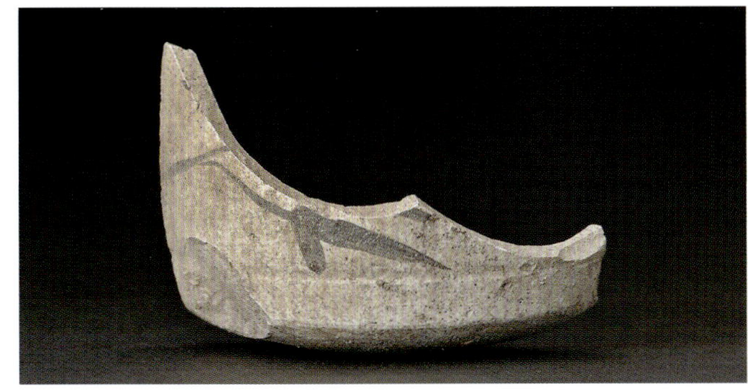

五渡桥窑：158

（2）罐

五渡桥窑：92，仅存口沿及颈部残片。圜唇，宽哲沿，高颈。沿面绘褐彩卷草纹，颈外部绘花卉。口径17.5、残高5.2厘米（图七二，7）。

五渡桥窑：92

（3）盘

五渡桥窑：153，圜唇，敞口，宽折沿，平底。内底三组双线弦纹，从外到内依次刻划卷草、花卉纹。口径21.4、高1.4厘米（图七三，6）。

五渡桥窑：153

（4）炉

五渡桥窑：18，方唇，敞口，宽折沿，短直颈，圆肩，腹部以下残。腹外壁绘褐彩花卉纹。口径10.8、残高6.1厘米（图七三，2）。

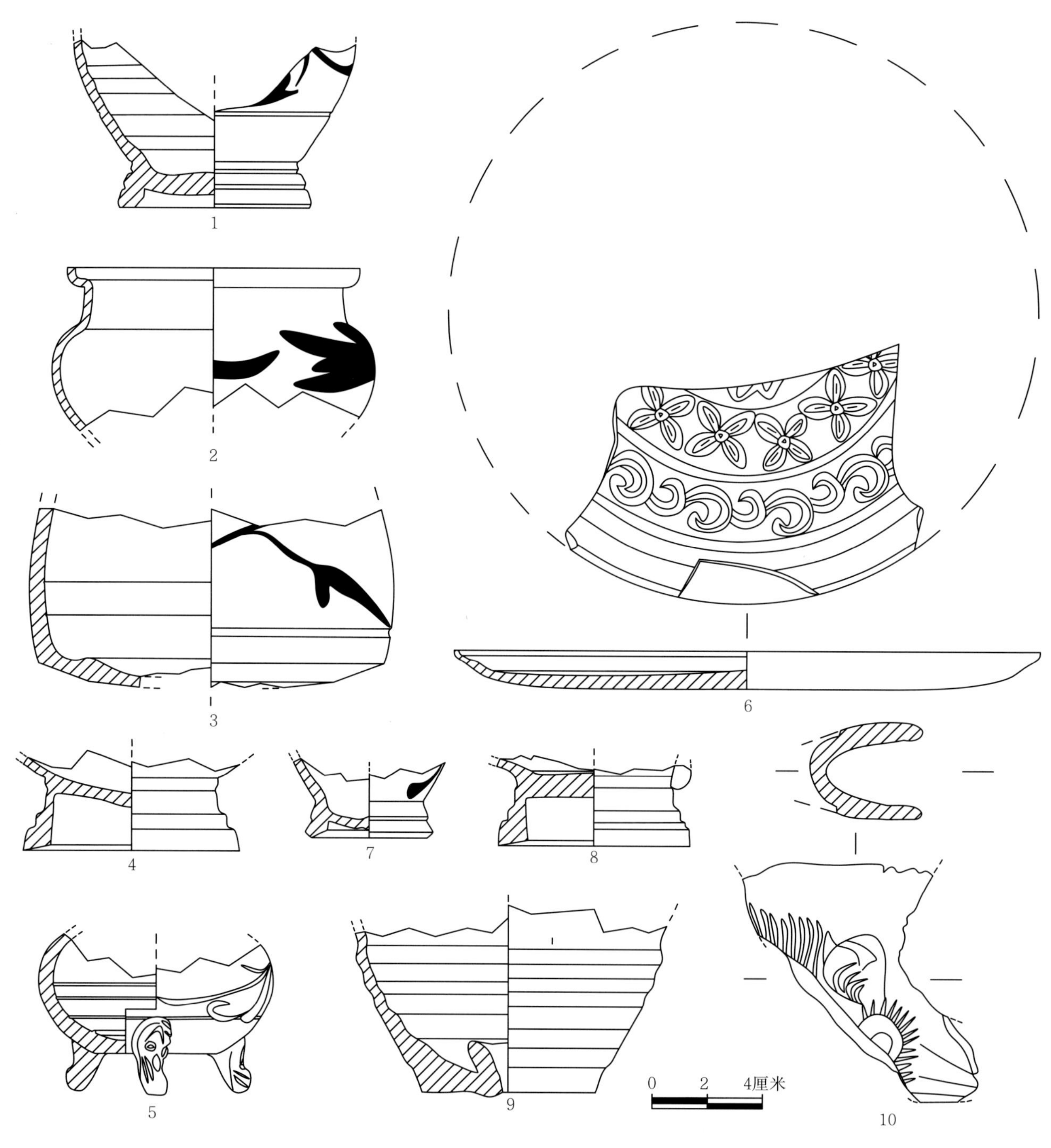

图七三　五渡桥窑址采集陶瓷器

1、3、7. 素胎瓶（五渡桥窑：157、158、80）　2. 素胎炉（五渡桥窑：18）　4、8. 绿釉瓷瓶（五渡桥窑：159、155）　5. 绿釉瓷炉（五渡桥窑：67）　6. 素胎盘（五渡桥窑：153）　9. 火照（五渡桥窑：170）　10. 炉足（五渡桥窑：19）

（四）绿釉瓷器

绿釉器物数量比较少，仅发现少量瓶的圈足及炉上施有绿釉。

（1）**瓶**　未见完整器，仅见圈足。

五渡桥窑：159，二层台式圈足外撇，足端向内斜，足内下凹。内底无釉，外壁绘绿釉，器表有返银现象。足径8、残高3.7厘米（图七三，4）。

五渡桥窑：159

五渡桥窑：155，二层台式圈足外撇，足端向内斜，足内较平。内底无釉，外壁绘绿釉，局部呈青褐色。足径7、残高3.2厘米（图七三，8）。

五渡桥窑：155

（2）炉

五渡桥窑：67，仅存腹部及足部。鼓腹，平底，三兽面形足，圆肩，腹部以下残。腹外壁绘褐彩花卉纹，足部施绿釉。底径5、残高5.9厘米（图七三，5）。

（3）炉足

五渡桥窑：19，仅采集到一件鹰首形炉足，灰胎，外表施灰黑衣。残高8.4厘米（图七三，10）。

五渡桥窑：67

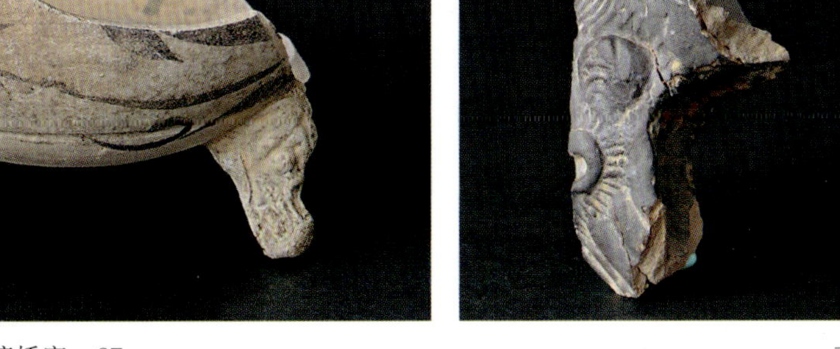

五渡桥窑：19

五渡桥窑：170

（五）窑具

主要有火照、垫座和匣钵。

（1）火照 共采集2件。利用青白釉罐残片用作测试窑炉温度的火照。

五渡桥窑：170，利用罐腹部及底部残片制成，底部有一小孔，近底部釉呈青绿色，釉厚处呈酱黑色，底径6.4、残高7.6厘米（图七三，9）。

五渡桥窑：09

五渡桥窑：09，利用罐腹及底部残片制成，断面均粘有青绿釉，釉厚处呈酱黑色，釉面粘有较多窑渣。底径7、残高6.2厘米。

（2）垫座

可分二型。

A型 器形较矮。平顶微内凹，喇叭形圈足，灰黑胎，夹粗砂。

五渡桥窑：125，顶部黏有较多支钉，并流有绿釉。顶径8.4、足径8.6、高5.9厘米（图七四，1）。

五渡桥窑：125

五渡桥窑：31，顶径8.6、足径8.8、高6.4厘米（图七四，2）。

五渡桥窑：31

五渡桥窑：126，足顶部有一小孔。灰黑胎。顶径7.4、足径8、高6厘米。

五渡桥窑：44，顶径9.6、足径11、高6.4厘米（图七四，3）。

五渡桥窑：44

五渡桥窑：40，顶部粘连一青白釉碗。顶径8.5、残高8.1厘米（图七四，6）。

B型　器形较高。平顶微内凹，束腰，喇叭形圈足，灰黑胎，夹粗砂。

五渡桥窑：22，圈足残，顶部中空，四周粘有支钉，并流有绿釉。顶径7、残高8.8厘米（图七四，5）。

五渡桥窑：22

五渡桥窑：28，腰部有一孔。顶径8.6、足径11.6、高9.8厘米（图七四，7）。

五渡桥窑：10，腰上部有刻划一符号，旁有一孔。顶径7.8、足径8.8、残高11.2厘米（图七四，8）。

五渡桥窑：28

五渡桥窑：10

（3）**匣钵**　耐火土制成，均为漏斗形，灰胎，夹粗砂。

五渡桥窑：133，口径14、底径4.8、高7.3厘米。

五渡桥窑：133

五渡桥窑：24，口径13.2、底径4.6、高7.1厘米（图七四，4）。

五渡桥窑：24

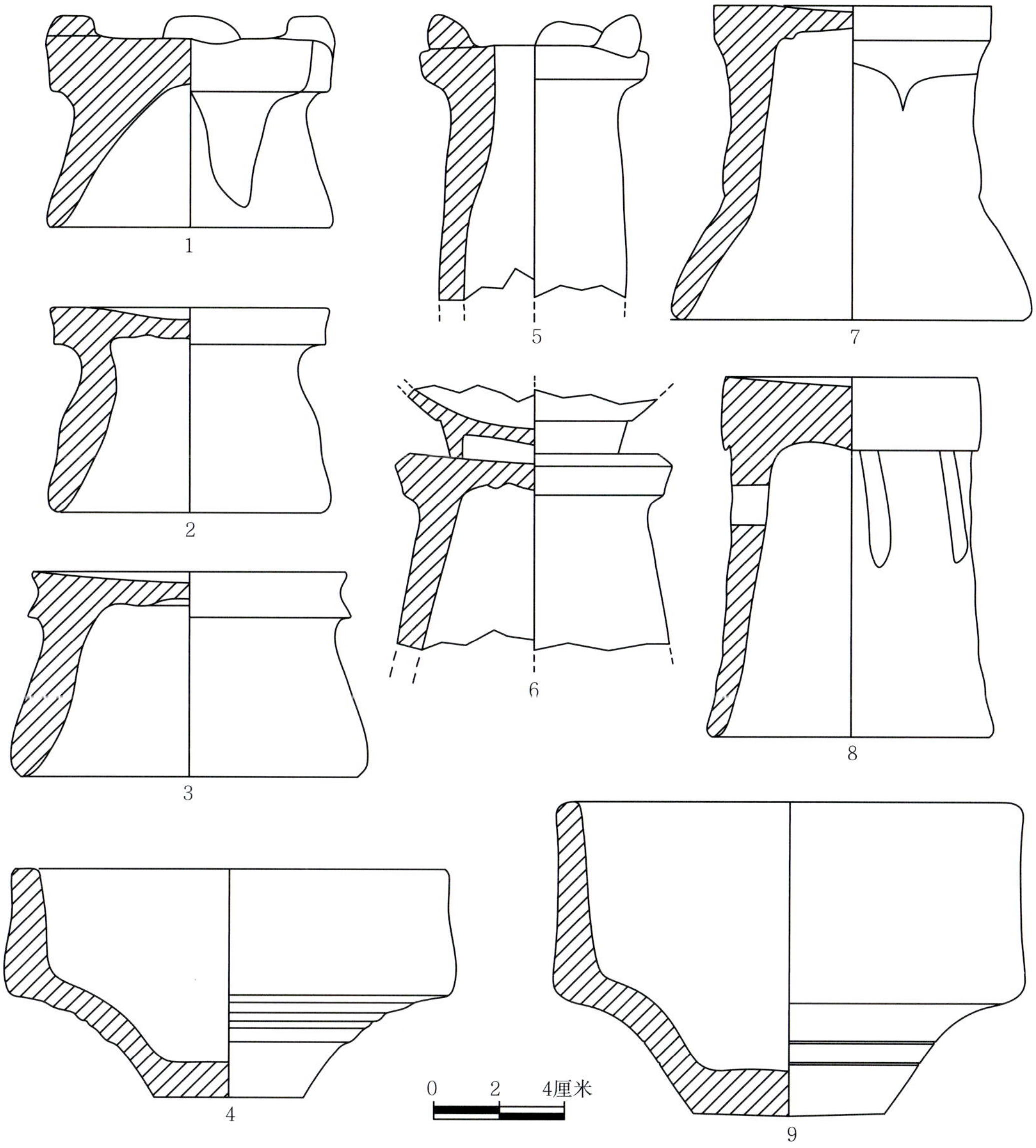

图七四　五渡桥窑址采集窑具

1～3、6. A型垫座（五渡桥窑：125、31、44、40）　4、9. 匣钵（五渡桥窑：24、25）
5、7、8. B型垫座（五渡桥窑：22、28、10）

五渡桥窑：25，口径14.1、底径5.8、高9.8厘米（图七四，9）。

五渡桥窑：25

三、小结

（一）窑业技术和装饰工艺

1. 器物成形工艺

有轮制、模制和手制三种制法。

器物成形主要采用轮制，碗类在轮制后再对器表进行修坯处理，故表面很少见旋坯痕，部分碗外腹下部可见跳刀痕；罐、执壶类则较少修坯，肩、腹部旋坯痕明显。瓶类均采用分段轮制，再胎接而成。圈足制作大多数较规整，足端、足墙经过修整，较齐平。器形统计参见表二〇。

模制器物比较少，如C型方口瓶，而且只用外模，故胎壁厚薄不匀，内壁可见修坯痕。其他如兽面

表二〇　五渡桥窑址采集标本器形统计表

器名 \ 型式		A型		B型			C型			D型	E型	合计
		I式	II式	I式	II式	III式	I式	II式	III式	I式	I式	
青白釉瓷器	碗	1		22			1	2	6	3	4	39
	碟	1	1	1								3
	高足杯	1										1
	器盖	1	1	1								3
	执壶	3		6								9
	罐	1		5	1	3						10
	研磨器	1										1
	水注	1										1
酱黑釉瓷器	碗	5										5
	研磨器	5	4	4								13
	灯盏	4										4
	执壶	3										3
	罐	2	1	1			2			2		8
	把盏	1										1
	急须	2										2
素胎瓷器	瓶	4		5			1			1		11
	罐	1										1
	盘	1										1
	炉	1										1
绿釉瓷器	瓶	2										2
	炉	1										1
陶器	炉	1										1
窑具	垫座	9		5								14
	匣钵	6										6
共计												141

炉足等，模制好后再贴附于炉上。

手制器物主要是一些执壶、罐、急须、灯盏的流、柄、盖钮等，先用手捏制好后，再贴附于器物上。

2. 施釉工艺

五渡桥窑址的釉色以青白釉为主，其次为酱黑釉，此外还有少量素胎器和绿釉。施釉一般有以下几种情况。

第一种，一种器形只有一种釉。如青白釉碗，青白釉大多泛灰，釉层薄，部分器物在施釉前先上一层化妆土。

第二种，同一类器物，施不同的釉。如研磨器、罐等。研磨器主要为酱黑釉，个别为青釉，罐既有青白釉，又有酱釉。

第三种，同一件器物上施两种不同的釉。如酱黑釉碗，将口沿酱黑釉抹掉，再施一圈青白釉，即“白覆轮”；一些青白釉碗的口沿则施一圈酱黑釉；青白釉执壶、罐的口沿、颈部、流口等部位亦施一圈酱釉。

施釉方法主要为浸釉、刷釉、荡釉等。碗类内底均有一涩圈，外施釉至腹上部或中部。执壶、罐类亦大多数内施釉至颈部，外施釉至腹上部或中部，露胎较多。

3. 装烧工艺

从采集标本来看，主要装烧方法为垫座垫烧，部分垫座顶部还粘有支钉，其次为匣钵装烧，匣钵均为漏斗形，器形较小，应是装烧小件碗、灯盏类器物。碗类均采用涩圈支钉叠烧，即在内底的涩圈上再放置4～6个支钉做为间隔具。为充分利用窑内空间，执壶、罐亦与碗进行叠烧。酱釉碗与青白釉碗亦放在一起叠烧。

4. 装饰方法

五渡桥窑址大部分器物素面无纹，装饰方法主要为釉下褐彩，还有少量戳印、刻划、模印等。釉下褐彩主要在青白釉瓶、执壶、炉的腹部和颈部、青白釉碗的内壁、底。釉下褐彩分彩绘花卉、彩书文字。彩绘花卉又分两种：一种是在胎上直接彩绘花卉、草叶等图案；另一种是先在胎上刻出图案，再在其中填彩（图七五）。

刻划、模印图案很少，只在一件青白釉残片上发现刻划圆圈纹（五渡桥窑：119）（图七六），一

图七五　五渡桥窑址器物上的釉下褐彩纹饰

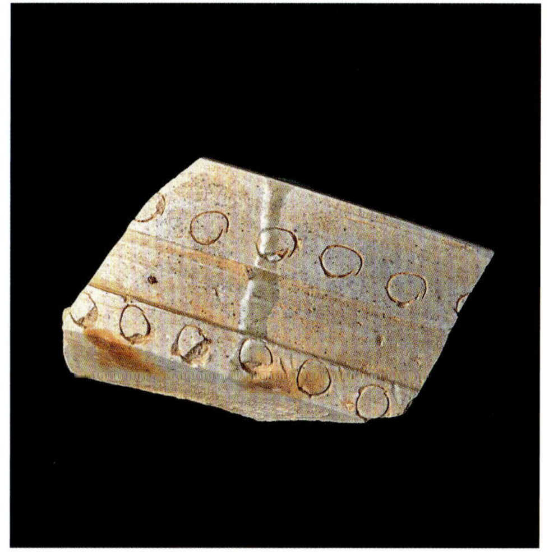

图七六　五渡桥窑址器物上的刻划圆圈纹

件素胎盘内底刻划花卉、草叶纹。一件褐彩器物的外壁模印叶脉纹（五渡桥窑：33）。

（二）窑址年代

五渡桥窑址采集的标本中未发现有明确纪年的器物，烧造历史亦未见文献记载。故其年代只能通过与其他窑址或纪年材料比较来断定。

从采集标本来看，五渡桥窑址的内涵与南平茶洋窑、晋江磁灶窑关系密切，主要有以下两个方面。

第一，器物种类较多，型式相同或相似。

晋江磁灶窑烧造器物种类繁多，尤其是土尾庵窑址，出土的陶瓷器按釉色有青釉、酱黑釉、黄绿釉及素胎器。种类就有碗、盏、盘、碟、钵、缸、执壶、水注、罐、瓶、炉、器盖等十几种[①]。茶洋窑大岭干窑址亦有青瓷、青白瓷、酱黑釉瓷和绿釉瓷，器形亦非常丰富[②]。五渡桥窑址以上器物种类基本上也都有，而且很多器形基本相同或相似。如土尾庵窑的带流罐（T04：331）就与五渡桥窑址的AII式罐基本相同[③]。蜘蛛山的酱黑釉炉与五渡桥的绿釉三足炉相似[④]。泉州市博物馆馆藏一件绿釉花口瓶与五渡桥窑址的B型素胎瓶基本相同[⑤]。南平茶洋窑安后山窑址Y1的执壶与五渡桥窑址的A型执壶基本相同[⑥]。茶洋窑大岭干窑址的带流罐（原文称水注）与五渡桥的AI式罐相似[⑦]。

第二，装烧工艺与装饰方法相似。

磁灶窑的装烧工艺也是以垫座垫烧为主，这与五渡桥窑址非常相似。在装饰方法上，磁灶窑的釉下彩亦非常有特色。尤其是土尾庵窑、童子山窑的釉下彩绘，纹饰图案复杂，意境深远，不仅有釉下彩绘花卉，亦有釉下褐书诗词等文字[⑧]。五渡桥窑址的釉下褐彩图案则相对简单，但数量亦较多，大多数瓶、执壶的腹、肩部均有褐彩，在一叠因烧坏而粘连在一起的碗内壁均有褐书文字。

根据土尾庵器物与龙泉窑东区、观台磁州窑、建窑、德化碗坪仑窑等其他窑址分期材料比较，《磁灶窑址》作者将土尾庵窑址的年代定为南宋至元代[⑨]。茶洋窑大岭干窑址的年代则为北宋晚期至南宋，茶洋窑安后山窑址Y1的年代为元代[⑩]。因此我们推断五渡桥窑址的年代为南宋至元代。

第六节　遇林亭窑址

遇林亭窑址位于武夷山市中部地区，武夷山风景区北侧，地处星村乡燕子窠自然村与武夷山镇白岩自然村交界处的群山之中。该窑址于20世纪50年代文物调查时发现，窑场规模大，从白岩村西南约1千米，沿山谷小溪，共发现六处延绵的山头有窑址分布。为记录方便，分别命名为一至六号窑址，其中第三、四、五号点于1998年9月至2000年1月，为配合高（高苏坂）星（星村）公路建设而进行了抢救性考古发掘，共发掘面积3317.5平方米。共揭露有叠压打破关系的窑炉遗迹二处和一处作坊遗迹，并出土大

---

①③④⑤⑧⑨　福建博物院、晋江博物馆：《磁灶窑址——福建晋江磁灶窑址考古调查发掘报告》，科学出版社，2011年，第66页、图版三七、图版一八、图版一二六、图版一三、第381页。

②⑥⑦⑩　福建省博物馆：《南平茶洋窑址1995年—1996年度发掘简报》，《福建文博》2000年第2期，第51页、58页、54页、59页。

批陶瓷器标本，取得重要收获。详细发掘资料见相关报告。2011年11月，福建博物院文物考古研究所与武夷山市博物馆又对一号、六号窑址进行调查，并采集部分标本。

一、遇林亭一号窑址

遇林亭一号窑址位于高星公路的东侧，山上种植松树等，在地表可见大量散落的匣钵、窑砖等，还可见部分窑炉遗迹裸露地表，但瓷片很少。据当地人称，20世纪80年代，闽南人到此处收购古瓷器，一些不法分子到窑址盗挖，将瓷片全部捡走，对窑址造成巨大破坏。

遇林亭一号窑址采集标本主要为黑釉瓷器，此外还有一些窑具。下面分别叙述。

（一）黑釉瓷器

器形有碗、碟等，以碗居多。多为灰胎，少量深灰胎，夹细砂，釉色呈黑色或酱黑色，部分器物釉面可见兔毫纹，多出现在器物的口沿部分，少量及底。器物一般内施满釉，外施釉至腹中部或下部，常有垂釉现象。露胎部分旋坯痕迹明显。器物均素面。

（1）**碗**　敛口或微束口，斜弧腹，圈足小、挖足浅。可分二式。

I式：微束口。尖圆唇，内满釉，外施釉至腹中部，釉层较厚，垂釉现象明显。

遇林亭窑I：02，残，可复原。圈足小。口径11、足径3、高5.5厘米（图七七，1）。

遇林亭窑I：02

遇林亭窑I：06，残，可复原。圈足稍大，足端稍宽。内壁釉面有兔毫纹。口径11.1、足径4.2、高5.6厘米（图七七，2）。

遇林亭窑I：06

遇林亭窑I：07，残，可复原。挖足极浅，近平。深灰胎，釉面大部分呈酱色。碗内外壁粘有少量落渣。口径11、足径3.6、高5.4厘米（图七七，3）。

遇林亭窑I：07

遇林亭窑I：09，残，可复原。口径11、足径4.1、高5.2厘米（图七七，5）。

遇林亭窑I：09

遇林亭窑I：08，残，可复原。釉面可见兔毫纹，内不及底。口径9.5、足径3.4、高4.8厘米（图七七，7）。

遇林亭窑I：08

II式：敞口。

遇林亭窑I：05，残，可复原。生烧，有流釉现象。口径11.1、足径3.7、高5.5厘米（图七七，4）。

遇林亭窑I：05

遇林亭窑Ⅰ：01，残，可复原。尖唇，内底粘少量匣钵残块。口径10.8、足径3.4、高5.3厘米（图七七，6）。

遇林亭窑I：01

遇林亭窑Ⅰ：04，残，可复原。生烧，有流釉现象。口径9.2、足径3.4、高4.1厘米（图七七，9）。

遇林亭窑I：04

（2）碟

遇林亭窑Ⅰ：03，敞口，尖圜唇，斜弧腹，圈足。灰胎，夹细砂，黑釉较光亮，釉层较厚，内满釉，外施至腹下部。口径9.2、足径3.4、高3厘米（图七七，8）。

遇林亭窑Ⅰ：03

（二）窑具

窑具以匣钵为主，此外还有少量垫块。

（1）匣钵　仅见漏斗形匣钵。

遇林亭窑Ⅰ：11，完整。内壁残留一黑釉碗残片。黄褐色胎，夹粗砂。口径16.8、底径3.7、高10.7厘米（图七七，10）。

遇林亭窑Ⅰ：11

遇林亭窑Ⅰ：12，口残。内粘连叠烧的两只碗。深灰胎，外壁受火呈红褐色。底径3.3、残高11.2厘米（图七七，11）。

遇林亭窑Ⅰ：12

（2）垫块

遇林亭窑I：10，不规则饼状。灰胎，夹细砂，有指痕。长7、宽5.4、厚2.1～2.6厘米。

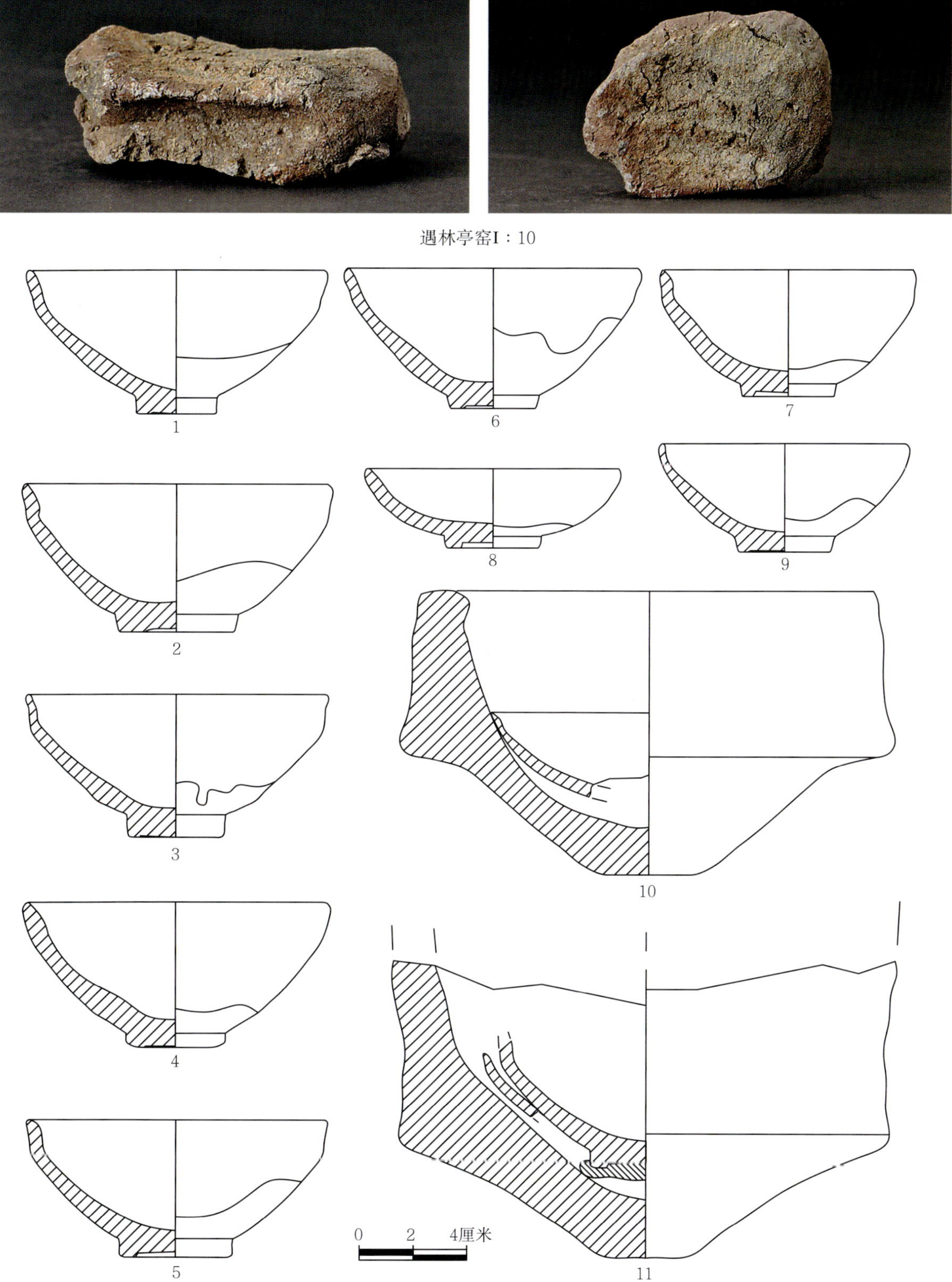

图七七　遇林亭一号窑址采集瓷器与窑具

1～3、5、7. I式黑釉瓷碗（遇林亭窑I：02、06、07、09、08）　4、6、9. II式黑釉瓷碗（遇林亭窑I：05、01、04）　8. 黑釉瓷碟（遇林亭窑I：03）　10、11. 匣钵（遇林亭窑I：11、12）

表二一　遇林亭一号窑址采集标本器形统计表

器名＼型式		I式	II式	合计
黑釉瓷器	碗	7	4	11
	碟	1		1
窑具	匣钵	6		6
	垫块	1		1
共计				19

遇林亭窑址器形统计表参见表二一。

二、遇林亭六号窑址

遇林亭六号窑址位于高星公路西侧山坡上，废品堆积较厚，但多为窑具，可采集的瓷片很少。主要为黑釉瓷，此外还有少量青白瓷和窑具。

（一）黑釉瓷器

器形主要是碗，多为深灰胎，少量灰胎，夹细砂，釉色呈黑色或酱黑色。器物一般内施满釉，外施釉至腹中部或下部，釉层下缘不整齐，常有垂釉现象。露胎部分旋坯痕迹较明显。采集器物均素面。

碗　微束口或敞口，尖圜唇，圈足制作欠规整，挖足较浅。可分二式。

I式：微束口，斜弧腹。

遇林亭窑VI：03，残，可复原。灰胎，外施釉至腹中部。口径12.1、足径3.5、高5.2厘米（图七八，2）。

遇林亭窑VI：18，残，可复原。深灰胎，外施釉至腹下部，露胎处可见跳刀痕。口径11.8、足径4.6、通高6厘米。

遇林亭窑VI：18

遇林亭窑VI：14，残，可复原。深灰胎，略生烧，灰黄釉，外施釉至腹下部，露胎处呈灰黑色。口径11.8、足径4.6、通高6厘米。

遇林亭窑VI：14

遇林亭窑VI：19，残，可复原。深灰胎，外施釉至腹中部。口径12.1、足径3.5、通高5.4厘米。

遇林亭窑VI：22，残，可复原。深灰胎，外施釉至腹下部，有聚釉现象。口径11.8、足径3.5、通高4.3厘米。

遇林亭窑VI：22

遇林亭窑VI：16，残，可复原。灰胎，外施釉至腹下部，露胎处可见跳刀痕。口径12.5、足径3.7、通高4.6厘米。

遇林亭窑VI：16

遇林亭窑VI：24，残，可复原。灰胎，外施釉至腹中部。口径11.6、足径4.1、高5.2厘米。

遇林亭窑VI：24

遇林亭窑VI：26，残，可复原。灰胎，外施釉至腹下部。口径13.4、足径4.2、通高6.2厘米。

遇林亭窑VI：26

遇林亭窑VI：21，残，可复原。灰胎，外施釉至腹下部，有流釉现象。口径12.4、足径4.1 、通高6.2厘米。

遇林亭窑VI：21

遇林亭窑VI：27，残，可复原。灰胎，外施釉至腹中部，有流釉现象。口径11.4、足径4.1、通高5.2厘米。

遇林亭窑VI：27

遇林亭窑VI：25，残，可复原。灰胎，外施釉至腹下部，有流釉现象。口径11.9、足径4.1、高5.1厘米。

遇林亭窑VI：25

遇林亭窑VI：23，残，可复原。灰胎，外施釉至腹中部。口径11.9、足径3.2、高5.2厘米。

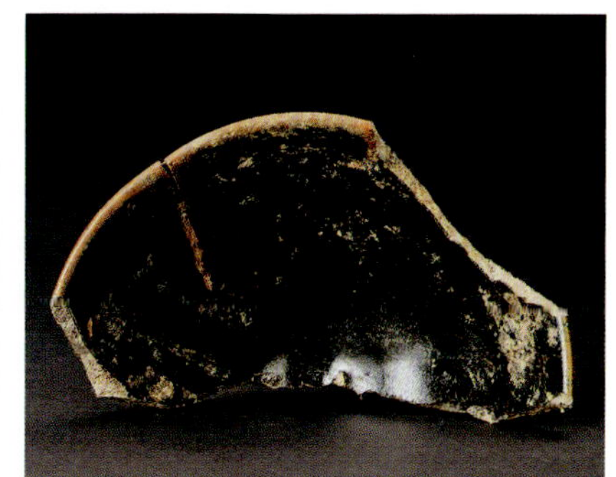

遇林亭窑VI：23

遇林亭窑VI：18，残，可复原。灰胎，外施釉至腹中部。口径10.5、足径3.5、高5.2厘米。

遇林亭窑VI：30，残，可复原。灰胎，外施釉至腹底部。口径10.2、足径3.4、高4.8厘米。

遇林亭窑VI：30

遇林亭窑VI：02，残，可复原。釉呈酱黑色，外施釉至腹下部，釉层较薄。口径12.2、足径4、高5.1厘米（图七八，3）。

遇林亭窑VI：02

遇林亭窑VI：01，残，可复原。外施釉至腹中部，足底粘连一圆形垫饼。碗口径11.9、足径3.2、高4.8厘米；垫饼直径3、厚0.7厘米（图七八，4）。

遇林亭窑VI：01

遇林亭窑VI：05，残，可复原。生烧，釉层较薄，釉面多棕眼。口径10.8、足径3、高5.2厘米（图七八，9）。

遇林亭窑VI：05

II式：敞口，斜直腹。

遇林亭窑VI：04，残，可复原。灰胎，外施釉至腹中部。口径10.6、足径3.5、高4.4厘米（图七八，1）。

遇林亭窑VI：04

遇林亭窑VI：06，残，可复原。外施釉至腹中部，内底凸起。口径12.6、足径4、高4.9厘米（图七八，5）。

遇林亭窑VI：06

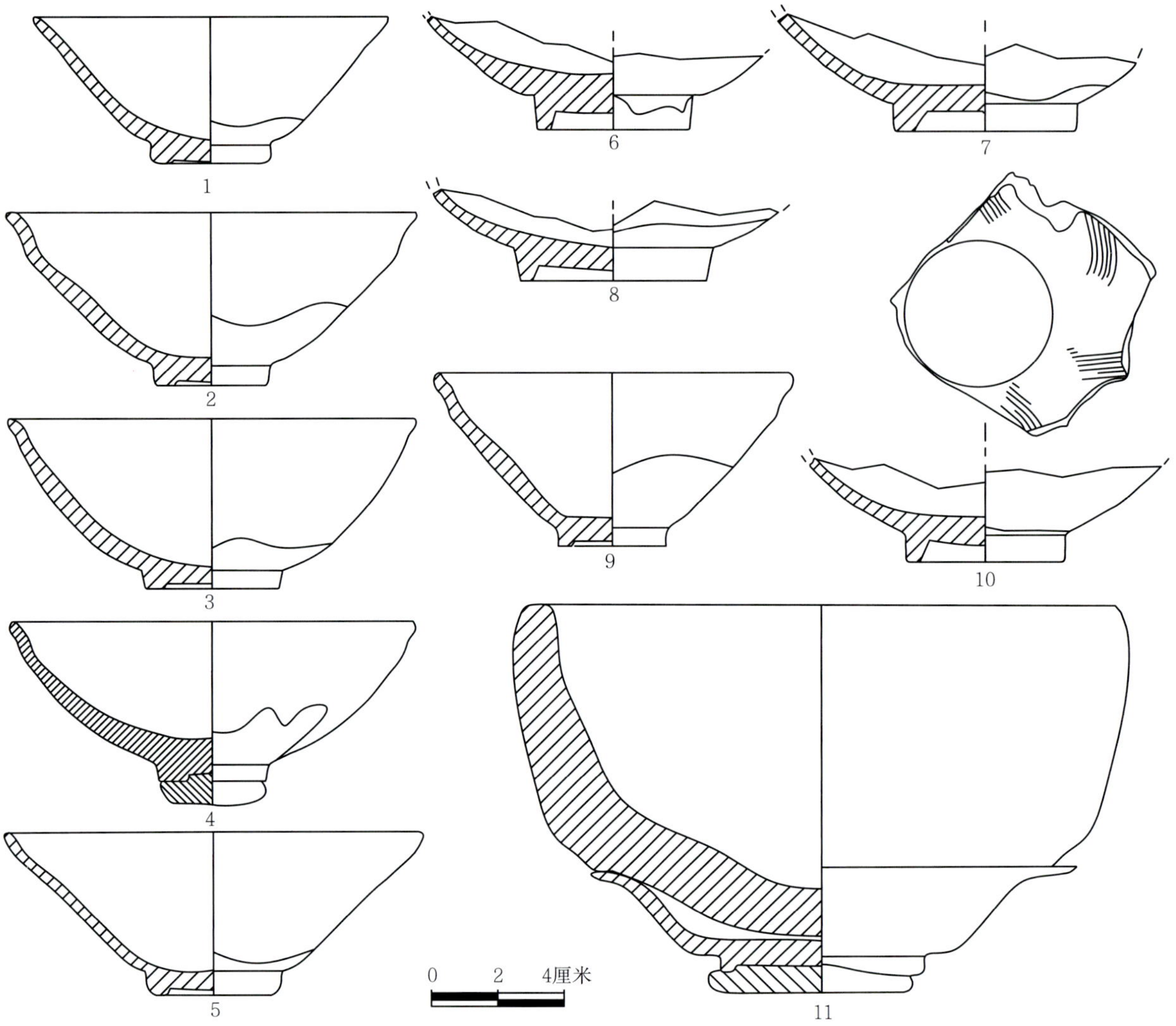

图七八　遇林亭六号窑址采集瓷器与窑具

1、5. II式黑釉瓷碗（遇林亭窑VI：04、06）　2～4、9. I式黑釉瓷碗（遇林亭窑VI：03、02、01、05）　6～8、10. 青白釉瓷碗（遇林亭窑VI：07、09、08、10）　11. 匣钵（遇林亭窑VI：11）

遇林亭窑VI：17，残，可复原。釉呈酱褐色，外施釉至腹下部，釉线不齐，釉层较薄。口径10.9、足径3.4、高4.1厘米。

遇林亭窑VI：17

遇林亭窑VI：20，残，可复原。釉呈酱褐色，外施釉至腹下部，釉线不齐，釉层较薄。口径10.9、足径4.0、高4.6厘米。

遇林亭窑VI：20

遇林亭窑VI：15，残，可复原。外施釉至腹中部，釉线不齐，釉层较薄。口径11.5、足径3.5、高4.5厘米。

遇林亭窑VI：15

III式：敞口，浅腹。

遇林亭窑VI：29，残，可复原。外施釉至腹中部，釉层较薄。口径8.8、足径3.4、高3.3厘米。

遇林亭窑VI：29

（二）青白釉瓷器

数量较少，均为碗底残片。灰胎，青白釉色偏灰，内满釉，外施釉至腹下部或足根，釉层下缘不整齐且常有流釉现象。圈足制作较规整，足端较平，足墙内外均斜。露胎部分旋坯痕迹较明显。大多素面，仅一件碗内壁近底部有篦划纹。

遇林亭窑Ⅵ：07，内底微弧，中心微凸，外施釉至足根。足径4.5、残高3.4厘米（图七八，6）。

遇林亭窑Ⅵ：09，外施釉至腹下部，釉面布满冰裂纹。足径5.2、残高3.3厘米（图七八，7）。

遇林亭窑Ⅵ：08，外施釉至腹下部。足径5.5、残高2.9厘米（图七八，8）。

遇林亭窑Ⅵ：10，外施釉至腹下部。碗内壁接近底部有篦划纹。足径4.7、残高3.1厘米（图七八，10）。

遇林亭窑Ⅵ：10

遇林亭窑Ⅵ：31，口沿外壁加厚，内满釉，外施釉至腹下部。口径14、足径4.7、高6厘米。

遇林亭窑Ⅵ：31

遇林亭窑Ⅵ：33，腹、足残片。内底一周弦纹，外底下凹，中心呈乳突状。外施釉至腹下部。足径6.9、残高4厘米。

遇林亭窑Ⅵ：33

遇林亭窑VI：32，腹、足残片。足端平，足墙斜，内底弧，外底下凹，可见挖足痕。内满釉，外施釉至腹下部。足径6.3、残高3.4厘米。

遇林亭窑VI：32

（三）窑具

主要有匣钵、垫饼和垫块。

（1）**匣钵**　均为漏斗形。

遇林亭窑VI：11，黄褐胎，夹粗砂。匣钵外底部粘连一碗，碗已变形，下粘连一垫饼。匣钵口径17.4、高9.7厘米。垫饼直径3.8、厚0.55、总高11.6厘米（图七八，11）。

（2）**垫块**

遇林亭窑Ⅵ：12，不规则圆柱块。黄褐胎，夹粗砂。长6.2、宽5.4、厚3～4.5厘米。

遇林亭窑VI：11

六号窑址：12

遇林亭六号窑址器形统计见表二二。

表二二　遇林亭六号窑址采集标本器形统计表

器名 \ 型式		I式	II式	合计
黑釉瓷器	碗	7	3	10
青白釉瓷器	碗底	4		4
窑具	匣钵	3		3
	垫块	1		1
	垫饼	2		2
共计				20

第四章　清代·民国窑址

第一节　井后垅窑址

一、窑址概况

井后垅窑址位于武夷山市兴田镇大渚村东际自然村南侧约300米处。窑址地处丘陵地带，东侧靠窑柯山，南侧连山，西侧山脚有溪流，溪水由北向南流出。北侧约100米为山间小盆地。窑址地处由北向南延伸的山冈上，相对高度约25米。这里植被茂密，地表生长着毛竹及杂木林。遗物分布于北侧山坡，东西长约100米，南北宽约60米，分布面积为6000平方米，堆积层厚约2米（图七九）。窑址于2009年全国第三次文物普查时发现。

窑室

出烟室

图七九　井后垅窑址情况

二、遗物

采集标本有主要青花瓷器、青白釉瓷器、青釉瓷器、酱黑釉瓷器和窑具。

（一）青花瓷器

主要器形有碗、盘、器盖等。胎多呈灰白色，青白釉，大多数釉泛灰，釉层薄。

（1）碗　可分三型。

A型　敞口。均圆唇，斜弧腹或斜直腹微弧，内底较平，中心微上凸，圈足制作较规整，足端中间高，两侧斜削，足墙内外均斜，足内较平，中心微下凸。青白釉，内外均施釉，内底有一涩圈，足端无釉。可分三式。

I式：器形较大，斜直腹微弧。

井后垅窑：44，外壁等距离绘三道青花斜直线，中间各绘一花卉，青花呈色灰黑。口径16、足径7.7、高6.2厘米（图八〇，1）。

井后垅窑：44

井后垅窑：43，外壁等距离绘三道青花斜直线，中间各绘一花卉，青花呈色灰黑。口径15.6、足径7.6、高5.7厘米（图八〇，2）。

井后垅窑：43

井后垅窑：22，内壁上、中部各绘一道青花弦纹，口沿内侧绘一周简体写意花卉，内底亦绘一简体写意花卉；外壁绘青花缠枝花卉，青花呈色灰黑。口径16、足径7.5、高5.7厘米（图八〇，3）。

井后垅窑：22

井后垅窑：49，两件叠烧粘连标本。内壁上、中部各绘一道青花弦纹，口沿内侧绘一周简体写意花卉，内底亦绘一简体写意花卉；外壁绘三朵花卉，青花呈色灰黑。口径16.2、足径8.1、高6.1厘米（图八〇，4）。

井后垅窑：49

II式：器形较I式小。

井后垅窑：24，外壁绘三折枝花卉，青花呈色灰暗。口径14.5、足径6.8、高4.8厘米（图八〇，5）。

井后垅窑：24

井后垅窑：16，外壁绘三团花纹，青花呈色灰暗。口径14、足径7、高4.5厘米（图八〇，6）。

井后垅窑：16

井后垅窑：35，外壁上部绘曲折纹，下部绘旋涡纹，青花呈色灰暗。口径13、足径7.4、高6.4厘米（图八〇，7）。

井后垅窑：35

井后垅窑：50，外壁绘三朵花卉，青花呈色灰暗。口径13.3、足径6.6、高4.8厘米（图八〇，8）。

井后垅窑：50

井后垅窑：37，外壁绘三朵团花纹，青花呈色灰黑。口径14、足径7.7、高5厘米（图八〇，9）。

井后垅窑：37

井后垅窑：32，外壁绘三朵花卉，青花呈色灰黑。口径13、足径6.6、高4.1厘米（图八〇，10）。

井后垅窑：32

井后垅窑：40，内底上凸，外壁绘三团花纹，青花呈色灰黑。口径13.6、足径7.6、高4.9厘米（图八〇，11）。

井后垅窑：40

井后垅窑：38，生烧，外壁绘三朵花卉，青花呈色灰黑。口径12.9、足径6.3、高4.3厘米（图八〇，12）。

井后垅窑：38

井后垅窑：29，内底绘一草叶；外壁绘青花缠枝花卉，青花呈色浅蓝。足径7.6、残高5.1厘米（图八〇，13）。

井后垅窑：29

井后垅窑：51，内底较平，中心有一乳突状突起，外壁等距离绘三道青花斜直线，中间各绘一花卉，青花呈色灰黑。口径12.7、足径6.7、高4.7厘米。

井后垅窑：51

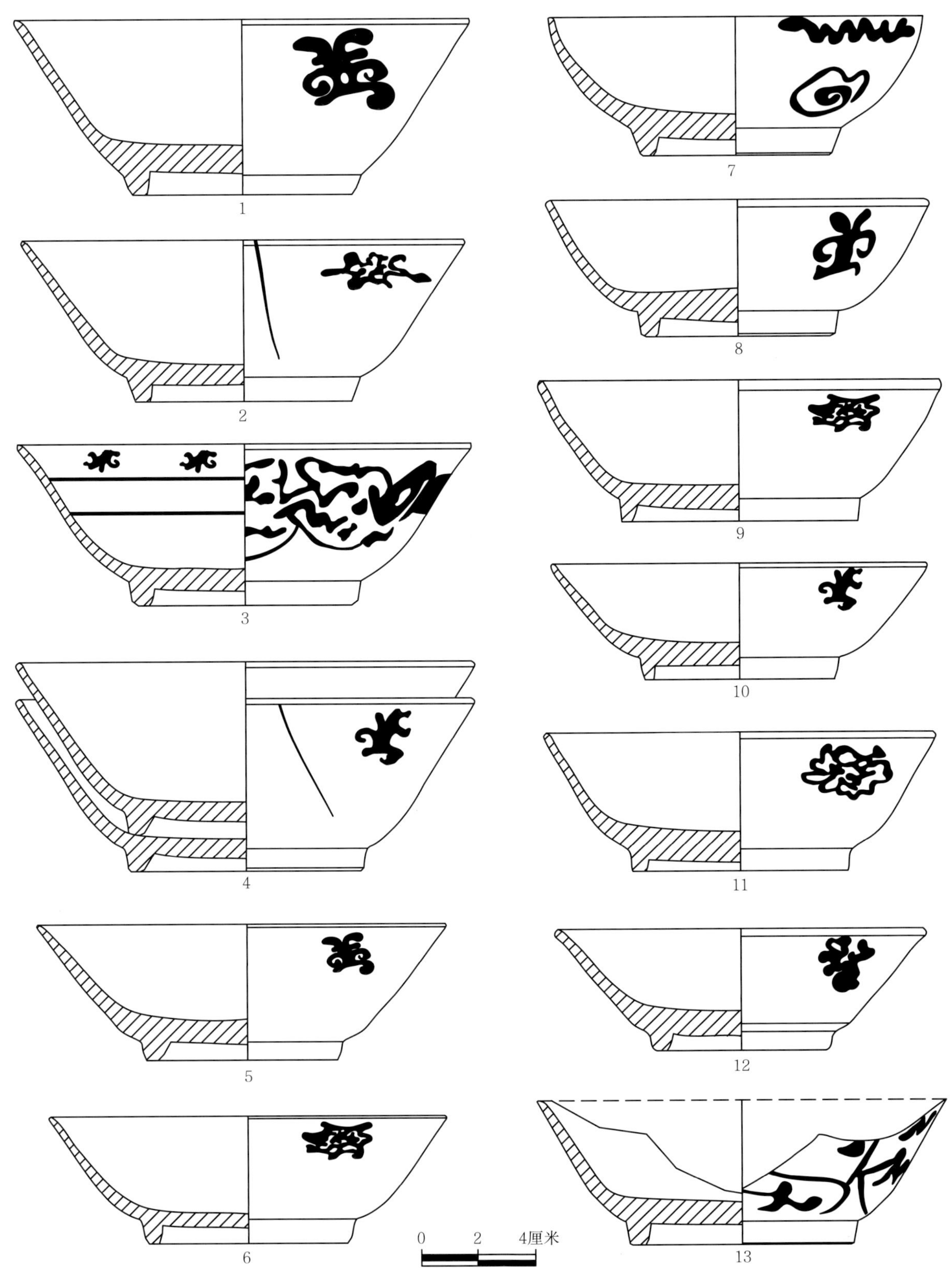

图八〇 井后垅窑址采集青花瓷碗

1～4. AⅠ式（井后垅窑：44、43、22、49） 5～13. AⅡ式（井后垅窑：24、16、35、50、37、32、40、38、29）

井后垅窑：36，外壁等距离绘三道青花斜直线，中间各绘一花卉，青花呈色灰暗。口径16.6、足径7.6、高6.2厘米。

井后垅窑：36

井后垅窑：68，口沿内侧及内底各绘青花单圈弦纹，外壁等距离绘三道青花斜直线，中间各绘一花卉，青花呈色蓝中泛灰。口径17、足径8.2、高5.7厘米。

井后垅窑：68

井后垅窑：58，内壁下部绘青花双圈弦纹，内底绘一花草；外壁下部绘青花单圈弦纹，上绘缠枝花卉，下绘短条纹，青花呈色蓝中泛灰。足径7.8、残高5.2厘米。

井后垅窑：58

井后垅窑：59，碗与垫饼叠烧粘连标本。碗口径16.2、足径6.1、高6.7厘米；垫饼顶径、底径9.3、高厘米（图八一，5）。

井后垅窑：59

III式：浅腹，高圈足。

井后垅窑：23，内底弧，圈足较高，外壁绘三朵花卉，青花呈色灰黑。口径13、足径6、高4.5厘米（图八一，1）。

井后垅窑：23

B型 撇口。均圜唇，斜弧腹，圈足制作较规整，内底较平，中心微凸，足端中间高，两侧斜削，足墙内外均斜，足内较平。青白釉，部分釉面泛灰，内外均施釉，内底有一涩圈，足端无釉。

井后垅窑：03，内壁上、中部各绘一道青花弦纹，口沿内侧绘一周简体写意花卉，内底亦绘一简体写意花卉；外壁绘青花缠枝花卉，青花呈色灰黑。口径15.9、足径7.9、高5.9厘米（图八一，4）。

井后垅窑：20，内壁上、中部各绘一道青花弦纹，口沿内侧绘一周简体写意花卉，内底亦绘一简体写意花卉；外壁绘青花缠枝花卉，青花呈色灰蓝。口径12.8、足径6.1、高5.2厘米（图八一，2）。

井后垅窑：20

井后垅窑：67，口沿内侧绘一周简体写意花草，内底亦绘一简体写意花卉；外壁绘青花缠枝花卉，青花呈色灰暗。口径13、足径6.4、高4.6厘米（图八一，3）。

井后垅窑：67

井后垅窑：31，口沿内侧绘一周简体写意花草，内底亦绘一简体写意花卉；外壁绘青花缠枝花卉，青花呈色灰暗。口径13、足径6.3、高4.7厘米（图八一，10）。

井后垅窑：31

井后垅窑：39，口沿内侧绘一周简体写意花草，内底亦绘一写意花卉；外壁绘青花缠枝花卉，青花呈色灰暗。口径14、足径6.8、高5.4厘米（图八二，1）。

井后垅窑：39

井后垅窑：33，内壁上、下部各绘一道青花弦纹，口沿内侧绘一周简体写意花草，内底亦绘一简体写意花卉；外壁绘青花缠枝花卉，青花呈色蓝中泛灰。口径12.4、足径6.2、高4.9厘米（图八一，7）。

井后垅窑：33

井后垅窑：19，内壁上、下各绘一道青花弦纹，中间绘三朵团花，内底心亦绘青花单圈弦纹，内绘一花卉；外壁上部绘青花单圈弦纹。口径13、足径6.5、高4.9厘米（图八一，8）。

井后垅窑：19

井后垅窑：21，口沿内侧绘四枝草叶，并青花书一“興”字，内底亦绘一简体写意花卉；外壁绘青花缠枝花卉，青花呈色灰黑。口径13.3、足径7.1、高4.6厘米（图八一，9）。

井后垅窑：21

井后垅窑：56，口沿内侧绘一周简体写意花卉；外壁绘青花缠枝花卉，青花呈色灰暗。口径12.1、足径6.1、高4.3厘米（图八一，6）。

井后垅窑：56

井后垅窑：57，口沿内侧绘四朵简体写意花卉；外壁绘青花缠枝花卉，青花呈色灰暗。口径16、足径8、高5.3厘米。

井后垅窑：57

井后垅窑：12，口沿内侧绘四朵简体写意花卉，内底绘一朵简体写意花卉；外壁绘青花缠枝花卉，青花呈色灰黑。口径15、足径7.2、高5.4厘米（图八一，12）。

井后垅窑：12

C型　折腹。

井后垅窑：30，圜唇，撇口，折腹，圈足制作较规整，内底平，足端中间高，两侧斜削，足墙内外均斜，足内微下凸。青灰釉，内外均施釉，内底有一涩圈，足端无釉。口沿内外侧分别绘三团花纹，青花呈色灰黑。口径13.3、足径6.6、高4.1厘米（图八一，11）。

井后垅窑：30

（2）盘　可分二型。

A型　矮圈足。均为圜唇，敞口微撇，斜弧腹，足端圆，内底微上凸，外底较平。灰胎，青白釉泛灰，内外均施釉，内底有一涩圈，圈足无釉。

井后垅窑：55，内壁上、下部各绘一道青花弦纹，口沿内侧绘一周简体写意花草，内底亦绘一简体写意花卉；外壁绘青花缠枝花卉，青花呈色灰暗。口径21.6、足径10、高4.7厘米（图八二，5）。

井后垅窑：55

井后垅窑：63，内壁上、下各绘一道青花弦纹，中间绘缠枝花卉，内底心亦绘青花单圈弦纹，内绘一花卉；外壁口沿外侧绘青花单圈弦纹，下绘花卉。口径20.2、足径10.6、高5.2厘米（图八二，6）。

井后垅窑：63

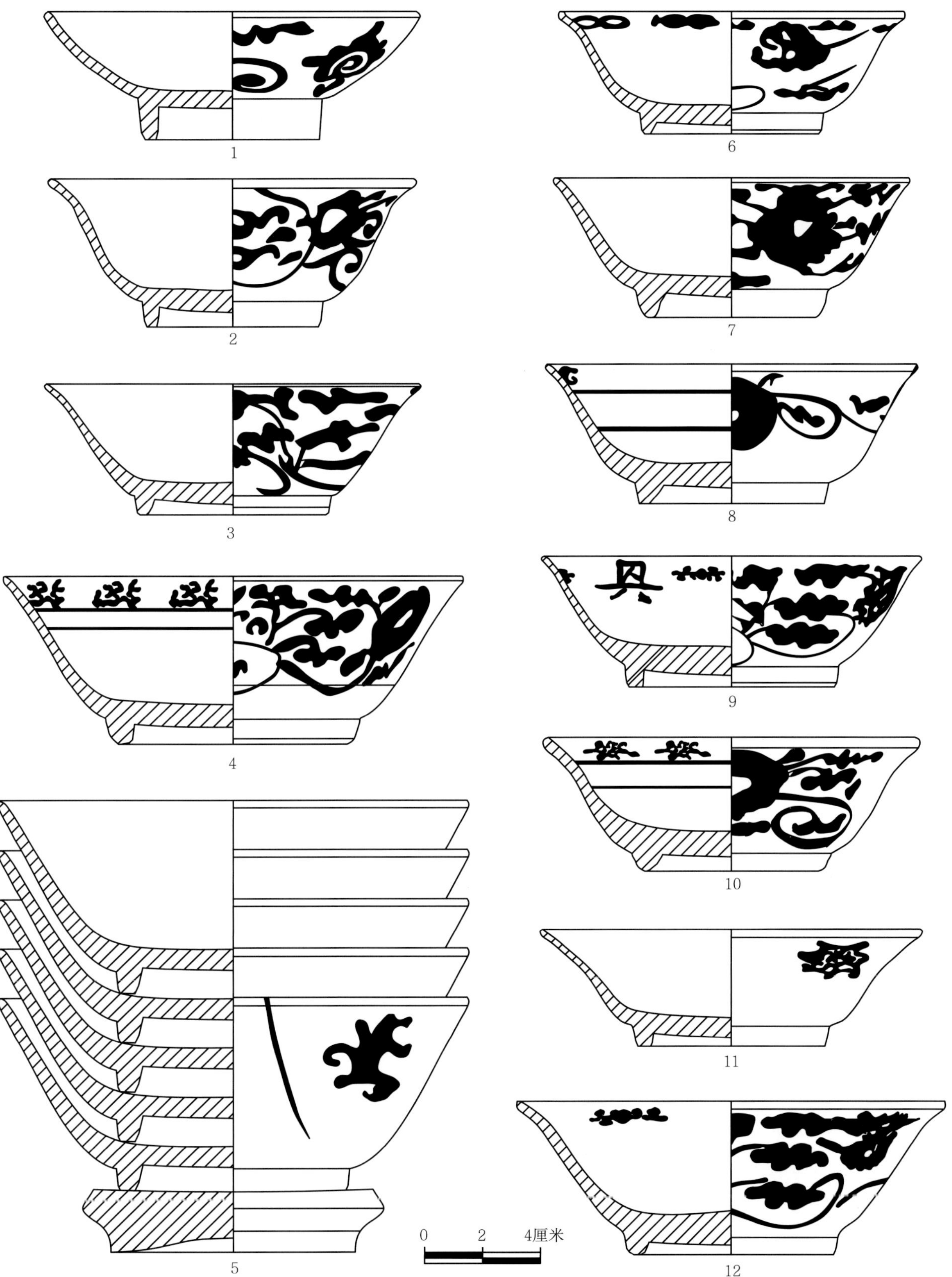

图八一　井后垅窑址采集青花瓷碗

1. AⅢ式（井后垅窑：23）　2～4、6～10、12. B型（井后垅窑：20、67、03、56、33、19、21、31、12）
5. AⅡ式（井后垅窑：59）　11. C型（井后垅窑：30）

B型　高圈足。

井后垅窑：05，圆唇，敞口，斜弧腹，高圈足制作较规整，内底较平。青白釉泛灰，内满釉，外施至足中部。内壁绘三朵花卉，内底绘一朵花卉，青花呈色灰黑。口径12.3、足径5.2、高7.3厘米（图八二，4）。

井后垅窑：05

（3）器盖

井后垅窑：64，方唇，浅子口，盖沿平出，斜弧盖面，小圆饼形钮。青灰釉，内外均施釉，沿下无釉。盖面绘缠枝花卉，青花呈色灰暗。口径13、高5.6厘米（图八二，2）。

井后垅窑：64

井后垅窑：04，方唇，浅子口，盖沿平出，斜弧盖面，小圆饼形钮。青灰釉，内外均施釉，沿下无釉。盖面绘三朵花卉，青花呈色灰暗。口径12.8、高6.9厘米（图八二，3）。

井后垅窑：04

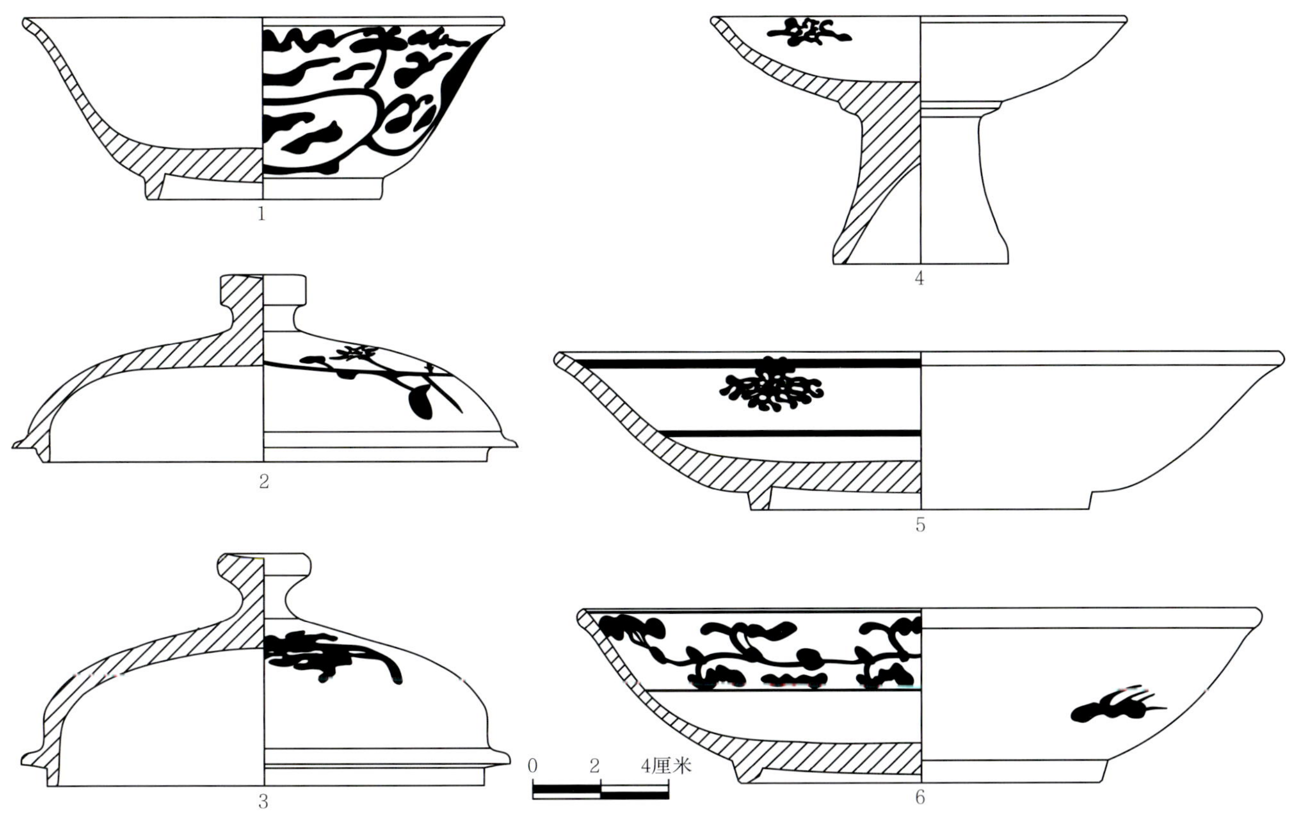

图八二　井后垅窑址采集青花瓷碗

1. B型碗（井后垅窑：39）　2、3. 器盖（井后垅窑：64、04）　4. B型盘（井后垅窑：05）　5、6. A型盘（井后垅窑：55、63）

（二）青白釉瓷器

器形有碗、瓶、执壶、器盖等。灰白胎，青白釉多泛灰，釉层薄。

（1）碗　均为圆唇，敞口，斜弧腹，内底微上凸，圈足制作较规整，足端中间高，两侧斜削，足墙内外均斜，足内较平，中心呈乳突状下凸。青白釉泛灰，内外均施釉，内底有一涩圈，足端无釉。可分二式。

I式：器形较大。

井后垅窑：62，外壁下部可见细密跳刀痕。口径20.4、足径9.5、高7.3厘米（图八三，1）。

井后垅窑：62

井后垅窑：52，口径20.2、足径9.5、高8厘米（图八三，8）。

井后垅窑：52

II式：器形较小。

井后垅窑：53，口径14.6、足径7.7、高5.6厘米（图八三，6）。

井后垅窑：53

（2）瓶

井后垅窑：26，仅见口沿、肩部残片。圆唇，直口微内敛，鼓肩，灰胎，青白釉泛绿，内外均施釉，口沿无釉。腹上部有胎接痕。口径6.8、残高5.7厘米（图八三，2）。

井后垅窑：26

井后垅窑：01，方唇，盘口，束颈，鼓肩，肩部以下残。灰胎，青白釉泛灰，肩部饰两道凹弦纹。颈、肩交接处有胎接痕。口径6、残高7.8厘米（图八三，3）。

井后垅窑：01

井后垅窑：18，残，深弧腹，圈足制作较规整，足端中间高，两侧斜削，足墙内外均斜，足内较平，中心微下凸。灰胎，青白釉泛灰，内外均施釉，足端无釉。足径7.4、残高11.2厘米（图八三，4）。

井后垅窑：18

（3）执壶

井后垅窑：02，仅见腹部残片，腹上部残存一流后部。灰胎，青白釉泛灰，内外均施釉。腹中部有胎接痕。残高6.4厘米。

井后垅窑：02

（4）器盖

井后垅窑：06，圜唇，母口，盖面弧，顶微平。青灰釉，盖面施釉，口沿及盖顶无釉。口径11.4、高3.4厘米（图八三，5）。

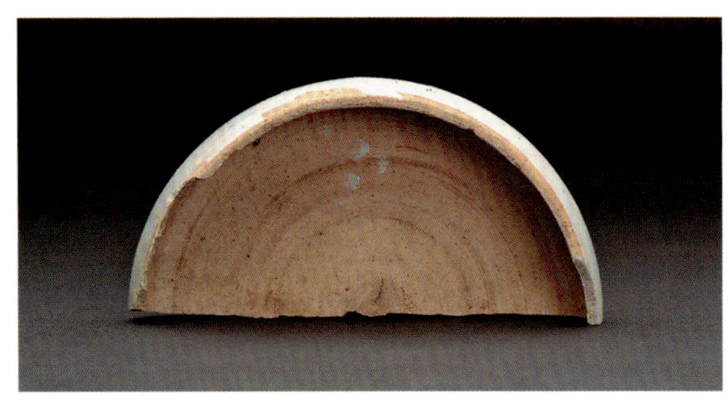

井后垅窑：06

（三）青釉瓷器

器形仅见碗、罐二种，灰胎，青釉多呈青绿、青褐、青黄等深浅不一的颜色。

（1）碗　均为圆唇，敞口，斜直腹微弧，内底较平，圈足制作较规整，足端中间高，两侧斜削，足墙内直外斜，足内较平，中心微下凸。内外均施釉，内底有一涩圈，足端无釉。可分二式。

I式：器形较大。

井后垅窑：13，青釉，釉厚处呈酱褐色。口径20.8、足径10、高7.2厘米（图八三，9）。

井后垅窑：13

II式：器形较小。

井后垅窑：54，青绿釉泛黄。口径14、足径7.3、高4.6厘米。

井后垅窑：54

井后垅窑：28，青黄釉泛褐，内外均施至腹下部，内外底及腹外壁下部施青白釉，内底有一涩圈，足端无釉。口径13.7、足径6.9、高4.8厘米（图八三，7）。

井后垅窑：28

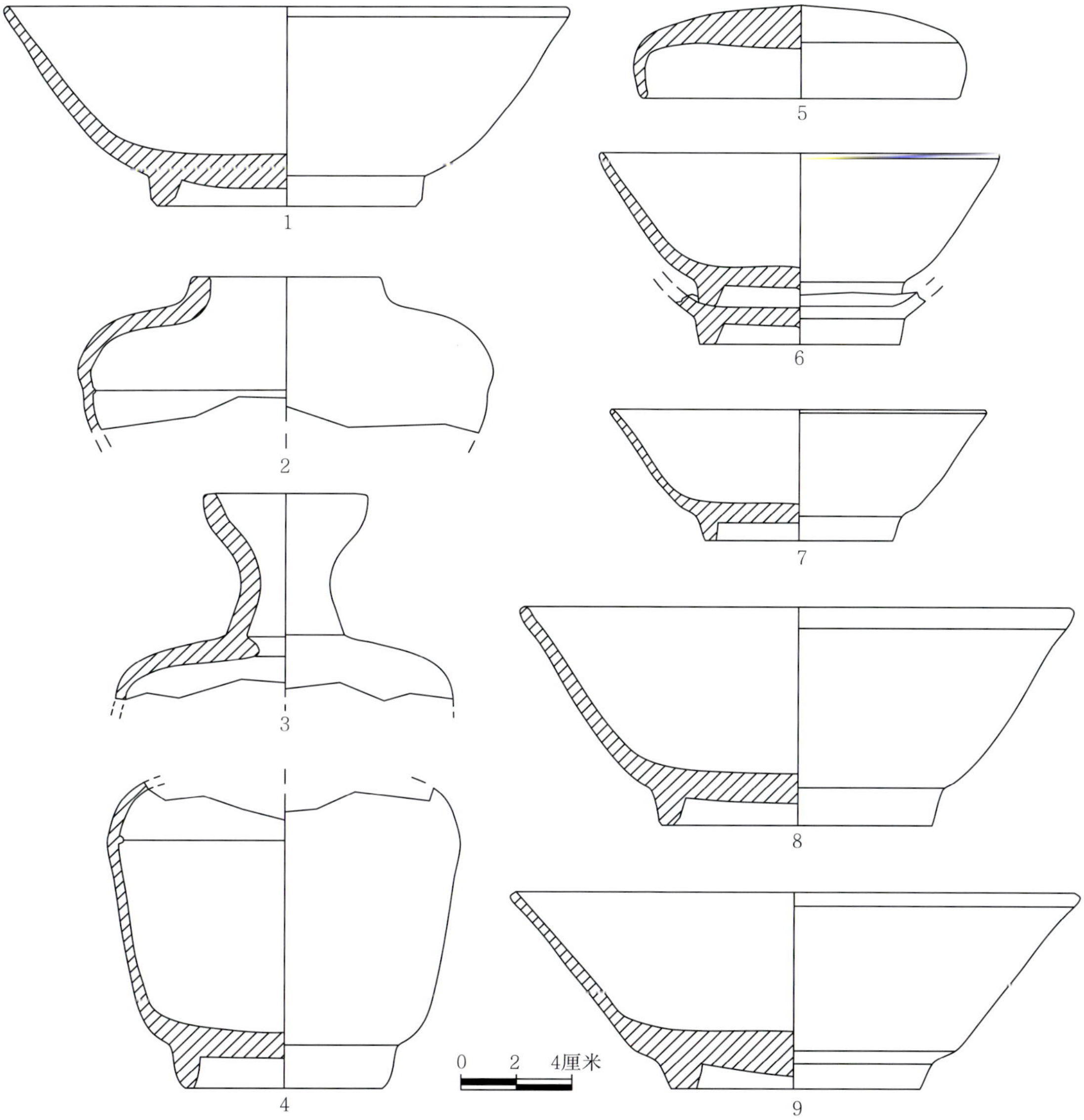

图八三　井后垅窑址采集瓷器

1、8. I式青白釉瓷碗（井后垅窑：62、52）　2～4. 青白釉瓷瓶（井后垅窑：26、01、18）　5. 青白釉瓷器盖（井后垅窑：06）　6. II式青白釉瓷碗（井后垅窑：53）　7. II式青釉瓷碗（井后垅窑：28）　9. I式青釉瓷碗（井后垅窑：13）

（2）罐

井后垅窑：66，仅存口沿部分，圜唇，撇口。灰胎，青绿釉泛黄，内外均施釉。口径17.4、残高5.7厘米（图八四，3）。

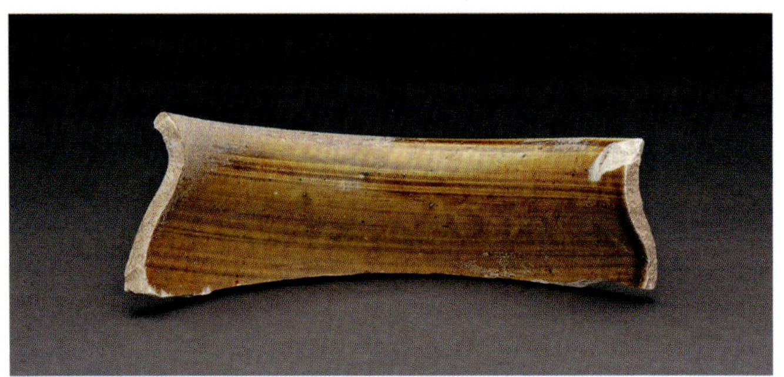

井后垅窑：66

（四）酱黑釉瓷器

器形仅见碗一种，均为圜唇，敞口，斜直腹微弧，内底微下凹，圈足制作较规整，足端中间高，两侧斜削，足墙内外均斜，足内微下凹。灰褐胎，酱黑釉，内外均施釉，内底有一涩圈，足端无釉。可分二式。

Ⅰ式：器形较大。

井后垅窑：34，口径18.4、足径9.2、高6.5厘米（图八四，9）。

井后垅窑：34

Ⅱ式：器形较小。

井后垅窑：11，口径13.4、足径6.6、高4.6厘米（图八四，1）。

井后垅窑：11

井后垅窑：70，口径14、足径6.8、高4.4厘米（图八四，2）。

井后垅窑：70

井后垅窑：09，口径13.3、足径6.9、高4.6厘米（图八四，4）。

井后垅窑：09

（五）窑具

主要为垫座，少量垫圈。

（1）**垫座**　均为平顶略下凹，腹下部内收，底内凹。灰胎。

井后垅窑：48，顶径8.6、底径、高2.4厘米（图八四，5）。

井后垅窑：48

井后垅窑：47，顶径8.6、底径8.2、高3厘米（图八四，7）。

井后垅窑：47

井后垅窑：08，顶径6.4、底径5.4、高2.2厘米（图八四，8）。

井后垅窑：08

（2）垫圈

井后垅窑：07，顶部较小，斜直腹，底部较大。顶径4.8、底径6.7、高2.4厘米（图八四，6）。

井后垅窑：07

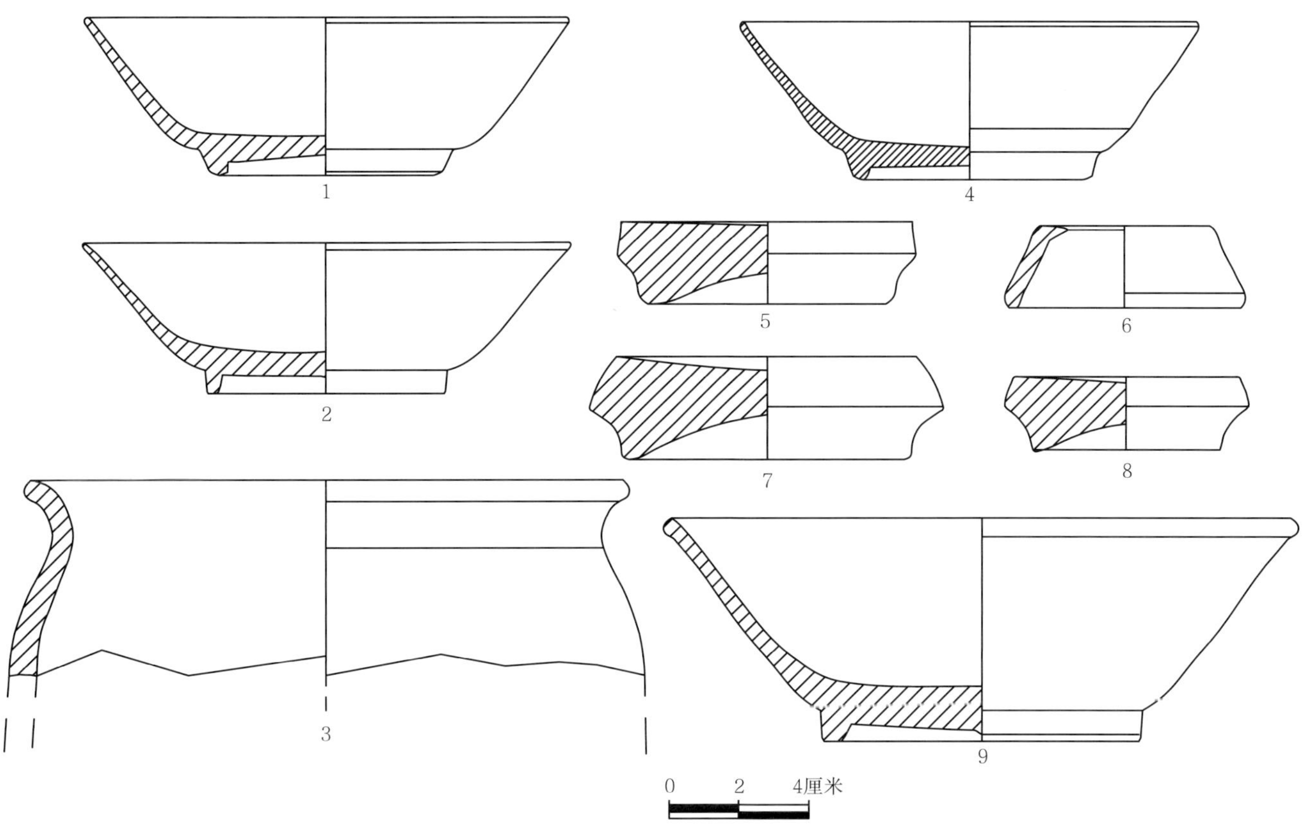

图八四　井后垅窑址采集瓷器

1、2、4. II式酱黑釉瓷碗（井后垅窑：11、70、09）　3. 青釉瓷罐（井后垅窑：66）　5、7、8. 垫座（井后垅窑：48、47、08）　6. 垫圈（井后垅窑：07）　9. I式酱黑釉瓷碗（井后垅窑：34）

三、小结

（一）窑业技术和装饰工艺

1. 器物成形工艺

有轮制、手制两种制法。

器物成形主要采用轮制，碗类在轮制后再对器表进行修坯处理，故表面很少见旋坯痕，部分碗外腹下部可见跳刀痕；瓶类均采用分段轮制，再胎接而成。圈足制作大多数较规整，足端、足墙经过修整，足内较平，仅中心呈乳突状。器形统计参见表二三。

手制器物主要是一些执壶、盖钮等，先用手捏制好后，再贴附于器物上。

2. 施釉与装饰工艺

井后垅窑址的釉色以青白泛灰为主，此外还有少量青釉、酱黑釉。绝大部分器物只有一种釉色，极个别器物，施二种釉色，如井后垅窑：28。

施釉方法主要为浸釉、刷釉、荡釉等。碗、盘类器物内底均有一涩圈，除足端无釉外，余皆施釉。执壶、罐类均内外满釉，仅足端露胎。

青花瓷器皆为碗、盘类，青花图案较单一写意，主题以缠枝花卉和团花等为主。青花除少数呈蓝或蓝灰色外，大部分呈色较为灰暗或灰黑色。青白釉瓷与酱黑釉瓷均为素面。

3. 装烧工艺

从采集标本来看，装烧方法以垫座垫烧为主，也有少量垫圈垫烧，均为明火裸烧。

（二）窑址年代

井后垅窑址采集的标本中未发现有明确纪年的器物，烧造历史亦未见文献记载。从窑炉遗迹的构造方法和出土遗物的特征来看，其年代应为清末民国时期。

表二三　井后垅窑址采集标本器形统计表

器名＼型式		A型 I式	A型 II式	A型 III式	B型	C型	合计
青花瓷器	碗	4	22	2	15	2	45
	盘	3			1		4
	器盖	3					3
青白瓷器	碗	3	2				5
	瓶	3					3
	执壶	1					1
	器盖	1					1
青釉瓷器	碗	2	4				6
	罐	1					1
酱黑釉瓷器	碗	2	5				7
窑具	垫座	7					7
	垫圈	2					2
共计							85

第二节　回瑶窑址

一、窑址概况

回瑶位于福建省武夷山市东北约30千米，隶属岚谷乡黎口村，于崇阳溪上游东侧，西北距黎口村约300米，回瑶窑址所在地为坡度较缓的山包，相对高度约8米，多种植大片竹林，植被茂密，水源充足，瓷土丰富，这些为瓷器的生产提供了优越的地理和自然环境。在遗址的东、北、南三面环山，西侧山脚有大片耕地，西北侧有村道。由于开垦种植，大量的瓷片和窑具暴露遗址地表。

回瑶窑址于1984年第二次全国文物普查时发现，2009年武夷山市博物馆对其进行再次复查。2011年12月福建博物院文物考古研究所与武夷山市博物馆对回瑶窑址进行专题调查，采集部分标本，现将情况汇报如下。

二、遗物

采集标本主要有青花瓷器、青白釉瓷器、青釉瓷器，以及少量窑具。下面分别叙述。

（一）青白釉瓷器

器形主要有碗、盘、杯、壶、瓶、罐、炉、灯座等。白胎或略泛灰，青白色釉，积釉处呈青蓝色。器物多为素面，壶的肩部装饰有弦纹，罐的颈、肩处装饰有弦纹，腹部装饰篦划纹。

（1）**碗** 敞口，圆唇，斜弧腹或斜直腹，圈足。圈足制作较规整，足跟与外壁连接处有一道修坯形成的凸棱。

A型 敞口。可分二式。

I式：形体较大。

回瑶窑：21，两件叠压粘连标本。斜直腹，足端稍斜，足墙内外均斜。灰白胎，青白釉泛灰，内底有一涩圈，外施釉至腹下部，足内亦施釉，局部釉面有冰裂纹。口径16.8、足径8.9、高6、通高7.4厘米（图八五，1）。

回瑶窑：21

回瑶窑：10，残，可复原。斜直腹微弧，圈足较矮，制作较规整，足墙直，足端两侧斜削，中间较尖。内、外均施釉至腹下部。外壁下部可见跳刀痕。口径17、足径8、高5.6厘米（图八五，7）。

回瑶窑：10

II式：形体较小。

回瑶窑：16，斜弧腹，内、外底微下凹，足墙外斜内直，足端向内斜。灰白胎，青白釉泛灰，内底有一涩圈，外施釉至腹下部。口径11.6、足径6.2、高4.6厘米（图八五，2）。

回瑶窑：16

回瑶窑：27，叠压粘连标本。口径9、足径4.8、通高7厘米。

回瑶窑：27

（2）杯

回瑶窑：05，残，可复原。敞口，圜唇，斜直腹，圈足。足端窄斜，足墙外直内斜，足根部有一窄平台，足内中心下凸。灰白胎，青白釉略泛灰，内底无釉。外施釉至腹下部。口径8.8、足径4.4、高4.2厘米（图八五，3）。

回瑶窑：05

（3）盘

回瑶窑：06，撇口，圆唇，斜直腹微弧，内底微凸，圈足，足墙内外均斜，足端较斜，足内较平。灰白胎，青白釉泛灰，内施釉至腹下部，外施釉至腹底部，釉面局部有开片。口径12.6、足径6.4、高3.2厘米（图八五，5）。

回瑶窑：06

（4）壶　仅见一肩部残片。

回瑶窑：36，圆肩，流大部分已残，壶身与流相接处已断裂，仅存一孔。白胎，青白釉泛灰，残片内外均施釉。肩部施数道弦纹。胎厚0.5～1厘米。

回瑶窑：36

（5）瓶

回瑶窑：04，口沿残片。直口微敞，斜方唇。白胎，积釉处呈影青色，内口沿处不施釉。口径7.4、残高4.6厘米（图八五，4）。

回瑶窑：04

回瑶窑：13，口沿、腹部残片。直口微敞，圆肩，腹下部残。白胎，釉厚处呈影青色，颈、肩处装饰有弦纹，腹上部饰短竖条纹。口径11.2、残高10.3厘米（图八五，8）。

回瑶窑：13

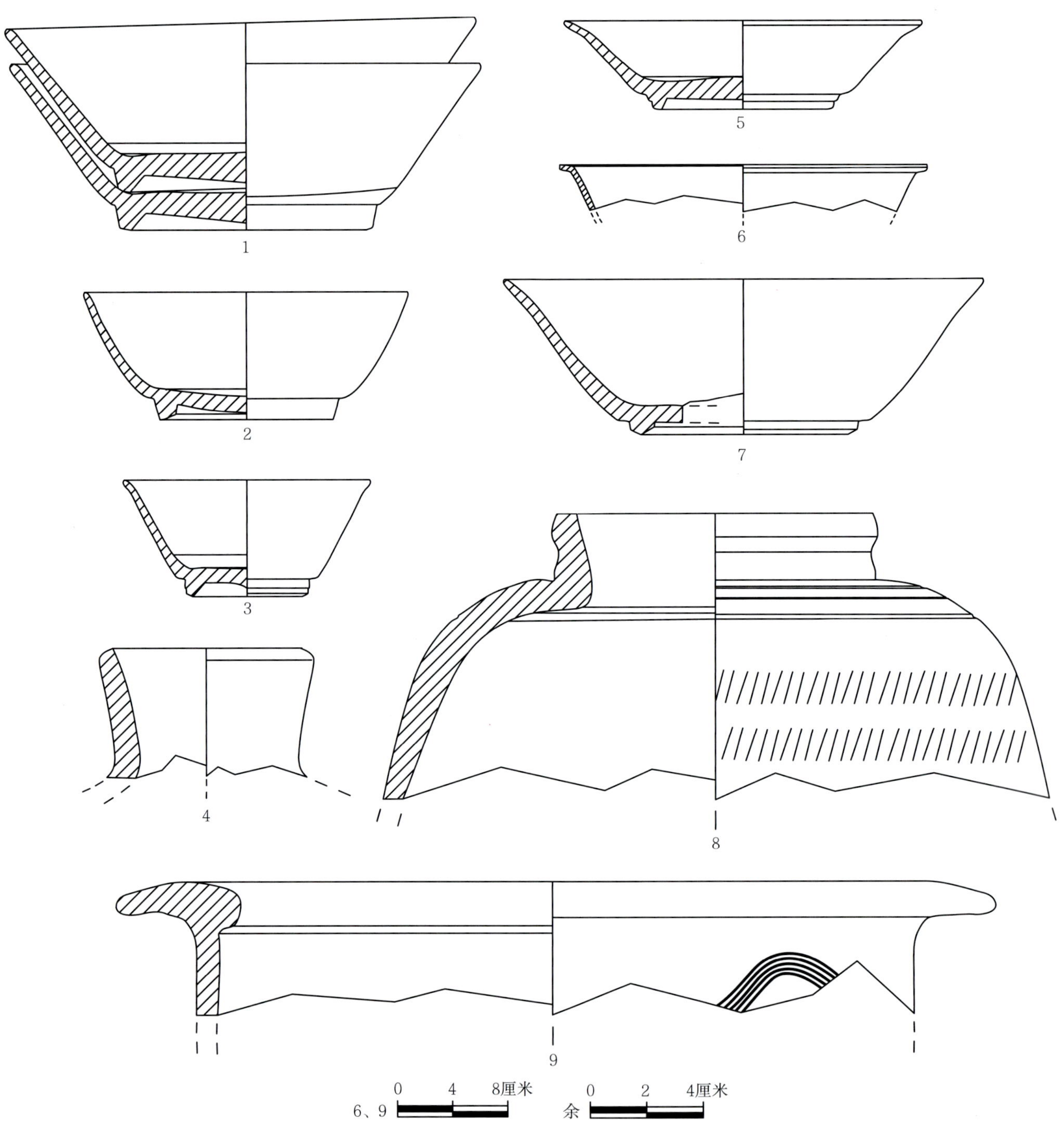

图八五　回瑶窑址采集瓷器

1、7. I式青白釉瓷碗（回瑶窑：21、10）　2. II式青白釉瓷碗（回瑶窑：16）　3. 青白釉瓷杯（回瑶窑：05）　4、8. 青白釉瓷瓶（回瑶窑：04、13）　5. 青白釉瓷盘（回瑶窑：06）　6. 青花瓷盘（回瑶窑：07）　9. 青釉瓷缸口沿（回瑶窑：01）

（6）炉

回瑶窑：23，炉、碗叠烧粘连标本。最上面一件是炉，炉底部与下面的碗以垫圈相隔，使足部悬空。白胎，釉厚处呈影青色，内、外底无釉，余均施釉。炉残高6.7、垫圈高4.4、厚约0.5、通高17.1厘米。

回瑶窑：23

（7）灯座

回瑶窑：35，上、下部及托盘均残，仅存灯柱部分。白胎，积釉处呈青蓝色。残高11.8厘米。

回瑶窑：35

（二）青花瓷器

器形主要有碗、瓶、器盖等，以碗为大宗。白胎或略泛灰。青花纹饰主要有花叶纹、波浪纹、钱纹等，一些碗底还装饰有线圈纹或文字、符号等。

（1）碗　敞口或口微撇，圆唇，斜直腹微弧，大部分内底较平，圈足，大多修制规整，足墙内外均斜，足端较尖。可分二型。

A型　器形较大。

回瑶窑：22，叠烧粘连标本。口微撇。灰白胎，内底无釉，外施釉至近足跟处。口沿内侧绘一周波浪纹，外壁绘花叶纹，青花呈色灰暗。口径19.2、足径9、高7.3、通高9.4厘米（图八六，6）。

回瑶窑：22

B型 器形较小。

回瑶窑：02，残，可复原。敞口，内、外底较平。圈足足墙内外均斜，足端两侧斜削，中间尖。灰白胎，青白釉泛灰。内、外均施釉，内底有一涩圈，足端无釉。口沿外侧绘一圈钱纹，青花呈色灰暗。口径12.2、足径6.8、高4.8厘米（图八六，13）。

回瑶窑：02

回瑶窑：09，残，可复原。碗壁内外粘连有残片，敞口，内、外底较平。圈足足墙内外均斜，足端较斜尖。灰白胎，青白釉泛灰。内底无釉，外施釉至腹底部。外壁绘花叶纹，青花呈色灰暗。口径10.6、足径5.7、高4.7厘米（图八六，1）。

回瑶窑：09

回瑶窑：11，残，可复原。敞口微撇，内、外底较平。圈足足墙内外均斜，足端两侧斜削，中间较尖。灰白胎，青白釉泛灰。内底无釉，外施釉至腹下部。外壁绘花叶纹，青花呈色灰暗。口径12、足径6、高4.5厘米（图八六，2）。

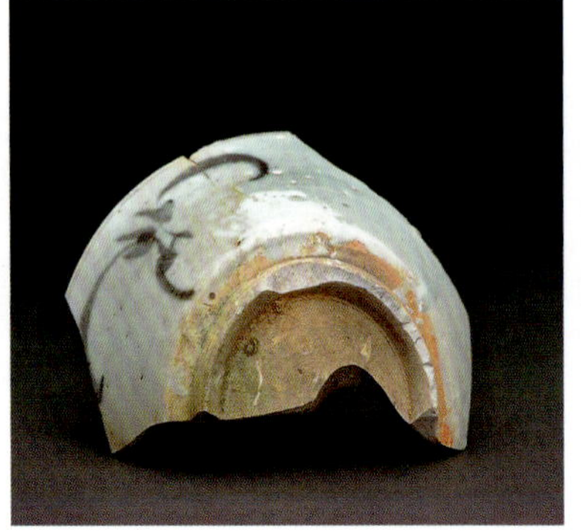

回瑶窑：11

回瑶窑：12，残，可复原。敞口，圈足较矮，足墙内外均斜，足端斜，足跟与外壁相接处形成明显足台。灰白胎，青白釉泛灰。内底无釉，外施釉至腹下部。口沿内侧绘波浪纹，外壁绘花叶纹，青花呈色灰暗。口径15、足径7、高5.5厘米（图八六，5）。

回瑶窑：12

回瑶窑：14，残，可复原。敞口微撇，足墙内外均斜，足端两侧斜削，中间较尖。灰白胎，内外均施釉，内底有一涩圈，足端刮釉。内壁下部绘青花单圈弦纹，内底中心绘一圆圈纹；外壁分上下二层，上层绘花卉蝴蝶，下层绘花卉，青花呈色灰暗。口径12、足径6.3、高5.3厘米（图八六，11）。

回瑶窑：14

回瑶窑：15，叠压粘连标本。敞口微撇，足墙内外均斜，足端两侧斜削，中间较尖。灰白胎，青白釉泛灰，内、外均施釉，内底有一涩圈，足端无釉。内壁下部绘青花单圈弦纹，内底中心绘一圆圈纹；外壁绘二层开光花卉纹，青花呈色灰暗。口径11.8、足径6.2、高5.3、通高6.3厘米（图八六，9）。

回瑶窑：15

回瑶窑：17，残，可复原。敞口，圈足足墙内外均斜，足端斜。灰白胎，青白釉泛灰，内底无釉，外施釉至腹底部，釉面布满冰裂纹。外壁绘花叶纹，青花呈色灰暗。口径11.5、足径6.5、高4.8厘米（图八六，3）。

回瑶窑：17

回瑶窑：18，叠压粘连标本。敞口，足墙内外均斜，足端斜。灰白胎，青白釉泛灰，内底无釉，外施至腹下部。口沿外侧绘波浪纹，青花呈色灰暗。口径11.5、足径6.1、高4.6、通高5厘米（图八六，10）。

回瑶窑：18

回瑶窑：19，叠烧粘连标本。敞口，足墙内外均斜，足端窄平。灰白胎，青白釉泛灰，内底无釉，外施至腹下部。口沿外侧绘波浪纹，青花呈色灰暗。口径11.6、足径6.2、高4.3、通高5.8厘米（图八六，12）。

回瑶窑：19

回瑶窑：20，残，可复原。敞口。圈足足墙外直内斜，足端斜。灰白胎，青白釉泛灰，内底无釉，外施釉至腹下部。外壁绘二组对称花叶纹，青花呈色灰暗。口径11.8、足径6.5、高5厘米（图八六，8）。

回瑶窑：20

回瑶窑：24，两摞碗叠压粘连标本。内底中心书有一青花符号。足径5.6、残高4.2、通高14厘米。

回瑶窑：24

回瑶窑：25，腹、圈足。灰白胎，稍粗，内外均施釉，内底一涩圈，足端刮釉。内底青花绘单圈弦纹、外壁绘花卉，青花颜色灰黑。足径6.7、残高3.8厘米。

回瑶窑：25

图八六　回瑶窑址采集青花瓷器

1～3、5、8～13. B型碗（回瑶窑：09、11、17、12、20、15、18、14、19、02）　4. B型垫饼（回瑶窑：03）
6. A型碗（回瑶窑：22）　7. 器盖（回瑶窑：08）

回瑶窑：26，叠烧粘连标本，口沿严重变形。灰白胎，青白釉泛灰，内外均施釉，内底有一涩圈，足端刮釉。内底四周及中心绘青花单圈弦纹，口沿外侧绘有一圈钱纹。足径6.7、高4.8、通高9.9厘米。

回瑶窑：26

回瑶窑：28，叠压粘连标本。碗内底绘青花单圈弦纹，中心书一似“卐”符号。通高8.5厘米。

回瑶窑：28

回瑶窑：29，叠烧粘连标本。足台不明显。灰白胎，青白釉泛灰，内底无釉，外施釉至腹下部，口沿外侧绘一圈波浪纹。口径12.5、足径6.4、高4.8、通高7.5厘米。

回瑶窑：29

回瑶窑：30，内底中心书有一青花符号“東”。足径5.8、残高1.6厘米。

回瑶窑：30

回瑶窑：31，腹下部、圈足。灰白胎，青白釉泛灰，内外均施釉，内底有一涩圈，足端刮釉。内底四周及中心绘青花单圈弦纹；外壁花纹分上下二层，上层为蝴蝶，下层为花叶，中间以青花单圈弦纹相隔，足跟处亦有一青花单圈弦纹。足径6.4、残高3厘米。

回瑶窑：31

回瑶窑：34，叠压粘连标本，变形严重。内底绘青花单圈弦纹，中心书一“火”字；外壁绘花叶纹，口沿、足跟各绘单圈弦纹。通高15厘米。

回瑶窑：34

回瑶窑：37，碗与垫块叠压粘连标本。碗内底绘青花单圈弦纹，中心书一字，不识。碗通高约13厘米。垫块为灰黄胎，较粗疏，夹粗砂，表面有一层窑汗。长11.8、厚0.8厘米。

回瑶窑：37

（2）盘

回瑶窑：07，口沿残片。折沿，方唇。白胎泛灰，青白釉偏灰色，口沿内侧有青花纹饰，不清楚。口径26、残高3.4厘米（图八五，6）。

回瑶窑：07

（3）器盖

回瑶窑：08，钮、盖顶残片。饼形钮，盖钮顶部、下部及盖面各有青花单圈弦纹，盖面绘青花开光图案，已残。钮径4.1、残高3.3厘米（图八六，7）。

回瑶窑：08

（三）青釉瓷器

仅一缸口沿残片。

回瑶窑：01，圆唇，折沿，直口微敛。上壁较直。深灰胎，夹细砂，胎体厚重，釉色青灰，沿面无釉，余皆施釉。外壁上部篦划波浪纹。口径62.8、残高9.6厘米（图八五，9）。

回瑶窑：01

（四）窑具

主要是与碗粘连的垫饼、垫圈和垫块。

垫饼　均为瓷土制成，灰白胎，可分二型。

A型　饼足。

回瑶窑：33，顶部粘连两只叠压的碗底。平顶，饼足内凹，饼足中心处还有一凹饼型凸起。顶径10.6、足径8.5、高2.8厘米。

回瑶窑：33

B型　圈足。

回瑶窑：03，垫饼顶部与碗粘连。顶部内凹。顶径7.5、残高1.3厘米（图八六，4）。

回瑶窑：03

三、小结

（一）窑业技术和装饰工艺

1. 器物成形工艺

回瑶窑器物成形主要采用轮制，碗、盘、杯类在轮制后对器表进行修坯处理，表面很少见旋坯痕。罐、壶、缸则较少修坯，肩、腹部旋坯痕明显。圈足制作大多数较规整，足端、足墙一般经过修整，有些还形成明显的足台。器形统计参见表二四。

手制器物主要是壶的流、炉足、盖钮等，先用手捏制好后，再拼接于器物上。灯盏的托盘及灯柱部分也是分别拉坯制作后拼接而成的。

表二四　回瑶窑址采集标本器形统计表

器名＼型式		A型		B型	合计
		I式	II式	I式	
青白釉瓷器	碗	3	4		7
	杯	1			1
	盘	1			1
	壶	1			1
	瓶	2			2
	炉	1			1
	灯座	1			1
青花瓷器	碗	3		20	23
	碗底	8			8
	盘	1			1
	器盖	1			1
青釉瓷器	缸	1			1
窑具	垫饼	2		2	4
	垫圈	1			1
	垫块	1			1
共计					54

2. 施釉工艺

回瑶窑的釉色有青白釉和青釉，施釉方法主要是浸釉、荡釉。碗、盘、杯主要采用浸釉的方法，为叠烧方便，还在底部刮釉形成涩圈，足端亦刮釉。瓶、壶、罐、炉类则是浸釉和荡釉相结合。

3. 装烧工艺

就采集标本来看，回瑶窑主要采用垫饼垫烧和涩圈叠烧，均为裸烧。每摞碗不一定是同样的釉色和纹饰，标本中见到有青白釉和青花放置在同一摞。采集标本中还见到套烧，即在一摞碗的最上面放置一件炉，炉的底部与碗之间以垫圈作为间隔具，炉足悬空。

4. 装饰方法

青白釉碗、盘多为素面，壶的肩部装饰有弦纹，罐的颈、肩处装饰有弦纹，腹部装饰蓖划纹。青花花纹样式主要有花叶纹、波浪纹、双层蝶花纹、钱纹、弦纹等，一些碗底还装饰有文字或符号。

（二）窑址年代

由于窑址未发现纪年器物，当地志书亦未对该窑有记载。从回瑶窑址产品的器物风格判断其年代应为清代晚期至民国时期。

第三节　牛滩山窑址

一、窑址概况

牛滩山窑址位于武夷山市武夷街道吴齐村牛滩山自然村约70米的北侧山坡上。牛滩山窑址东侧靠山，西南侧为稻田，南侧山脚为废品收购站与牛滩桥面对。西北侧为山林，南侧是吴齐通往下梅的水泥公路。

窑址所在山形呈由北向南延伸的不规则长形山冈，相对高度约15米，相对坡度约20度。遗物分布在范围东西长约100米，南北宽约100米，分布面积约为10000平方米。从山势看窑炉较长，地表暴露较多的残片标本及垫饼，废品堆积层厚约1米。

该窑址于2009年第三次全国文物普查发现，2011年12月福建博物院文物考古研究所与武夷山市博物馆对该窑址进行专题调查，采集部分标本，现将该窑址的情况汇报如下。

二、遗物

采集标本主要有青白釉瓷器、青花瓷器，少量酱釉瓷器和一些窑具。下面分别叙述。

（一）青白釉瓷器

器形主要有碗、盘等。灰白胎，青白釉多偏灰色，釉面有细密冰裂纹。碗、盘均为素面，器底的腹下部装饰弦纹。

碗　敞口，圆唇，斜直腹或斜弧腹，圈足，圈足大多制作较规整，足端略斜，足墙内外均斜。内底有涩圈。可分三型。

A型　宽折沿，沿面内凹，斜直腹，圈足较矮，形体较大。

牛滩山窑：22，外壁与足根相连接处修出一明显平台。灰白胎，内底釉全部被刮掉，外施釉至足根。口径18.2、足径8.7、高6.7厘米（图八七，1）。

牛滩山窑：22

B型　斜弧腹，形体较小。

牛滩山窑：14，残，可复原。灰白胎，内底釉全部刮掉，外施釉至腹下部。足内中心向下凸起。口径12.6、足径7.2、高5.1厘米（图八七，2）。

牛滩山窑：14

牛滩山窑：15，残，可复原。灰白胎，内外均施釉，内底有一涩圈，足端刮釉。口径12.6、足径7.2、高5.1厘米（图八七，3）。

牛滩山窑：15

牛滩山窑：20，腹下部、圈足。灰白胎，内底有一涩圈，刮釉潦草，外施釉至足跟，足底亦施釉。足径7.4、残高4.1厘米（图八七，4）。

牛滩山窑：20

牛滩山窑：16，腹下部、圈足。灰白胎，内底有一涩圈，刮釉潦草，外施釉至足跟，足内亦施釉。足内中心有小凸起。足径8.2、残高4.2厘米（图八七，5）。

牛滩山窑：16

牛滩山窑：17，残，可复原。敞口微撇，灰白胎，内底一涩圈，外施釉至足跟，足内亦施釉。口径14.6、足径8、高5.4厘米（图八七，7）。

牛滩山窑：17

C型　腹较浅。

牛滩山窑：21，残，可复原。圆唇，斜弧腹，圈足，足端较斜，足墙内外均斜。灰白胎，内底无釉，外施釉至近足根处，釉面开片。口径11.6、足径6.2、高3.4厘米（图八七，6）。

牛滩山窑：21

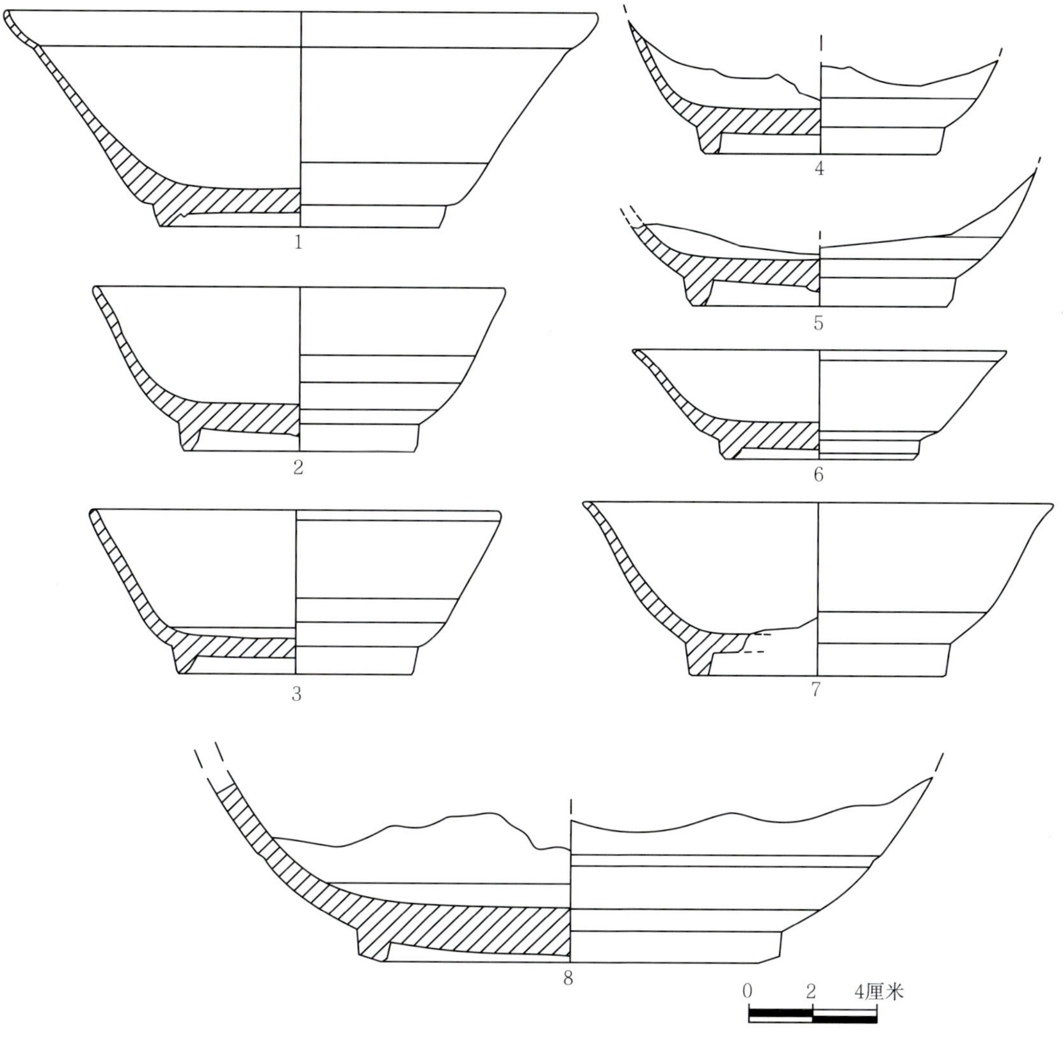

图八七　牛滩山窑址采集青白釉瓷器

1. A型碗（牛滩山窑：22）　2～5、7. B型碗（牛滩山窑：14、15、20、16、17）
6. C型碗（牛滩山窑：21）　8. 碗残片（牛滩山窑：25）

此外还有部分圈足和器物叠烧粘连标本。

牛滩山窑：25，足墙内外与足端均斜，足内微下弧。灰白胎，胎体较厚，青白釉偏灰，外施釉至足跟处。内底有一涩圈，刮釉潦草。足径12.9、残高5.8厘米（图八七，8）。

牛滩山窑：25

牛滩山窑：35，白胎，外施釉至近足跟处。七只碗底叠压粘连在一起，最下面一只足径6.3、通高9.9厘米。

牛滩山窑：35

（二）青花瓷器

器形只有碗一种。

敞口或撇口，斜弧腹，圈足。圈足大多制作较规整，灰白胎。青花纹饰主要有花叶纹、钱纹等。可分二型。

A型　敞口。可分二式。

I式：器形较大。

牛滩山窑：04，残，可复原。足端较尖，足墙外直内斜。灰白胎，青白釉偏灰，内底涩圈较宽，外施釉近足跟，足内亦施釉。内壁绘花叶，内底书一字，已残。青花呈色灰暗。口径20、足径10、高6.2厘米（图八八，5）。

牛滩山窑：04

II式：器形较小。

牛滩山窑：06，残，可复原。斜弧腹，内底较平，圈足制作较规整，足墙内外均斜，足端较尖，足内中心向下凸。灰白胎，内满釉，外施至足外壁，足内亦施釉。内底绘一圆圈纹，外壁绘二层开光花卉，青花呈色灰暗。口径12.2、足径6.2、高5.1厘米（图八八，7）。

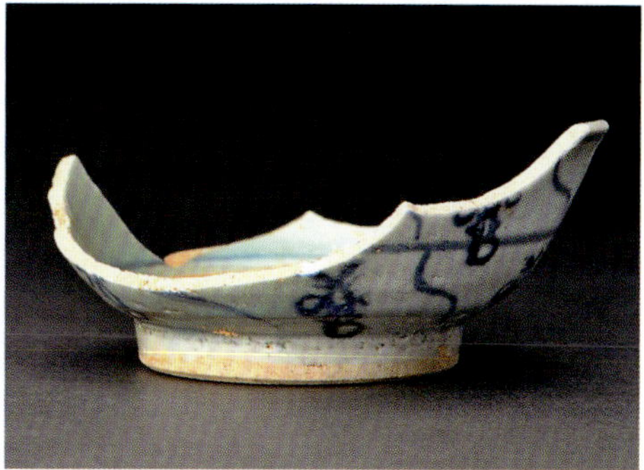

牛滩山窑：06

牛滩山窑：07，斜弧腹，内底较平，圈足制作较规整，足墙内外均斜，足端较尖，足内中心向下凸。内底粘较多窑渣。灰白胎，内满釉，外施至足外壁，足内亦施釉。内底绘一写意花卉，外壁上部绘二组对称花卉，青花呈色灰暗。口径11.4、足径6.1、高5.1厘米（图八八，8）。

牛滩山窑：07

牛滩山窑：10，斜弧腹，内底较平，圈足制作较规整，足墙外直内斜，足端较尖，足内较平。灰白胎，青白釉泛灰，釉面布满冰裂纹。内底有一涩圈，较宽，外施至足外壁，足内亦施釉。外壁上部绘一圈青花钱纹，青花呈色灰暗。口径13.2、足径7.6、高5.1厘米（图八八，9）。

牛滩山窑：10

牛滩山窑：09，叠烧粘连标本。斜弧腹，内底较平，圈足制作较规整，足墙内外均斜，足端较尖，足内中心向下凸。内壁、底粘较多窑沙。灰白胎，内满釉，外施至足外壁，足内亦施釉。内底绘一写意花卉，青花呈色灰暗。足径6.6、通高5.9厘米（图八八，10）。

牛滩山窑：09

B型　撇口。

牛滩山窑：11，残，可复原。斜弧腹，内、外底较平，圈足较高，制作规整，足端较平，足墙内外均斜。灰白胎，内外均施釉，内底有一涩圈、足端刮釉。口径16、足径7.8、高6.6厘米（图八八，4）。

牛滩山窑：11

此外，还有一些腹部、圈足残片。

牛滩山窑：01，弧腹，圈足较高，足墙内外壁均斜，足端较窄平。灰白胎，内外均施釉，足端刮釉。内底绘青花单圈弦纹，内绘一奔鹿纹；外壁下部绘花卉。青花呈色灰暗。足径7.7、残高3.5厘米（图八八，1）。

牛滩山窑：01

牛滩山窑：05，弧腹，圈足较高，足墙内外壁均斜，足端较窄。灰白胎，内外均施釉，内底有一涩圈，足端刮釉。内底中心绘一圆圈；外壁绘花卉，青花呈色灰蓝。足径8.3、残高3.9厘米（图八八，2）。

牛滩山窑：05

牛滩山窑：03，弧腹，圈足较高，足墙内外壁均斜，足端较窄平。灰白胎，内外均施釉，足端刮釉。内底绘写意花卉。青花呈色灰暗。足径5.8、残高3.6厘米（图八八，3）。

牛滩山窑：03

牛滩山窑：24，腹与足根交接处修成一平台。圈足制作较规整，足端较窄，足内较平。灰白胎，内底有一涩圈，外施釉至腹下部。外壁绘花纹。青花呈色灰暗。足径9.7、残高5.4厘米（图八八，6）。

牛滩山窑：24

牛滩山窑：02，弧腹，圈足较高，足墙内外壁均斜，足端较窄。灰白胎，内外均施釉，内底有一涩圈，足端刮釉。内底绘青花单圈弦纹，中心绘一圆圈；外壁下部绘花卉，腹与足根相接处绘青花单圈弦纹。足径7.3、残高4.9厘米（图八八，11）。

牛滩山窑：02

牛滩山窑：08，弧腹，圈足较高，足墙内外壁均斜，足端较窄。灰白胎，内外均施釉，内底有一涩圈，足端刮釉。内底绘青花单圈弦纹，中心绘一圆圈；外壁下部绘花卉，腹与足跟相接处绘青花单圈弦纹。青花呈色灰黑。足径7.4、残高5.5厘米（图八八，12）。

牛滩山窑：08

牛滩山窑：12，弧腹，圈足较高，足墙内外壁均斜，足端较尖。灰白胎，内外均施釉，内底有一涩圈，足端刮釉。内底绘青花单圈弦纹，中心绘一圆圈；外壁下部绘花卉。青花呈色灰暗。足径6.7、残高4.5厘米（图八八，13）。

牛滩山窑：12

图八八　牛滩山窑址采集青花瓷碗

1～3、6、11～14. 碗圈足（牛滩山窑：01、05、03、24、02、08、12、13）　4. B型（牛滩山窑：11）
5. AⅠ式（牛滩山窑：04）　7～10. AⅡ式（牛滩山窑：06、07、10、09）

牛滩山窑：13，圈足制作较规整，足端外缘斜削，足端较窄，足内中心下凸。内底有少量落碴。内底中心绘一写意花卉，青花呈色灰暗。足径5.6、残高2.6厘米（图八八，14）。

牛滩山窑：13

（三）酱釉瓷器

仅采集到一件碗底标本。

牛滩山窑：23，斜弧腹，内、外底微下凹，圈足，足内中心微下凸。灰白胎，内壁施酱釉，内底釉刮掉后又在中心施青白釉；外施酱釉至足跟上部，而后又在足墙内、外壁、足内施青白釉，酱釉与青白釉相重合处呈棕褐色。足径10.2、残高5.2厘米（图八九，7）。

牛滩山窑：23

（四）窑具

主要有垫饼和垫块。

（1）**垫饼**　均为瓷土制成，灰胎。发现较多。按照底足的不同，可分三型。

A型　平底。

牛滩山窑：32，平顶，下半部微内收。顶径8.5、底径7.8、高1.8厘米（图八九，6）。

牛滩山窑：32

牛滩山窑：33，平顶，下半部内收。顶径10.4、底径9.2、高2.5厘米（图八九，4）。

牛滩山窑：33

B型　底内凹。

牛滩山窑：18，顶微下凹，下半部内收。顶径7.8、底径6.7、高2.2厘米。

牛滩山窑：18

牛滩山窑：19，顶微下凹，下半部内收。顶径10.2、底径8.5、高2.4厘米。

牛滩山窑：19

牛滩山窑：31，顶微下凹，下半部内收。顶径11.1、底径9.9、高2.3厘米（图八九，1）。

牛滩山窑：31

牛滩山窑：30，平顶，下半部内收，底内凹较多。顶径8、底径6.8、高2.5厘米（图八九，5）。

牛滩山窑：30

牛滩山窑：26，顶微下凹，下半部内收。顶径13.2、底径11、高3.5厘米。

牛滩山窑：26

牛滩山窑：27，顶微下凹，下半部内收。底部粘有支钉，顶部有器物垫烧痕迹。顶径12.6、底径9.9、高2.9厘米。

牛滩山窑：27

C型　圈足。

牛滩山窑：29，平顶，下半部内收。圈足较矮，足端较窄，足端略残。顶径9.4、足径8.2、高2.4厘米（图八九，2）。

牛滩山窑：29

牛滩山窑：28，顶微下凹，下半部内收。圈足较矮，足端较尖。顶径8.4、足径6.8、高1.7厘米（图八九，3）。

牛滩山窑：28

（2）垫块

牛滩山窑：34，顶、底平。腹微弧，灰白胎，夹粗细砂粒。顶径11.7、底径10.2、高8.1厘米（图八九，8）。

牛滩山窑：34

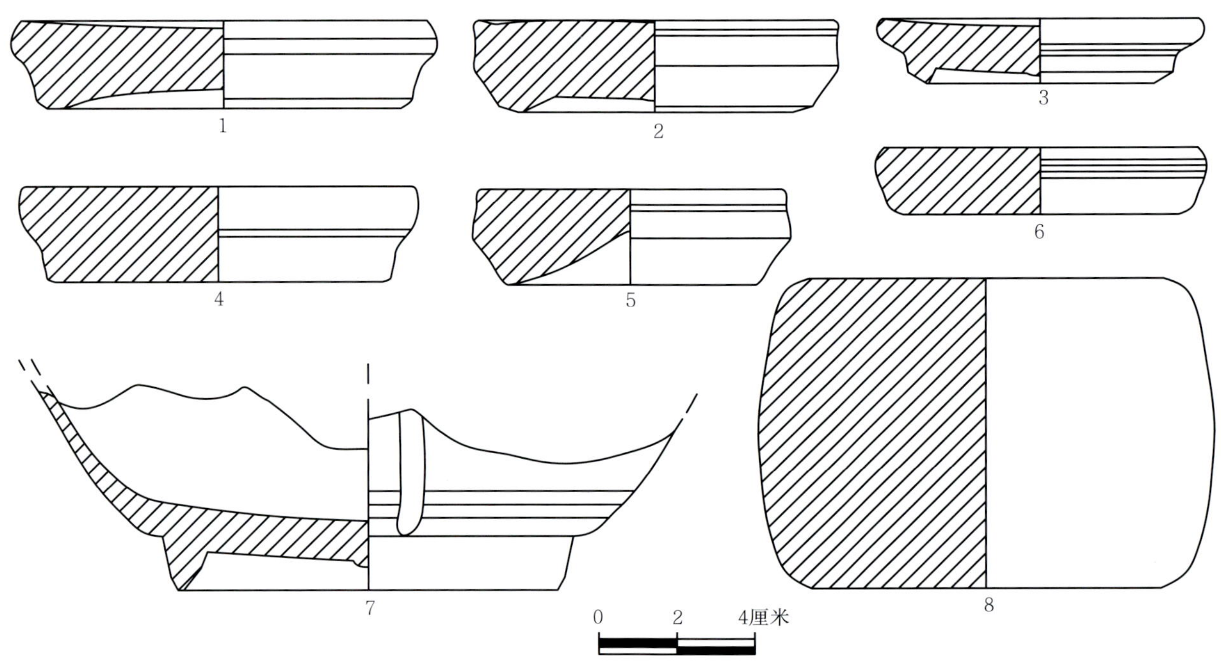

图八九　牛滩山窑址采集瓷器与窑具

1、5. B型垫饼（牛滩山窑：31、30）　2、3. C型垫饼（牛滩山窑：29、28）　4、6. A型垫饼（牛滩山窑：33、32）　7. 酱釉瓷碗（牛滩山窑：23）　8. 垫块（牛滩山窑：34）

三、小结

（一）窑业技术和装饰工艺

牛滩村窑器物成形主要采用轮制，碗、盘类在轮制后对器表进行修坯处理，表面很少见旋坯痕。圈足制作较规整，足端、足墙一般经过修整，有的还形成明显的足台。

施釉方法主要是浸釉，为叠烧需要，大部分碗内刮有涩圈，足端亦刮釉。酱釉器将酱釉与青白釉结合使用：底内壁施酱釉，内底釉全部刮掉后又在中心补刷青白釉；外施酱釉至足跟上部，在足跟、足墙内、足底则施青白釉。

就采集器物和窑具标本来看，牛滩村窑主要采用垫饼垫烧，涩圈叠烧方法。由于为裸烧，部分器物内底常有落渣。器形统计见表二五。

表二五　牛滩村窑址采集标本器形统计表

器名	型式	A型		B型	C型	合计
		I式	II式	I式	I式	
青白釉瓷器	碗	1		7	4	12
青花瓷器	碗	1	5	2		8
	碗底	14				14
酱釉瓷器	碗底	1				1
窑具	垫饼	3		8	4	15
	垫块	2				2
共计						52

青白釉碗多为素面。青花器物则部分在内底绘写意花卉，或绘一圆圈纹，外壁则绘分层开光花卉或2～3组花叶、钱纹等。在内底或腹、足跟交接处绘青花单圈弦纹。个别器物在内底书写文字。

（二）窑址年代

由于窑址未发现纪年器物，当地志书亦未对该窑有记载。从牛滩村窑址产品的器物风格判断其年代应为清代晚期至民国时期。

第四节　碗厂窑址

一、窑址概况

窑址位于武夷山市星村镇黄村村碗厂自然村的东南侧山包，地处丘陵地，呈由南向北延伸的山冈，海拔高度247米。其东面为垅田，南侧与其他山体相连，西、北面为开阔的稻田。北面约1千米为星村通往自然保护区的乡间公路，碗厂自然村就位于西侧山脚下。

窑址因村民建户挖基时暴露发现，遗物主要分布在西侧山坡，废品堆积层厚约1.5米，南北长约100米，东西宽约50米，分布面积约为5000平方米。有大量的青花瓷片和垫饼窑具。器物主要是碗、盘等，青花纹饰主要有鱼纹、花草纹等。地表局部被开垦为菜地，大部分开垦种根毛竹。窑址受到一定破坏，于2012年发现。

二、遗物

采集标本主要有青花瓷器、青白釉瓷器和少量窑具。

（一）青花瓷器

器形主要有碗、盘、碟等。白胎，灰青釉，青花呈色灰暗。

（1）碗　可分三型。

A型　器形大。敞口，斜直腹，大圈足较矮，足端斜，内、外底较平。内底有一宽涩圈，外施釉至腹底部。

碗厂窑：24，内壁上、下部及内底绘青花单圈弦纹，内壁上部残存一青花草叶纹，外壁残存一枝盛开的莲花。口径20.5、足径9.5、高6.5厘米。

碗厂窑：24

碗厂窑：23，略生烧。内壁上、下部及内底绘青花单圈弦纹，内壁上部残存一青花草叶纹，外壁残存一水草和游鱼。青花呈色灰黑。口径20.6、足径8.6、高7.1厘米（图九〇，12）。

碗厂窑：23

碗厂窑：07，圈足粘有较多窑沙。内壁上、下部及内底绘青花单圈弦纹，内壁上部残存一青花草叶纹，外壁残存一枝盛开的莲花。口径22.5、足径9.5、高6.6厘米（图九〇，13）。

碗厂窑：07

碗厂窑：08，内壁上、下部及内底绘青花单圈弦纹，内壁上部残存一青花草叶纹，外壁残存一虾和花卉。口径22.5、足径9.5、高6.6厘米（图九〇，14）。

碗厂窑：08

碗厂窑：26，内壁上、下部及内底绘青花单圈弦纹，内壁上部残存一青花草叶纹，外壁残存一水草和游鱼，青花呈色灰黑。口径20.6、足径8.6、高7.1厘米。

碗厂窑：26

碗厂窑：27，略生烧，内壁上、下部及内底绘青花单圈弦纹，外壁残存一水草、莲花和游鱼，青花呈色灰黑。口径20.7、足径8.7、高6.3厘米。

碗厂窑：27

碗厂窑：06，略生烧。内壁上、下部及内底绘青花单圈弦纹，内壁上部残存一青花草叶纹，外壁残存一水草和莲花，青花呈色灰褐。口径20.1、足径8.7、高7.5厘米。

碗厂窑：06

B型　器形中等。敞口，斜直腹微弧，内、外底较平，足端斜。内壁施釉，内底仅中心有釉，外壁底部及圈足无釉，足内施釉。

碗厂窑：22，外壁绘缠枝花叶，青花呈色灰暗。口径15.2、足径6.6、高5.6厘米。

碗厂窑：22

碗厂窑：32，外壁绘缠枝花叶，青花呈色灰暗。口径15.4、足径6.4、高5.2厘米（图九〇，5）。

碗厂窑：32

C型　器形最小。敞口，斜直腹微弧，内、外底较平，圈足制作规整，足端斜。内壁施釉，内底仅中心有釉，外壁底部及圈足无釉，足内施釉。

碗厂窑：26，外壁下部可见跳刀痕。内壁上、下部及内底绘青花单圈弦纹，口沿外侧绘一青花宽弦纹下面绘缠枝花叶，青花呈色灰暗。口径12.4、足径6、高5.2厘米。

碗厂窑：26

碗厂窑：01，内底有叠烧痕迹。外壁下部可见跳刀痕。外壁绘绘缠枝花卉，青花呈色灰暗。口径11.5、足径5.5、高4.6厘米（图九〇，1）。

碗厂窑：01

碗厂窑：12，外壁绘缠枝花叶，青花呈色灰暗。口径11.2、足径5.5、高4.6厘米（图九〇，2）。

碗厂窑：12

碗厂窑：15，二件叠烧粘连标本。外壁绘缠枝花叶，青花呈色浅灰蓝。口径11.8、足径5.6、通高5.2厘米（图九〇，3）。

碗厂窑：15

碗厂窑：17，略生烧。内壁上、下部及内底绘青花单圈弦纹，口沿外侧绘一青花宽弦纹，下面绘缠枝花叶，青花呈色灰暗。外壁下部可见跳刀痕。口径13.1、足径6、高5.1厘米（图九〇，4）。

碗厂窑：17

碗厂窑：25，外壁绘缠枝花叶，青花呈色灰暗。口径11.7、足径5.2、高4.2厘米（图九〇，11）。

碗厂窑：25

碗厂窑：03，内、外底均无釉，足内可见扇形挖足痕。釉面布满冰裂纹。口沿外侧残存一花叶，青花呈色浅灰蓝。口径11.2、足径5.2、通高4.3厘米。

碗厂窑：03

碗厂窑：02，外壁绘缠枝花叶，青花呈色灰暗。口径12.6、足径5.6、高4.7厘米。

碗厂窑：02

碗厂窑：26，内壁上、下部及内底绘青花单圈弦纹，口沿外侧绘一青花宽弦纹下面绘缠枝花叶，青花呈色灰暗。口径14、足径6、高5.3厘米。

碗厂窑：26

碗厂窑：10，外壁绘缠枝花叶，青花呈色灰暗。口径11.3、足径5.3、高4.4厘米。

碗厂窑：10

碗厂窑：11，外壁绘缠枝花叶，下部可见跳刀痕，青花呈色灰暗。口径11.5、足径5.5、高4.2厘米。

碗厂窑：11

碗厂窑：14，外壁绘缠枝花叶，下部可见跳刀痕，青花呈色灰暗。口径12、足径5、高4.1厘米。

碗厂窑：14

碗厂窑：18，略生烧。内壁上、下部及内底绘青花单圈弦纹，口沿外侧绘一青花弦纹，下面绘缠枝花叶，青花呈色灰暗。口径13.2、足径6.1、高5厘米。

碗厂窑：18

碗厂窑：19，外壁绘缠枝花叶，青花呈色灰暗。口径11.8、足径5.5、高4.8厘米。

碗厂窑：19

碗厂窑：16，釉面布满冰裂纹，外壁绘缠枝花叶，青花呈色灰蓝。口径11.5、足径5.5、高4.6厘米。

碗厂窑：16

碗厂窑：28，内底可见叠烧粘连痕迹。外壁绘缠枝花叶，青花呈色灰暗。口径12、足径5.7、高4.9厘米。

碗厂窑：28

（2）**盘**　敞口，斜直腹，矮圈足，底部较厚。白胎，青灰釉，内底有一宽涩圈，外施釉至腹下部，足内亦施釉。

碗厂窑：09，内壁绘开光花卉，外壁绘花叶，青花呈色灰暗。口径24.2、足径9.6、高4.6厘米（图九〇，15）。

碗厂窑：09

碗厂窑：31，内壁绘开光花卉，外壁绘花叶，青花呈色灰蓝。口径22.2、足径9.2、高5.5厘米。

碗厂窑：31

碗厂窑：29，内壁绘开光花卉，内底中心有一青花单圈弦纹，外壁绘花叶，青花呈色灰暗。口径21.5、足径8.5、高4.8厘米。

碗厂窑：29

碗厂窑：30，腹部微折。内壁绘花卉，内底中心有一青花单圈弦纹，外壁绘花叶，青花呈色灰暗。外壁粘一残片。口径22、足径9、高5.1厘米。

碗厂窑：30

（3）碟

碗厂窑：20，五件叠烧粘连痕迹。敞口，斜直腹，矮圈足，足端斜。青灰釉，釉面开片，内外均施至腹下部，内、外底未施釉。内壁上部绘青花斑点纹，青花呈色灰暗。口径13.6、足径5.6、通高4.4厘米。

碗厂窑：20

碗厂窑：04，二件叠烧粘连标本。敞口，斜直腹，矮圈足，足端斜。白釉，内外均施至腹下部，内底中心亦施釉，足内无釉。内壁上部绘青花斑点纹，青花呈色淡蓝。口径12.6、足径5.6、高5.5厘米。

碗厂窑：04

碗厂窑：36，敞口，斜直腹，矮圈足，足端尖圆。灰白釉，内外均施至腹下部，内底中心亦施釉，足内无釉。内壁上部绘青花斑点纹，青花呈色蓝灰。口径12.5、足径5.5、高3.3厘米（图九〇，6）。

碗厂窑：36

碗厂窑：37，敞口，斜直腹略外折，矮圈足。灰白釉，内外均施至腹下部，内底亦溅有较多釉滴，足内无釉。外壁下部可见跳刀痕，内壁上部绘青花斑点纹，青花呈色蓝灰。口径12、足径5.1、高3厘米。

碗厂窑：37

碗厂窑：33，敞口，斜直腹略外折，矮圈足，足端较尖。灰白釉，内外均施至腹下部，内底中心亦施釉，足内无釉。外壁下部可见跳刀痕，内壁上部绘青花斑点纹，青花呈色淡蓝。口径12.3、足径5.3、高3厘米（图九〇，7）。

碗厂窑：33

（二）青白釉器瓷

杯

碗厂窑：34，敞口微撇，斜直腹微弧，圈足足端斜，足墙上宽下窄。青白釉，内外均施至腹下部，内底与圈足无釉。口径8.5、足径3.9、高4.5厘米（图九〇，9）。

碗厂窑：34

碗厂窑：35，敞口微撇，斜直腹微弧，圈足挖足过肩。青白釉，内外均施至腹下部，内底与圈足无釉。口径10.1、足径3.8、高4.8厘米（图九〇，10）。

碗厂窑：35

（三）窑具

垫座

碗厂窑：21，顶微内凹，中间较平，矮圈足。灰黄胎。顶部有叠烧痕迹，并粘有少量窑沙。顶径11.6、足径10、高2.5厘米（图九○，8）。

碗厂窑：21

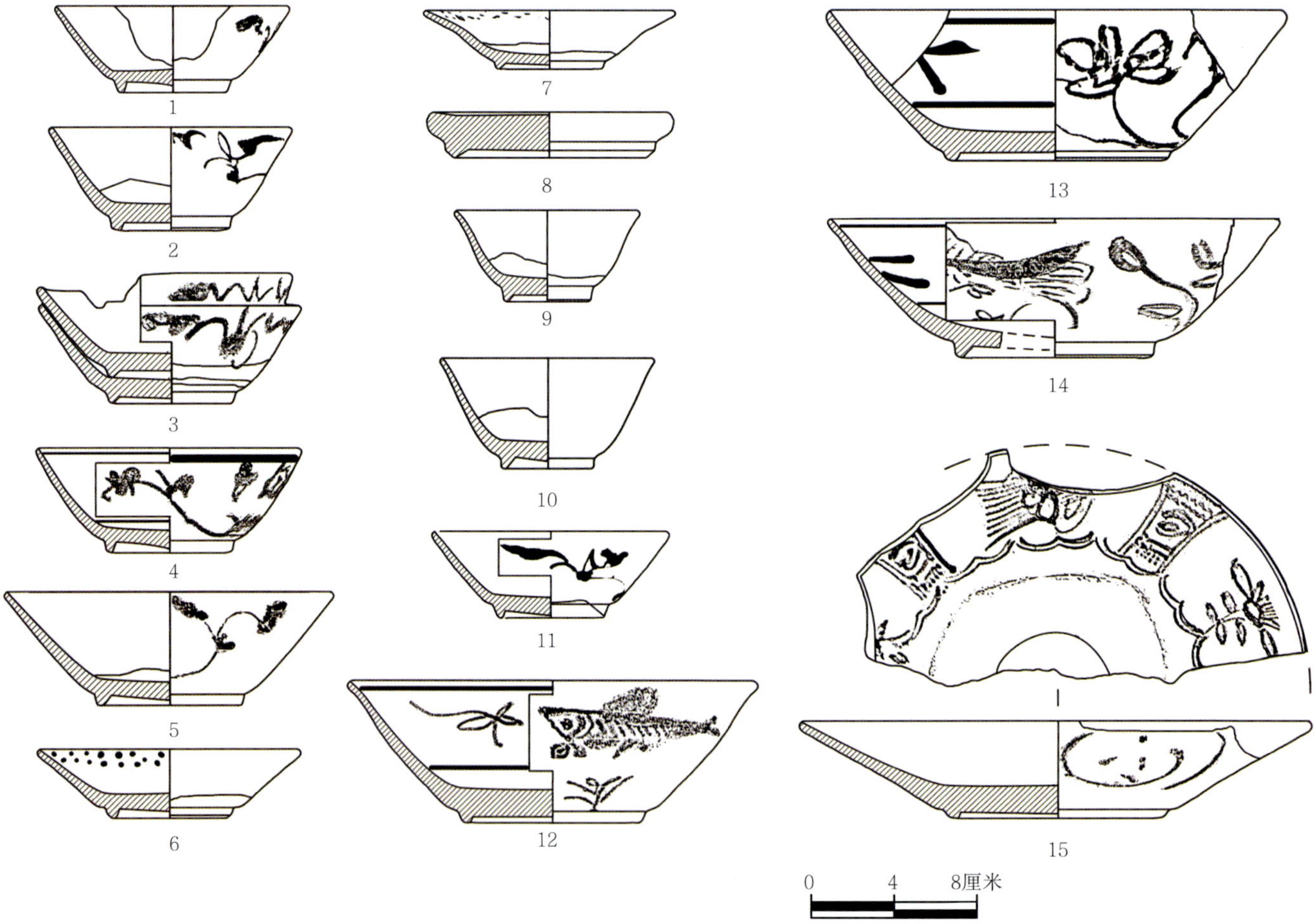

图九○　碗厂窑址采集瓷器与窑具

1～4、11. C型青花瓷碗（碗厂窑：01、12、15、17、25）　5. B型青花瓷碗（碗厂窑：32）　6、7. 青花瓷碟（碗厂窑：36、33）　8. 垫座（碗厂窑：21）　9、10. 青白釉瓷杯（碗厂窑：34、35）　12～14. A型青花瓷碗（碗厂窑：23、07、08）　15. 青花瓷盘（碗厂窑：09）

三、小结

（一）窑业技术和装饰工艺

器物成形主要采用轮制，碗类在轮制后再对器表进行修坯处理，故表面很少见旋坯痕，部分碗外腹下部可见跳刀痕。圈足制作大多数较规整，足端、足墙经过修整，足内较平。器形统计参见表二六。

表二六　碗厂窑址采集标本器形统计表

器名 \ 型式		A型	B型	C型	合计
青花瓷器	碗	12	5	22	39
	盘	14			14
	碟	10			10
青白釉瓷器	杯	4			4
窑具	垫座	3			3
共计					70

产品釉色以青灰为主，亦有少量青白色。施釉方法主要为浸釉、刷釉等。碗、盘类器物大部分内底仅中心一小块施釉外，大部分无釉，但未见刮釉痕迹，因此推测内壁是采用浸釉。外壁与足内一般都施釉，圈足则大部分无釉，但亦不见刮釉痕迹，因此足内的釉也应是采用刷釉法。

青花瓷器皆为碗、盘、碟类等日常生活用品，青花图案较单一，主题以缠枝花卉和鱼等为主。青花除少数呈灰蓝或浅蓝色外，大部分呈色较为灰暗或灰黑色。

从采集标本来看，装烧方法主要为叠烧，并且为明火裸烧。

（二）窑址年代

碗厂窑址采集的标本中未发现有明确纪年的器物，烧造历史亦未见文献记载。从窑炉遗迹的构造方法和出土遗物的特征来看，其年代应为清代中晚期。

第五章　结　语

历经了半个多世纪的文物普查和考古调查，文物考古工作者们在现今的武夷山市行政属地内（1989年12月设立武夷山市之前为崇安县。以下称为“武夷山地区”），发现了一批上至西周时期（前1046年～前771年）、下至晚清、民国时期的窑业遗存。对这些窑业遗存的考古调查，不仅确认了它们的具体位置及分布、了解了它们的实际保存状况、采集了部分考古实物标本，还对其中的重要窑址（如竹林坑窑址、遇林亭窑址）做了抢救性考古发掘。现在，又对这批窑业遗存的考古调查与发掘资料以及实物标本进行了全面的整理、分析和初步研究。正是在此基础上，才得以对武夷山市这一特定行政地域内窑业遗存的历史面貌及内涵进行较全面的再考察。

一、武夷山地区古代窑业生产的阶段性

目前已经发现的考古资料证实，武夷山地区的窑业在青铜器时代的西周时期即已出现并达到较高的生产技术水平（第一章第一节“竹林坑窑址”）；此后直至晚清、民国时期，上下三千年，都有窑业遗存发现。然而，武夷山地区的窑业遗存，却是表现为明显的历史阶段性。

根据已发现的武夷山地区窑业遗存的内涵，其很显然的大致可分为以下四期（或阶段），相应的，各期的主要窑业产品也发生变化而有所不同（表二七）。其概况如下：

表二七　武夷山地区窑业遗存概况一览表

分期	窑业遗存	时代	主要产品
一期	竹林坑窑址群、车后窑址	西周	原始青瓷
二期	鱼网山窑址、苦竹垅窑址、仙店窑址、南岸窑址、母猪山窑址	晚唐、五代	青瓷
三期	谷岭凹窑址、碗窑垅窑址、官山岗窑址、遇林亭窑址、崩埂窑址、五渡桥窑址	宋、元	黑釉、青瓷、白瓷
四期	碗厂窑址、井后垅窑址、牛滩山窑址、回瑶窑址	晚清、民国	青花瓷、白瓷

（一）一期

目前已发现并经考古调查、发掘的窑业遗存有竹林坑窑址群、车后窑址等，其主要窑业产品为原始青瓷。这两处西周时期窑业遗存分别分布于武夷山市武夷街道黄柏村官埠头自然村河谷小盆地北、南边缘低矮丘陵的山坡上；黄柏溪自西向东从盆地中间蜿蜒流过，在旗山汇入崇阳溪。车后窑址的周边，考古调查已发现有西周时期遗址。在这一河谷小盆地的周边，还没有发现其他早于或晚于西周时期的古文化遗存（图九一）。

图九一 武夷山地区一期（竹林坑窑址）遗址分布图（引自360地图）

从现有的考古资料来看，一期窑业遗存的生产规模不大、窑业堆积并不丰厚，其文化内涵也较单纯，现初步确定其年代为西周中、晚期，推测其当时的烧造时间不长，其窑业产品也主要供应福建的遗址所用。此后，当地没有再延续原始青瓷或者其他窑业产品的生产。

在武夷山地区一期窑业遗存之后，差不多停顿了一千年，直至8世纪前后才出现二期窑业遗存，不仅窑业产品发生了很大变化，生产地也转移他处。

（二）二期

确定为二期（晚唐、五代时期）窑业遗存的窑址有：苦竹垅窑址、鱼网山窑址、仙店窑址、母猪山窑址、南岸窑址等。集中在武夷山市南部的兴田镇境内自南源岭至兴田村一带，自北向南沿河谷西侧丘陵地呈线状分布。其窑业产品主要为青瓷，内涵与面貌较为一致，均属仿越窑的系统。由此再向南，在与兴田镇相邻的建阳市将口镇，有唐代中晚期的将口窑（其仙奶冈窑址于1985年进行过考古发掘）（图九二）。

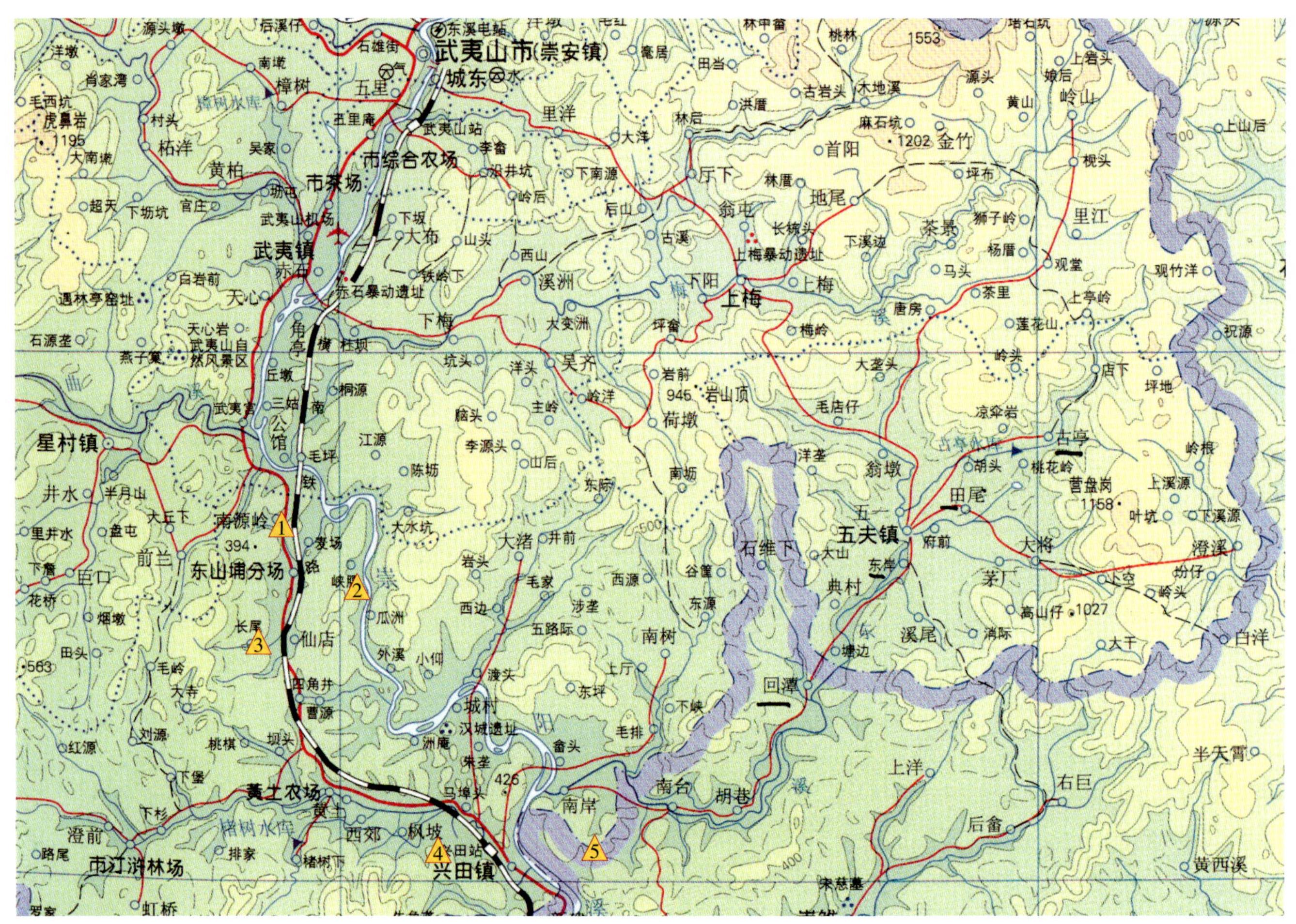

图九二 武夷山地区二期窑业遗存分布图

1.苦竹垅窑址 2.鱼网山窑址 3.仙店窑址 4.母猪山窑址 5.南岸窑址

从已有的考古调查资料看，二期窑业遗存的窑业生产规模扩大（如母猪山窑址面积达2万平方米），窑业堆积增厚（如仙店窑址局部尚存的窑业堆积厚约2米），产品较一期更单纯（如仙店窑址采集的遗物标本仅见青瓷素面碗、盏等）。

二期窑业遗存的多点一线、相对集中的窑业布局，具备一定的窑业生产规模、烧造较单纯的窑业产品（碗、盏类）并持续较长时间（晚唐至五代）的生产，这些现象和特征表明，二期窑业遗存代表的当时武夷山地区窑业已转变为规模化的窑业生产。

（三）三期

本期的宋代窑业遗存有6处。从武夷山市区北面的洋庄乡四渡村溪尾自然村五渡桥窑址、东北面的温岭街道崩埂村崩埂窑址、东面的上梅乡里江村谷岭凹窑址、东南的兴田镇大渚碗窑垅窑址——南面的兴田镇南源岭官山岗窑址、西南的星村乡燕子窠遇林亭窑址，其分布范围虽然扩大，各个窑址间的距离更远，但大体是取环绕当时的政治、经济、文化中心（宋淳化五年/994年，将崇安场升为崇安县）的分布态势（图九三）。

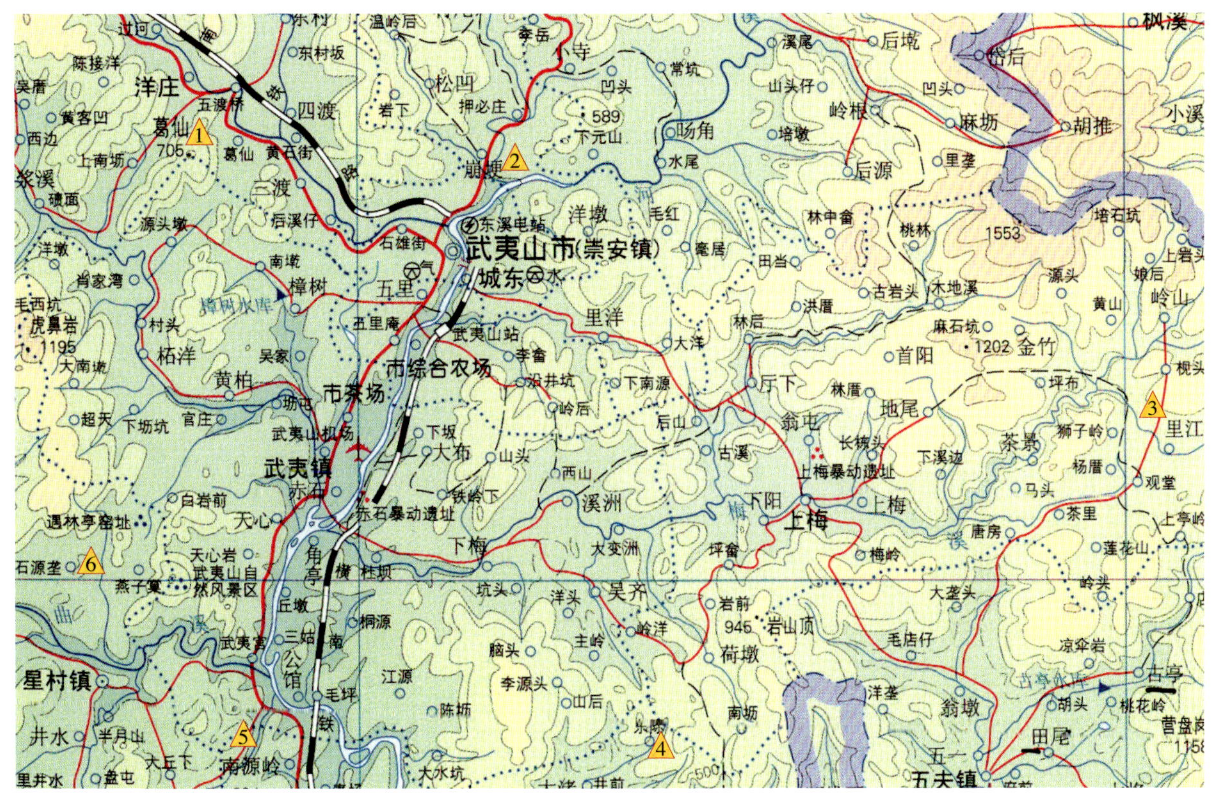

图九三　武夷山地区三期窑业遗存分布图

1.五渡桥窑址　2.崩埂窑址　3.谷岭凹窑址　4.碗窑垄窑址　5.官山岗窑址　6.遇林亭窑址

考古资料表明，三期窑业遗存的窑业生产规模进一步扩大（如遇林亭窑址面积近6万平方米[①]），窑业堆积继续增加（如五渡桥窑址局部尚存的窑业堆积厚约3米），窑业产品较二期极大丰富（如五渡桥窑址采集的遗物标本中，陶瓷品种有5类20余种器形、多种装饰方法及纹样图案），窑业生产持续了更长的时间（宋元时期）。反映了此期武夷山地区窑业生产的高度商业化。但是在此之后，其窑业生产盛况并没有得到延续，而自元代开始的衰落，竟然持续了五六个世纪。

（四）四期

四期的窑业遗存，从星村镇黄村村碗厂窑址、兴田镇大渚村东际井后垅窑址、武夷街道吴齐村牛滩山窑址、到岚谷乡黎口村回瑶窑址，其分布于东南部的南—东北走向，也大略呈一线状的分布（图九四）。其窑业产品主要为青花瓷，内涵与面貌较为一致，属于仿景德镇民窑的系统。

从现有的考古调查资料看，四期窑业遗存的窑业生产规模已大大缩减（如最大的牛滩山窑址分布面积仅1万平方米），窑业堆积缩小（如井后垅窑址局部尚存的窑业堆积厚约2米），窑业产品较前期的品种减少、器形简单、纹饰单调（如产品最丰富的回瑶窑址，采集的遗物标本仍不比三期的五渡桥窑址）；窑业生产也只持续了不长的一段时间（晚清至民国）。

以上武夷山地区四期窑业遗存的基本状况，表现出明显的阶段性。但是各个阶段性表现的具体情况并不一致。

① 福建省博物馆：《武夷山遇林亭窑址发掘报告》，《福建文博》2000年第2期。

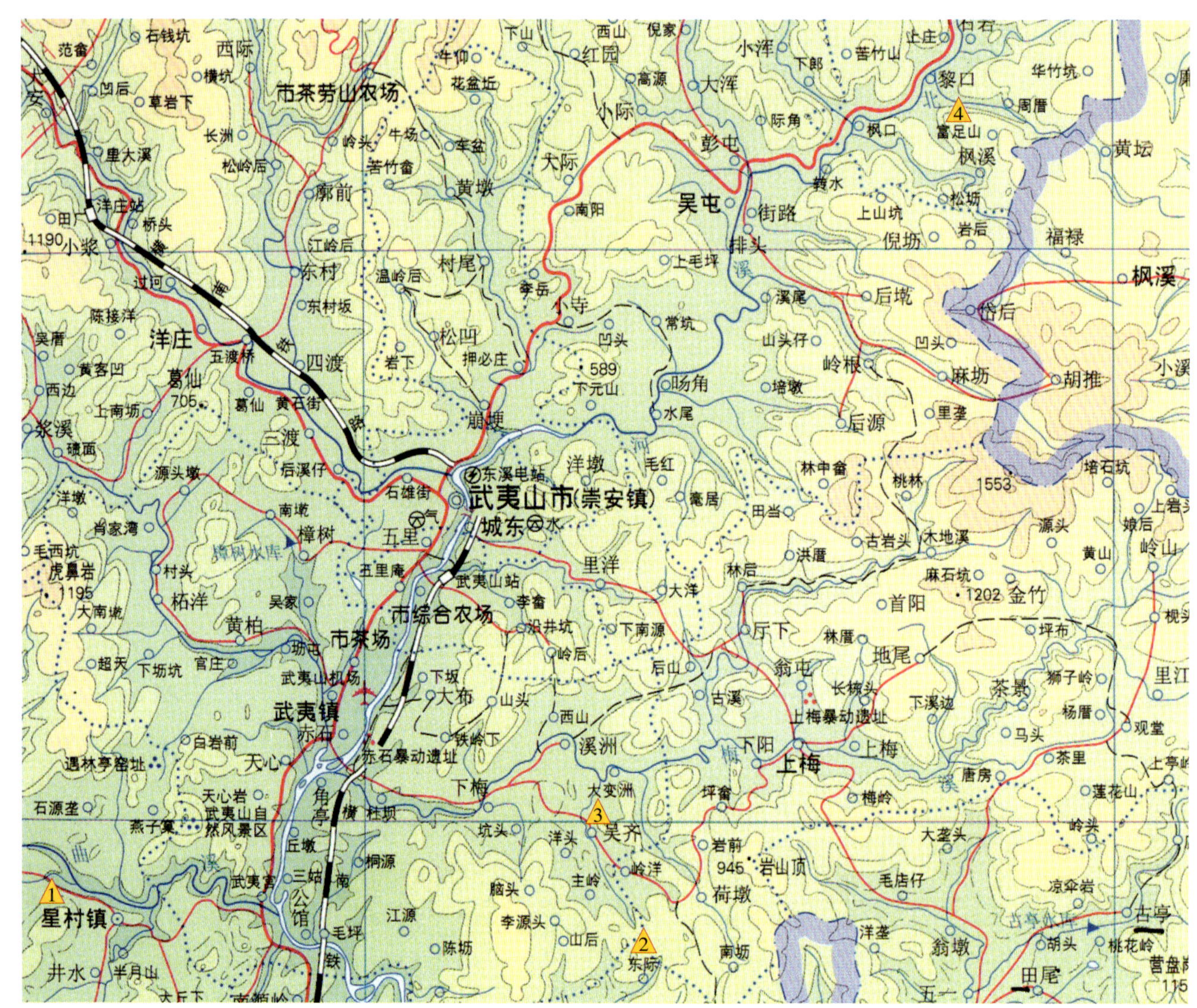

图九四　武夷山地区四期窑业遗存分布图

1.碗厂窑址　2.井后垅窑址　3.牛滩山窑址　4.回瑶窑址

一期窑业遗存在西周晚期之后消失，直至二期窑业遗存的出现，其间空白期的时间跨度长达千年之久[①]。虽然在其周边地区尚有这一时间段其他年代的窑业遗存（如2011年抢救性发掘的政和县石屯镇长城村东汉晚期至三国的象山窑址[②]），但目前为止尚未发现进入武夷山地区。

与一、二期之间千年时差的阶段性不同，二、三期从五代至宋代，几乎不存在时间段的空白期。但是仍然表述为阶段性是由于：窑业遗存的分布范围、分布态势不同了；窑业生产的规模发生较大的变化；窑业产品也完全改变了。

三期窑业遗存的衰落之后直至四期（19世纪的晚期至民国时期），武夷山地区的窑业遗存仍有五六百年的空白期。而且窑址的地点、位置，主要的窑业产品等也都发生了明显改变。

---

① 虽然这一空白期间尚有其他窑业遗存如位于兴田镇城村的闽越王城遗址出土有烧制砖瓦的陶窑，因不是烧造瓷器的，本文未予列入讨论。

② 福建博物院：《福建政和县发现东汉晚期至三国时期窑址》，《南方文物》2013年第4期。

概况上述武夷山地区窑业遗存四期的基本状况，可以看到其大部分的窑业遗存主要分布于武夷山地区的南部，就分布地域而言，大致有其历史的延续性。这或者与其窑业资源（原料、燃料等）的分布地点有关。但是就每一具体的窑业遗存而言，却没有一处是在同一地点延续了两期或更长时间或历史时期的窑业遗存的。即使其二、三期在时代上几乎没有缺环的情况下，窑业遗存的地点还是没有直接延续的。这一现象似乎可以说明其窑业遗存之间仍然存在时间差，或者是由于其他因素（原料、燃料等资源的变化或自然灾害等）[①]以及社会原因（政治、经济、交通、集镇等）的变动，促使窑业生产地点不断移动和搬迁。总之，武夷山地区四期窑业遗存不同的阶段性所反映的不同时空、内涵及相互关系，还要从当时福建北部地区的经济、社会历史背景中去考察。这已不是本文在此能够继续展开探讨、研究的了。

二、武夷山地区窑业遗存的内涵与初步认识

武夷山地区窑业遗存明显的历史阶段性，在其窑业技术的发展上，体现了不同时期的内涵及特征。

（一）开创与革新——窑业滥觞与闽北考古学文化圈

在本考古报告书第一章的结语中，执笔者已经就武夷山地区一期窑业遗存的窑业技术状况做了较详细的分析。在此拟就以下几个相关问题做进一步的探讨。

1. 关于竹林坑窑址的窑炉

竹林坑一号窑址的“IY1”，考古发掘揭露的窑炉遗迹为“斜坡式龙窑”[②]。

竹林坑一号窑址“IY1”的窑炉遗迹倚山坡中段而建，窑头在下、窑尾顺山坡而上，虽然窑底(含“火道”、中段、后段)的坡度不尽一致（其早期遗迹的窑底坡度为13°—18°—26°、晚期遗迹为13°—18°—23°），但仍属于斜坡式的；窑炉遗迹的平面为长条形；其基本结构为：前端是单独的十分宽大的火膛，火膛后壁之上与窑室之间是长达1.2米的火道、中间筑有分焰墙，窑室的窑壁略呈弧形，斜坡窑底为上下叠压打破关系的二期遗存，窑底后壁上方的两侧分别有仅存底部的出烟道遗迹；难能可贵的是窑室中段局部保存了完整的窑顶。因此，“IY1”窑炉遗迹保存有独立火膛、斜坡式窑顶和窑底、出烟道等，从窑炉的基本元素构成上可以确定，“IY1”窑炉的烧成是平焰式的，其性质应是龙窑。

从“IY1”窑炉遗迹的一处被近现代墓葬打破的断面，可以看到窑室中段清晰的结构：整个窑室从窑顶—窑壁—窑底是由一厚度较均匀的土质烧结层联成一体的，形似一断面略呈椭圆形的管状，窑顶—窑壁—窑底之间的转接处并未发现明显的连接痕迹，由此可以确定“IY1”窑炉的窑室是整体的、推断其应为挖穴、掏洞成形的；而厚薄均匀的窑壁，则是由于长期烧窑时的高温传导作用所致。因此，“IY1”窑炉遗迹从其结构上说还应是一座窖穴式龙窑。

竹林坑一号窑址“IY1”窑炉遗迹在武夷山地区其他地点尚无可做对比的资料。在其邻近地区，2005年于浦城仙阳高速公路基建考古发掘的猫儿垅商代窑址群的4号、8号窑炉遗迹，与之有相似之处，因此在此略作比较。

猫儿垅商代窑址群的4号窑炉遗迹的火膛部分残损，窑底斜坡式、坡度约10°—4°—8°，平面呈直长条形，窑室底部及窑尾部分保存尚好，尤其是窑室后壁还保存一小段窑顶、出烟室及烟囱几乎是完整

① 据武夷山市地质调查资料，该市有瓷土矿3处，分别在兴田镇仙店南源岭村、吴屯乡大际村、城东乡姐妹桥等地。武夷山市志编纂委员会:《武夷山市志》，中国统计出版社，1994年。

② 见本书“第一章 商周时期窑址”的结语。

的，因此得知其窑室的窑壁是一层厚度均匀的烧结层[①]、也是由于烧窑时的持续高温传导作用形成而非人工砌筑的。此结构表明该窑炉原也是挖穴、掏洞成形的窖穴式龙窑。因此，其构筑方法与竹林坑一号窑址“IY1”窑炉遗迹是相同的（图九五）。

竹林坑一号窑址“IY1”窑炉遗迹（以下简称“竹Y1”）与猫儿垅商代窑址群的4号窑炉遗迹（以下简称“猫Y4”）的差异有以下几点：

图九五　浦城仙阳猫儿垅商代窑址群4号窑炉遗迹

（引自《浦城仙阳商周窑址发掘的初步收获》）

（1）火膛

“竹Y1”的火膛十分宽大，按其比例约为整个窑炉长度的1/3，火膛后壁底面至火道底面的高度有0.6～0.9米。大火膛的装柴量大，火膛与火道较大的高差也使火焰高、升温快。因而在火道口部遗存有较厚的“窑汗”层。

“猫Y4”窑头部分已损毁，结构不详。

（2）窑室

“竹Y1”的窑底坡度较大（为13°—18°—23°），而“猫Y4”的窑底平均坡度仅为10°—4°—8°。竹Y1的窑壁烧结层较厚，分内外二层、通厚0.1～0.16米，其中外层较均匀，厚约0.05米，内壁为烧结的窑汗，厚度不均，一般约0.05～0.1米不等；窑室坡度大表明窑炉的抽力也大、火焰流速加快。此外，窑室前端的分焰墙较宽，既可以加固、支撑窑顶，又加长了火道、使火焰加速。如此则使“竹Y1”的大火膛产生的高热火焰较快流入、弥漫窑室，窑温迅速升高，成为原始青瓷烧成的必要条件。从发掘出土的原始青瓷器物来看，一般胎釉结合较紧密，大部分釉面保存较好、有细密的冰裂纹。证明该窑的烧成温

① 福建博物院：《浦城仙阳商周窑址发掘的初步收获》，《福建文博》2006年第1期。

度已达到原始青瓷烧制的要求和条件。

"猫Y4"的窑壁烧结层较薄，厚度约0.02～0.06米，窑壁未见明显的"窑汗"，其烧结程度表明，该窑的产品烧成温度明显低于"竹Y1"，发掘出土的遗物标本中也并未发现有原始青瓷。

（3）出烟部

"竹Y1"的出烟道是设于窑尾上部的两侧，仅存略带弧形、内窄外宽的底部（"扇形"）、实际的完整形状不明（见图一五）。

"猫Y4"则在窑室后壁中间的上方设一剖面近椭圆形的喇叭口烟囱。

二者出烟部分遗迹的形态差别甚大。

"竹Y1"的年代推定为西周[①]，"猫Y4"的年代经发掘者推断为商代[②]，"竹Y1"晚于"猫Y4"。上述分析二者之间的异同，似可以初步达成以下认识：

浦城猫儿垅商代窑址群与武夷山竹林坑西周窑址群虽然相距约120余千米，但仍同处于福建北部地区商周时期考古学文化圈。其共同作为这一地区龙窑的早期形态，体现了相同的窑炉构筑工艺（掏挖成形的窖穴式龙窑），竹林坑可视为对猫儿垅窑炉工艺的延续和发展。由于二者之间在结构方面的明显差异及其在时空上的位移，不排除存在着其过渡或中间环节的形态。竹林坑窑址的考古发现，完成了闽北地区古代窑业从陶器向原始青瓷的过渡和进步，填补了这一窑业工艺进程的历史空白。

2. 关于竹林坑窑址的装烧工艺

从本书第一章的报告中，未见有关于出土窑具的介绍；即考古发掘未发现有装烧窑具。在竹林坑一号窑址"ⅠY1"窑炉遗迹的火道口，发现有原始青瓷器物底部黏结于"窑汗"层中的现象（图九六），

图九六　竹林坑一号窑址窑炉火道口黏结的原始青瓷残片

① 福建博物院：《福建政和县发现东汉晚期至三国时期窑址》，《南方文物》2013年第4期。

② 据武夷山市地质调查资料，该市有瓷土矿3处，分别在兴田镇仙店南源岭村、吴屯乡大际村、城东乡姐妹桥等地。武夷山市志编纂委员会:《武夷山市志》，中国统计出版社，1994年。

证明该窑器物的装烧是直接将其置于窑底表面裸烧的，而出土的原始青瓷器也基本上都是底足露胎和足端无釉的。此外，铺在窑底的是一层厚约0.03～0.05米的青灰色窑砂，说明装烧是用窑砂作为间隔料的。此外，由于未说明窑底是否有置放器物的遗痕以及未见出土垫块等遗物，因此如何使器物装烧时在斜坡式窑底保持水平的方法尚不明确。

3. 关于竹林坑窑址原始青瓷的制作工艺

从出土的原始青瓷器物标本看，皆为轮制。其胎体较厚；胎中含较多细砂、有少量气孔，说明其胎土的淘洗工艺不够精细；釉层较薄，大部分内外施釉，足底、足内无釉。器形品种以豆为主，少量罐、尊。器物装饰较简单，主要有刻划、拍印、堆贴等。刻划纹饰主要为弦纹、篦划纹，拍印纹饰主要有方格纹、席纹等，堆贴纹主要为一组双泥饼或S形纹等。

竹林坑窑址原始青瓷的制作工艺水平与福建北部地区商周时期文化遗存出土同类器物的基本面貌大致相当。

（二）仿制与开拓——早期窑业商品化与市场

根据本书第二章的报告，可将此期的窑业技术状况概括如下：

虽然武夷山地区此期的窑炉遗迹均未经过考古发掘，但是根据这些窑址的实地调查情况可知，此期的窑炉遗迹均分布于山坡上，发现有窑具、陶瓷废品以及窑砖、红烧土等窑业遗物的散布或堆积，可以判断其为窑炉遗迹的位置、应是斜坡式龙窑（如仙店窑址、南岸窑址等）。

窑具主要是各式垫座、垫柱，未发现匣钵类窑具，因此可知其为明火裸烧工艺；器物的装烧均直接置于垫具上（如壶、执壶、盘口壶、罐等），碗、盘类以泥点支钉（4～6枚）间隔相叠、也置于垫具上，每摞相叠器物的数量不详，有采集到多件相叠的标本。

器物制作的基本特点是：轮制成型；碗（盏）、盘（碟）类基本为饼足和矮圈足；外壁施半釉至腹中部或下部，底足露胎；釉层较薄，釉色多青灰、青绿等。

根据本书前文报告的考古调查资料，可将二期窑业遗存的内涵，大致分为二个阶段，即：

前段有鱼网山窑址、南岸窑址、苦竹垅窑址、母猪山窑址等。这些窑址调查采集的碗、盘类遗物，大都是敞口或撇口，斜弧腹，平底或浅弧底，饼足或饼足内凹；少量圈足器。

后段仅有仙店窑址，调查采集的碗、盘类遗物，多数是敞口或撇口，斜弧腹，平底或浅弧底，矮圈足；不见饼足或饼足内凹器。

以上前、后段器物的差异，表明其年代有早晚差别，即前段年代稍早，为晚唐至五代前期；后段的年代为五代时期。

与武夷山相邻的建阳将口镇发现的将口仙奶冈窑址，曾经于1985年进行过考古发掘。发掘者初步推断该窑址的年代为唐代中晚期[①]。因此，其年代早于武夷山地区的二期窑业遗存。后者的窑址恰好集中分布在武夷山南部，其中的南岸窑址、母猪山窑址所在的兴田镇正与将口镇为邻。时空关系上的接近，表明武夷山地区二期窑业遗存可能是将口窑的影响和延续。从建阳将口窑到武夷山地区二期窑业遗存，其主要产品的基本特征都表明它们是受到来自浙江越窑的影响[②]。

---

① 福建省博物馆：《建阳将口唐窑发掘简报》，《东南文化》1990年第3期。

② 栗建安：《福建地区的越窑系青瓷》，沈琼华主编：《中国·越窑高峰论坛论文集》，文物出版社，2008年。

（三）多元与开放——南北方多种瓷系的影响与吸纳

以遇林亭窑址、五渡桥窑址为代表的武夷山地区三期窑业遗存，展示了其多元窑业文化的内涵。如：

遇林亭窑址：根据1998～2000年度的遇林亭窑址考古发掘报告①，该窑址的产品主要是黑釉盏、考古发掘所揭露的二座较长的龙窑遗迹（长度分别为73.2米、107.65米）、大量使用漏斗形匣钵及泥饼叠烧的装烧工艺等，明显是受到其邻近的建阳水吉建窑的强烈影响。即使是遇林亭窑址最有特色的“绘金、银彩”黑釉盏，由于在建窑遗址的调查、发掘资料中也发现有同样的标本②（图九七），因此不排除遇林亭窑址的“绘金、银彩”黑釉器也是受建窑影响的结果。

遇林亭窑址出土青瓷器的装饰纹样有外腹折扇纹，器内篦划纹、篦点纹、刻划花、鱼纹等。这些特征说明其为仿龙泉青瓷的制品。

遇林亭窑址在其作坊遗迹还出土有少量白瓷、青白瓷，发掘报告中未判明其性质及来源。就闽北地区宋代青白瓷的整体情况而言，一般认为是受江西景德镇窑青白瓷的影响的。

五渡桥窑址：武夷山五渡桥窑址的窑业产品有白瓷(青白瓷)、酱釉器、素胎器、绿釉器等。在本报告书中③，执笔者已对其做了比较、分析。在此仅对其中的素胎器、绿釉器进行一些再探讨。

五渡桥窑址素胎器的装饰方法有两种：

一是在白瓷的素胎上绘黑褐色纹样（主要是花卉纹如牡丹等），白色胎体的衬托使纹样醒目、突

图九七 建窑黑釉金彩盏残片

（左：引自《Temmoku》，右：大路后门山窑址1990年发掘出土）

① 福建省博物馆：《武夷山遇林亭窑址发掘报告》，《福建文博》2000年第2期。

② James Marshall Plumer：《TEMMOK –A Study of The Ware of Chien》，日本出光美术馆,东京，1972年。应是建盏上有“金银彩”的例证。此外，在1989～1990年建窑发掘的大路后门山窑场出土的黑釉盏残片上也发现有“金银彩”遗痕（资料待发）。可证实建窑确曾有此类产品。

③ 张用秋、赵爱玉：《武夷山市五渡桥窑址调查》，《福建文博·闽北专辑》1990年第2期。见本书“第三章 宋代窑址”的结语。

出，即形成白地黑花的效果（图九八）。推测其中一部分可能是待施绿釉二次烧成绿釉黑花器的坯件；如南平茶洋窑大岭干窑址[①]（图九九）、晋江磁灶窑土尾庵窑址[②]（图一〇〇）等都有类似的出土标本。根据其他窑址（如福清东张窑）[③]、遗址（如日本京都相国寺遗址）[④]、沉船（如"爪哇沉船"）[⑤]的出土资料，也有未施釉的素胎黑彩器。

二是在白瓷的素胎上先刻出纹样（也主要是花卉纹如牡丹等），黑褐色颜料填绘在纹样之外作为衬

图九八　武夷山五渡桥窑址的素胎黑彩器（白地黑花）

图九九　南平茶洋窑绿釉黑花器

图一〇〇　晋江磁灶窑素胎黑彩器

① 福建省博物馆：《南平茶洋窑址1995～1996年度发掘简报》，《福建文博》2000年第2期。

② 福建博物院、晋江市博物馆：《磁灶窑址》，科学出版社，2011年。

③ 欧阳希君：《福清窑》，福建美术出版社，2005年。

④ 同志社大学歴史資料館、（公財）京都市埋蔵文化財研究所：《相国寺旧境内・上京遺跡発掘調査報告書》，2013年。

⑤ Pacific Sea Resources. *Archaeological Report: Archaeological Recovery of the Java Sea Wreck*,1997。

图一〇一　五渡桥窑址素胎印花黑彩器

底、以胎色体现花纹，即成为黑地白花器。其中还有的是在模制印花器物的素胎上描黑彩，以黑地衬托印花纹样（图一〇一）。

根据上述窑址、遗址、沉船的出土、出水的同类器物资料，此类素胎器多为在其上再施绿釉或其他釉色、有待二次烧成的绿釉黑花器的半成品。

宋代绿釉器在福建地区还见于上述提到的南平茶洋窑、晋江磁灶窑，南方地区还有江西吉州窑；北方则以磁州窑为盛。绿釉黑花器也当以磁州窑为首，以年代而论，也是磁州窑为早（北宋）。因此南方地区的绿釉器、绿釉黑花器应该是受到磁州窑的影响。

从遇林亭窑址、五渡桥窑址的窑业产品来看，武夷山地区三期窑业遗存包涵来自江西景德镇窑（青白瓷）、浙江龙泉窑（篦划纹青瓷）、建窑（黑釉器）以及北方磁州窑（绿釉器）等窑业体系或产品的影响，体现了其多元窑业文化的内涵。同时也反映了宋元时期南北方不同窑业体系之间窑业技术的密切交流与传播。

此外，根据武夷山地区三期窑业遗存的时代内涵，可分为三个阶段：

第一段：官山岗窑址、碗窑垅窑址

官山岗窑址考古调查采集的遗物标本中的青瓷器，与二期窑业遗存的同类器相似，说明该窑址保存有二期的窑业遗存。但采集的青白瓷、酱黑釉器表明该窑址的主体是宋代的。

碗窑垅窑址的青白瓷面貌与官山冈窑址类似。

因此，本段的年代为北宋晚期至南宋早期。

第二段：谷岭凹窑址、遇林亭窑址、五渡桥窑址

遇林亭窑址的青白瓷，考古发掘报告介绍其仅出土于作坊遗迹，判定其年代为北宋晚期。从已发表的发掘资料看，作为窑炉遗迹出土的遗物，主要是黑釉器和青瓷，应为遇林亭窑址产品的主体。关于其年代，发掘者推断为不晚于南宋中期[①]。实际上，根据遇林亭窑址考古发掘报告，出土的青瓷器上有的有墨书，其中就有“丙寅六月前宅買置”字样。此处的“丙寅”为干支纪年，查南宋丙寅有绍兴十六年（1146）、开禧二年（1206）、咸淳二年（1266）等；若以南宋中期相对，则可能为中间的开禧二年

① 福建省博物馆：《武夷山遇林亭窑址发掘报告》，《福建文博》2000年第2期。

（1206）。在遇林亭窑址考古发掘之后的2004年，有武夷山文物考古人员在该窑址的再调查时采集到黑釉荡箍残件，其上刻有“嘉泰三年”字样[①]，“嘉泰”为南宋宁宗赵扩年号，即1203年。若以此佐证，由于遇林亭窑的青瓷年代未能早于南宋早期，则出土青瓷器上墨书的“丙寅”应为南宋宁宗赵扩的开禧二年（1206），而不大可能为南宋高宗的绍兴十六年（1146）。

五渡桥窑址则因其部分产品（酱釉器、绿釉器等）分别与南平茶洋窑、晋江磁灶窑的同类器物相似，“推断五渡桥窑址的年代为南宋至元代”[②]。然而最近在查阅东南亚沉船资料时，看到在爪哇沉船的出水陶瓷器中有一批白地黑花和黑地白花器（沉船调查报告中认为是绿釉器）[③]，有的也是在模制印花器物的素胎上再描黑彩的，应该是五渡桥窑的产品。由此对五渡桥窑址的年代问题试再作分析如下：

爪哇沉船的水下考古调查报告中未见有确切纪年的遗物。但是在一些出水的陶罐上有见“丙子年号”“丙辰年”等字样的押印铭文。其他出水陶瓷器中，以福建窑口的居多，有德化窑、闽清义窑、松溪回场窑、晋江磁灶窑等的产品；还有一些景德镇窑青白瓷、龙泉窑青瓷等。许多器物与海南西沙群岛华光礁一号沉船的出水陶瓷器相同[④]。因此推测爪哇沉船的年代应与华光礁一号沉船相近。华光礁一号沉船的年代，初步推测为南宋早、中期（该沉船遗址出水的一件义窑白瓷碗内刻有“壬午载潘三郎造”字样，初步推测其应为1162年、即南宋高宗绍兴三十二年[⑤]）。若以此为参考，则爪哇沉船的“丙子年号”“丙辰年”押款的年代下限当不晚于南宋中期（即“丙子年”下限为1216年、“丙辰年”的下限为1196年）。

根据以上分析，如若五渡桥窑址的绿釉器（包括黑花、印花器等）始于南宋中期，则有可能其工艺传入福建的路线和时间是由北向南，即五渡桥窑址（南宋中期）——南平茶洋窑——福清东张窑——晋江磁灶窑（南宋晚期）。

第三段：崩埂窑址

崩埂窑址的青白瓷芒口碗使用组合支圈覆烧工艺，与建窑营长墘窑址Y6的情况相似，因此其年代应相近，为南宋晚期至元代。

（四）回落与转变——晚期窑业的衰退

武夷山地区第四期窑业遗存中无经过考古发掘的。考古调查发现地表尚保存有窑炉遗迹的为井后垅窑址，初步判断属于阶级窑类型。主要的装烧工艺是涩圈相叠、采用明火裸烧，窑具有瓷质垫饼和耐火土垫座等。产品以青花瓷为主，青花纹样有绘制的、也有青花图案是印制的。根据其内涵，可以分为二段。

第一段：碗厂窑址

考古调查采集的青花瓷标本，纹样、图案皆为绘制。年代推断为清代中晚期。

---

① 高绍萍：《由“嘉泰三年”挡箍谈遇林亭窑址年代》，《福建文博》2007年第1期。

② 见本报告书第三章第五节。

③ Pacific Sea Resources. *Archaeological Report*: *Archaeological Recovery of the Java Sea Wreck*,1997。

④ 中国国家博物馆水下考古研究中心、海南省文物保护办公室：《西沙水下考古（1989～1990）》，科学出版社，2006年。

⑤ 栗建安：《南海一号沉船的福建陶瓷及其相关问题》，广东省博物馆编：《海上瓷路国际研讨会论文集》，岭南美术出版社，2013年。华光礁一号沉船遗址2007～2008年的水下考古发掘资料，尚在整理中。

第二段：井后垅窑址、牛滩山窑址、回瑶窑址

考古调查采集的青花瓷标本中，纹样、图案一部分为绘制，大部分为印制青花。年代推断为晚清至民国时期。

根据上述考古调查资料的分析，初步认为武夷山地区第四期窑业遗存中的青花瓷生产，应是受清代景德镇民窑青花瓷的影响，同时也反映民间物质生活审美情趣的改变。

三、武夷山地区古代窑业产品的流通

武夷山地区古代窑业遗存产品的流通状况与其阶段性有着相应的关系。

（一）第一期

从考古发掘揭露的第一期窑业遗存中的窑炉遗迹观察，由于不见间隔具，原始青瓷器物的装烧还是单件置于窑底，而一座窨穴式龙窑的窑室面积不大、装烧量并不多；在扣除了废品之后，产品的数量就更少了。窑炉遗迹周边的窑址废品和窑业垃圾的堆积也很少，虽然可能有些堆积或被破坏或还埋藏于地下而未被发现，但是窑炉本身及对其周边地表环境的观察、分析，仍可以推断当时该地的窑业生产尚未形成足够的规模。在与竹林坑窑址隔溪相对的车后窑址的周边，武夷山市文物考古人员的考古调查已发现有西周时期遗址，调查采集的原始青瓷标本[①]，就与竹林坑窑址考古发掘出土的原始青瓷器相同或相似；因此可以认为，竹林坑窑址的原始青瓷产品主要是供应其周边当时的人类聚落所使用的，可能当时尚无更多的产品进入流通，也未形成商业化生产的规模和能力。

（二）第二期

相对集中的武夷山地区第二期窑业遗存，与该地区的中心城镇有一定的距离。窑业遗存的规模与其所反映的窑业技术，都说明其青瓷的生产扩大、产品增多。但同时期武夷山地区社会的经济、文化都有了长足的发展，二期窑业遗存的大部分产品应该都是主要供应当时当地不断扩展的城镇居民的生活消费需求，可能还不具备向更广阔的空间进入流通的能力和条件。

（三）第三期

第三期窑业遗存的内涵包括：建立较大窑场、构筑百米长窑（如遇林亭窑），吸纳多元窑业因素（如遇林亭窑、五渡桥窑），陶瓷生产规模扩大；武夷山地区窑业进入鼎盛时期。由此可以反映当时城镇居民生活需求的持续扩张，当地社会经济、文化的进一步繁荣以及流通领域的拓展。

武夷山地区第三期窑业遗存的产品，除了进入当地及周边的市场以满足其生活需求之外，还通过其处于三省（福建、浙江、江西）边贸的有利地位，部分产品进入更广阔的流通领域。与此相关的考古资料如：

国内考古发现：

① 现存武夷山市博物馆。

福州城市遗址的考古发掘出土器物中，有见武夷山遇林亭窑的黑釉盏[①]，应是通过闽江水道，顺流而下进入福州消费市场的。

泉州市府后山遗址出土有成批的武夷山遇林亭窑黑釉金彩盏[②]，应是经闽江水道，顺流而下到达福州再转往泉州口岸或市场的。

浙江杭州南宋临安城遗址发掘出土的黑釉盏中有一些是武夷山遇林亭窑的产品[③]；宁波永丰库遗址出土的黑釉盏[④]，一部分也是来自武夷山遇林亭窑的。它们通过与邻省边界的商贸通道[⑤]，经陆路进入内地市场的流通领域。

海南西沙群岛华光礁的华光礁一号宋代沉船遗址出水有武夷山遇林亭窑的黑釉金彩碗[⑥]（图一〇二）。据于闽江上游的地理位置，武夷山地区的窑业产品与其他商贸物资一样，可经过闽江水运、

图一〇二　西沙群岛华光礁一号沉船出水的遇林亭窑黑釉金彩盏

出海外销。

海外发现：

日本京都同志社大学相国寺遗址出土有五渡桥窑的白地黑花器残片[⑦]（图一〇三）。

---

① 福建省博物馆考古队·福州市文物考古工作队：《福州五代夹道遗址发掘简报》，《福建文博·福州专辑》1994年第2期。

② 本书“附录”，傅恩凤：《泉州府后山遗址出土的遇林亭窑瓷器》。

③ 杭州市文物考古所编著：《临安城遗址考古发掘报告——南宋太庙遗址》，文物出版社，2007年。

④ 宁波市文物考古研究所编著：《永丰库——元代仓储遗址发掘报告》，科学出版社，2013年。

⑤ 楼建龙：《福建古代的陆路交通与商业建筑》，栗建安主编：《考古学视野中的闽商》，福建闽商文化研究院：《闽商文化研究文库》，中华书局，2010年。

⑥ 中国国家博物馆水下考古研究中心、海南省文物保护办公室：《西沙水下考古（1989～1990）》，科学出版社，2006年。

⑦ 〔日本〕同志社大学歴史資料館·（公財）京都市埋藏文化財研究所：《相国寺旧境内·上京遺跡発掘調查報告書》，2013年。

图一〇三 日本京都同志社大学相国寺遗址出土的白地黑花器残片

图一〇四 泰安马岛沉船遗址出水的武夷山遇林亭窑黑釉盏
（引自《泰安馬島出水的中國陶磁器》）

韩国泰安马岛沉船遗址出水有武夷山遇林亭窑的黑釉盏[①]（图一〇四）。

图一〇五 印度尼西亚爪哇沉船出水的绿釉黑花器
（照片为The Field Museum，USA 提供）

① 韩国国立海洋文化财研究所：《泰安馬島出水的中國陶磁器》，2013年。

印度尼西亚爪哇沉船（“JAVA SEA WRECK”）打捞出水有一批五渡桥窑的白地黑花器①（图一〇五）。

上述国内田野考古、水下考古以及海外发现的资料说明，部分武夷山地区第三期窑业遗存的产品，不仅经过物资流通进入宋元时期我国南方一些中心城市的市场和贸易口岸，还作为中国贸易陶瓷装上海船，经海上丝绸之路（又称为“陶瓷之路”）而远销海外。

（四）第四期

武夷山地区第四期窑业遗存的状况显示，前期的大规模、多品种的陶瓷生产已转入低潮；窑业规模的萎缩，似可反映流通范围、空间的缩小，其陶瓷产品回归于基本为周边市场的需求所吸收；以青花瓷为主导的窑业生产则透视出民间市场陶瓷消费主流观念的转变。

四、余论

由于对古代窑业遗存的考古调查、发掘与研究不仅可以了解当时的窑业生产状况、工艺技术水平以及陶瓷产品特征，还能够在一定程度上反映社会经济、文化的发展状况。尤其是在我国南方边远地区文明社会早期，历史文献、考古资料均十分贫乏。武夷山地处闽、浙、赣三省交界地，在其古代窑业遗存中发现的西周时期窑址群（竹林坑窑址群），无疑是研究这一地区早期文明社会历史面貌及区域考古学文化相互影响和交流的重要考古资料。

通过对武夷山地区古代窑业遗存资料的分析、研究，解读其中的内涵，可以看到与社会经济、文化的历史发展密切相关。例如，窑业遗存的地理分布可能与区域政治、文化中心的时空变迁有关；可以反映地区社会生活需求及消费状况的变化，而透过这些物质现象，似乎可以在一定程度了解社会的变动与发展；循着这些考古资料在更广阔时空中的足迹，可看到区域社会与世界的联系与交流。当然，这些都是可以继续展开的课题，留待文史家及有心者做进一步的深入研究。

在武夷山这一有着丰厚历史文化积淀和传承的、特定的行政区域内，对其古代窑业遗存进行较全面的考古调查并将所获得的考古资料加以整理、编写成考古调查报告书发表、出版，是一项具有重要科学、历史价值的事件和工作。对于复原、研究武夷山地区古代社会经济、文化的历史面貌，推进区域社会的发展、进步，都有着重要的学术价值与意义。

① Pacific Sea Resources. *Archaeological Report: Archaeological Recovery of the Java Sea Wreck*, 1997.

附录一　泉州府后山遗址出土的遇林亭窑瓷器

傅恩凤（泉州海外交通史博物馆）

泉州府后山位于泉州市区北部泉州市卫生学校内（图一），是一座主要由废弃的瓷片堆积而成的小山丘；小山丘东西宽25米，南北长38米，高5.8米。20世纪80年代泉州市卫生学校因建设需要将之推平，现已不存。在此之前，泉州海外交通史博物馆、泉州市文物管理委员会于1976年和1979年分别对遗址进行调查清理，采集了一些陶瓷器物标本①。这些陶瓷标本窑口众多，以宋代为主，其中包括武夷山市遇林亭窑的产品。这些遇林亭窑的产品富有特色，尤其发现了一批黑釉描金盏，现将府后山出土的武夷山市遇林亭窑的产品介绍如下。

图一　府后山遗址位置

在泉州府后山堆积层中采集到武夷山市遇林亭窑的产品都是宋代黑釉盏，未发现其他品种，这与遇林亭窑窑址上的堆积物多为黑釉盏的情况相符合②。采集遇林亭窑的黑釉盏标本共计85件，均为残件，没有完整器，残损程度不一，但均可复原。依器形及纹饰，可分为三型六式。

A型　共80件，侈口，斜腹微弧，圈足。依纹饰分四式。

Ⅰ式：共28件。黑釉素面盏，黑釉，素面，侈口，斜腹微弧，圈足。

府后山窑：71，口沿残缺，侈口，外沿折，斜腹微弧，圈足。通体施酱黑釉不及底，釉色亮；灰胎，胎质粗糙。口径11.1、足径3.3、高5.7厘米（图二；图四，1）。

府后山窑：72，口沿残损，侈口，外沿折，斜腹微弧，圈足。通体施黑釉不及底，釉色亮。胎灰黑，质粗糙。口径12.6、足径4.1、高6.3厘米（图三；图四，2）。

图二　府后山窑：71

图三　府后山窑：72

① 陈鹏、曾庆生：《泉州府后山出土的江西瓷器》，《江西历史文物》1983年第4期。

② 曾凡：《福建陶瓷考古概论》第170页，福建省地图出版社，2001年。

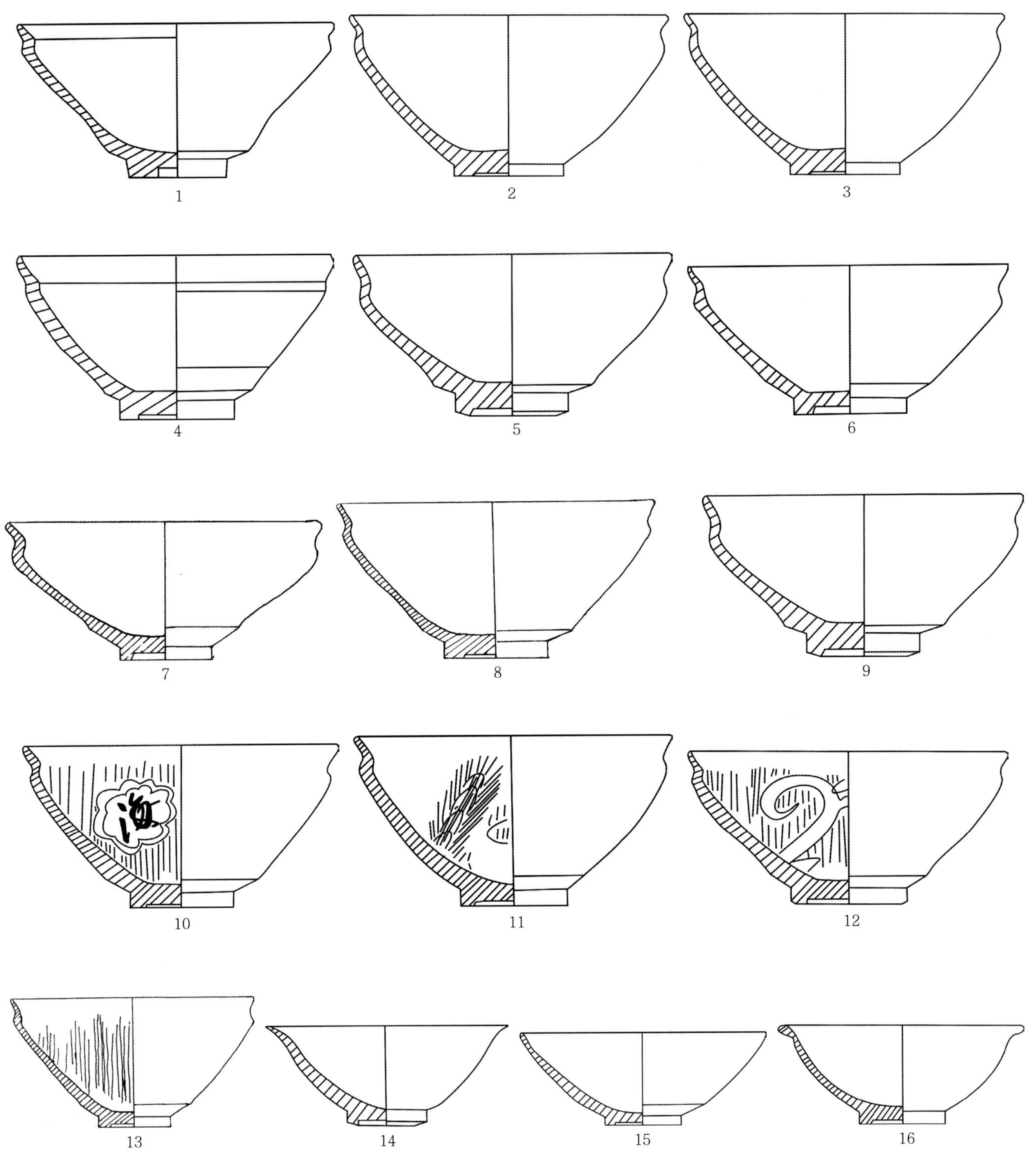

图四　泉州府后山遗址出土武夷山遇林亭黑釉盏

1. 府后山：71　2. 府后山：72　3. 府后山：74　4. 府后山：78　5. 府后山：82　6. 府后山：83　7. 府后山：84　8. 府后山：87　9. 府后山：88　10. 府后山：90　11. 府后山：91　12. 府后山：92　13. 府后山：93　14. 府后山：906　15. 府后山：97　16. 府后山：101

府后山窑：74，残损一半。侈口，外沿折，斜腹微弧，圈足。通体施酱黑釉不及底，釉层薄；灰胎，质地坚硬粗糙。盏外底有墨书“库”字，字体略有残缺。口径12.6、足径4.1、高6.3厘米（图四，3；图五）。

图五　府后山窑：74

II式：33件。兔毫盏。

府后山窑：78，口沿残损，侈口，外沿微折，斜腹微弧，圈足。通体施黑釉不及外底，釉层厚；灰胎，质地粗糙坚硬。盏内开均匀兔毫纹。口径12.1、足径4、高6.1厘米（图四，4；图六）。

府后山窑：195，口沿残，已修补。侈口，外沿微折，斜腹微弧，圈足。通体施黑釉不及外底，釉层厚；灰胎，质地粗糙坚硬。盏内开均匀兔毫纹。口径12.3、足径4、高6.3厘米（图七）。

图六　府后山窑：78

图七　府后山窑：195

府后山窑：82，口沿残损，侈口，外沿微折，斜腹微弧，圈足。通体施黑釉不及外底，釉层厚；灰胎，质地粗糙坚硬。盏内开均匀兔毫纹。口径12.2、足径4、高6.1厘米（图四，5；图八）。

府后山窑：83，口沿残损，侈口，外沿微折，斜腹微弧，圈足。通体施黑釉不及外底，釉层厚；灰胎，质地粗糙坚硬。盏内开均匀兔毫纹，盏内2/3处釉色泛蓝光。口径11.4、足径3.8、高5厘米（图四，6；图九）。

图八　府后山窑：82

图九　府后山窑：83

图一〇　府后山窑：84

府后山窑：84，口沿残损，侈口，外沿微折，斜腹微弧，圈足。通体施黑釉不及外底，釉层厚；灰胎，质地粗糙坚硬。盏内开均匀兔毫纹。口径11.4、高5厘米（图四，7；图一〇）。

III式：6件。铁斑盏。

府后山窑：87，口腹残损，侈口，外沿微折，斜腹微弧，圈足。通体施黑釉不及外底，釉色亮，釉层薄；灰黑胎，质地粗糙坚硬。釉面开有不很明显的铁斑纹。口径12.3、足径4、高5.9厘米（图四，8；图一一）。

府后山窑：88，口腹残损，侈口，外沿微折，斜腹微弧，圈足。通体施黑釉不及外底，釉色亮，釉层薄；灰黑胎，质地粗糙坚硬。釉面开有不很明显的铁斑纹。口径12.8、足径4.1、高6厘米（图四，9；图一二）。

图一一　府后山窑：87

图一二　府后山窑：88

IV式：共14件。黑釉描金盏，金彩基本上已脱落，仅残存其痕迹，但部分器物上隐约可见金黄色。金彩纹样共有四种，分别为“寿山福海”纹、凤凰花卉纹、折枝花卉纹、线纹。

府后山窑：90，口腹残损，侈口，外沿微内折，圆唇，斜腹微弧，圈足。通体施黑釉不及外底，釉层厚；灰胎，胎质粗糙、坚硬。盏腹中部均匀描有四朵团花，花内描绘形草书“寿山福海”四字，团花四周描有兔毫状线纹，盏底绘有交叉线纹。纹饰均为描金，金彩脱落，仅残存其痕迹。口径12.2、足径4.1、高6.2厘米（图四，10；图一三）。

绘有该纹饰图样的描金盏共11件，这些器物口沿及腹部缺损程度不一，均可复原；图样金彩大多脱落，呈现白色痕迹，少部分图样上依稀可见金黄色。

图一三　府后山窑：90

府后山窑：91，口腹残损，侈口，外沿微内折，圆唇，斜腹微弧，圈足。通体施黑釉不及外底，釉层厚；灰胎，胎质粗糙、坚硬。盏内腹的一侧及底部绘有一只飞翔的凤凰，凤凰的头及身躯的一侧残缺，双脚绘于盏底；内腹的另一侧绘有山石花卉纹。纹饰均为描金，金彩大多脱落，仅残存其痕迹，但在凤凰纹的尾巴上依稀可见有金黄色彩。盏口沿上断断续续地残粘有一圈宽约0.5厘米银灰黑色的物体，疑似银扣的残留物。口径11.4、足径3.7、高6.2厘米（图四，11；图一四）。绘有该纹样的器物仅发现此1件。

图一四　府后山窑：91

府后山窑：92，口腹残损，侈口，外沿微折，圆唇，斜腹微弧，圈足。通体施黑釉不及外底，釉层厚；灰胎，胎质粗糙、坚硬。盏腹绘有折枝花卉纹，四周描有射线。纹饰均为描金，金彩脱落，仅残存其痕迹。口径12、足径4.1、高5.8厘米（图一四，12；图一五）。绘有该纹样的器物仅发现此1件。

府后山窑：93，残存1/4，侈口，外沿微折，圆唇，斜腹微弧，圈足。通体施黑釉不及外底，釉层厚；灰胎，胎质粗糙、坚硬。盏腹描绘有线纹，线纹上似有点纹。纹饰均为描金，金彩脱落，残存其痕迹，但依稀可见金黄色。高6厘米（图一四，13；图一六）。绘有该纹样的器物仅发现此1件。

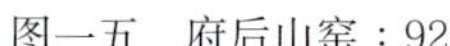

图一五　府后山窑：92

图一六　府后山窑：93

图一七　府后山窑：906

B型　1件。撇口盏。

府后山窑：906，口沿略有残损。撇口，斜弧腹，圈足。通体施黑釉不及外底，釉色亮，釉层厚；胎灰黑，质地粗糙坚硬。素面无纹。口径10.5、足径3.2、高4厘米（图四，14；图一七）。

C型　3件。敞口盏。分二式。

I式：2件。敞口，斜腹。

府后山窑：97，仅存1/3，敞口微撇，斜腹，圈足。通体施黑釉不及底，釉色亮，釉层厚；胎灰黑，质地粗糙坚硬。高5.7厘米（图四，15；图一八）。

II式：1件。敞口，弧腹。

府后山窑：101，敞口微撇，圆唇，弧腹，圈足。通体施酱黑釉不及外底，釉层薄；胎色灰，质地坚硬细腻。口径11、足径3.8、高4.3厘米（图四，16；图一九）。

图一八　府后山窑：97

图一九　府后山窑：101

泉州府后山采集到的陶瓷标本除了上述遇林亭窑的黑釉盏之外，还另有景德镇窑、龙泉窑、建窑等名窑产品，与同时期的遗址出土同类器物相对而言其整体质量较好。据观察，这些标本上未见到有使用的痕迹，有的标本如上述的府后山窑：71、府后山窑：82、府后山窑：195等仅属于轻微残损，应是当时在运输或堆放期间不小心造成的破损品，特别是上述的黑釉描金凤凰纹盏，其口沿上尚有装饰，用工可谓精细，用料讲究，相类似的器物在其他各地均较少见到。同时其数量也较大，因此，这些器物原先应是官府库存品之类的。府后山所处的泉州市卫生学校，据陈泗东先生考证，应是宋代市舶司仓库故址。乾隆《泉州府志》卷十二《公署》载：“前千户所在右千户所之东，宋市舶司库故址也。”[①] 所以府后山遗址应是宋代泉州市舶司仓库的废弃物堆积而成的，这些废弃物是当时市舶司抽解的贸易品的一部分，这么大量的废弃物足以说明当时泉州海外贸易的繁荣，也说明了这些陶瓷是用于外销的。

① 李玉昆、李秀梅：《泉州古代海外交通史》第99页，中国广播电视出版社，2006年。

附录二　武夷山竹林坑窑址与五渡桥窑址部分标本胎、釉成分测试表

中国科学院上海硅酸盐研究所

表一　胎组成（主次量元素）　　wt%（质量百分含量）

序号 \ 组成（wt%）	Na_2O	MgO	Al_2O_3	SiO_2	K_2O	CaO	TiO_2	Fe_2O_3
五渡桥青白瓷	0.43	0.90	22.36	68.87	4.32	0.09	0.58	1.46
五渡桥绿釉瓷	0.27	0.82	22.10	69.86	3.85	0.07	0.66	1.38
五渡桥褐彩瓷	0.07	0.66	20.91	71.68	3.18	0.10	0.54	1.86
茶洋窑绿釉瓷	0.77	0.24	22.70	71.29	2.12	0.13	0.25	1.51
武夷山竹林坑一号窑址原始青瓷1	0.42	0.40	19.06	72.62	3.92	0.11	0.40	2.07
武夷山竹林坑一号窑址原始青瓷2	0.31	0.53	18.19	73.64	3.40	0.15	0.38	2.40
武夷山竹林坑一号窑址印纹陶片	0.32	0.62	19.95	69.78	2.72	0.25	0.49	4.86

表二　釉组成（主次量元素）　　wt%（质量百分含量）

序号 \ 组成（wt%）	Na_2O	MgO	Al_2O_3	SiO_2	K_2O	CaO	TiO_2	Fe_2O_3
五渡桥窑青白1(黑釉部分)	0.19	2.57	13.33	57.03	4.33	16.14	0.23	5.17
五渡桥窑青白2(青釉部分)	0.07	2.31	13.28	66.06	3.57	12.08	0.10	1.55
五渡桥窑褐彩瓷1（基釉）	0.35	0.97	27.37	64.94	2.82	0.10	0.61	1.84
五渡桥窑褐彩2（黑彩部分）	0.39	0.21	14.62	73.62	4.32	0.55	0.19	5.10
武夷山竹林坑一号窑址原始青瓷1	0.07	1.47	17.13	65.29	5.49	6.95	0.37	2.24
武夷山竹林坑一号窑址原始青瓷2	0.38	1.48	13.10	67.03	2.95	12.17	0.23	1.67
武夷山竹林坑窑址出土印纹陶片	0.46	0.47	23.49	65.75	3.21	0.20	0.47	4.95

表三　含铅釉组成　　wt%（质量百分含量）

序号 \ 组成(wt%)	MgO	Al_2O_3	SiO_2	PbO_2	SnO_2	K_2O	CaO	TiO_2	MnO	Fe_2O_3	CuO	ZrO_2
五渡桥绿釉瓷	0.29	6.3	83.03	4.5	1.24	0.19	0.31	0.11	0.03	1.07	2.84	0.09

后记

自从我国开展水下考古工作以来，陆续出水了一大批陶瓷器标本，对这些陶瓷器的窑口鉴定成了水下考古工作和研究的一个重要方面。全国的几大名窑产品相对比较好区别，最为复杂的莫过于福建窑址的产品。一方面，窑址数量多，福建绝大多数的县区均有窑址分布。许多窑场规模和外销的陶瓷器数量大。另一方面，窑址产品非常复杂，内涵丰富。许多窑址的产品相似度高，不容易辨别。因此，对福建的古窑址进行系统全面的调查是一项计划已久的事情，无奈平时水下考古工作繁忙，要抽出一段完整的时间来开展窑址野外考古调查实在是一件不容易的事情，只好利用平时开展工作的间隙进行。武夷山古窑址的调查与整理工作就是在这种断续的状态中持续了两年时间，终于得以完成。

在武夷山古窑址调查过程中，承蒙中国国家博物馆水下考古研究中心和福建博物院领导的大力支持，武夷山市博物馆和福建闽越王城博物馆领导提供了足够宽敞的整理场地，周到的后勤保障，并派专业人员林繁德、高绍萍、赵福凤、祝铭森、张涛、魏超、林月丽等同志参与调查与整理工作，在此表示衷心的感谢。

本调查报告由各参与人员分章节完成，其中绪论由赵爱玉执笔，第一章由羊泽林执笔，第二章第一、二节由刘秀萍执笔，第三、四节由叶凯执笔，第五节由陈建国执笔，第三章第一、二节由赵爱玉执笔，第三、四节由张诗文执笔，第五、六节由赵嘉斌执笔，第四章第一节由牛健哲执笔，第二节由朱滨执笔，第三节由宋蓬勃执笔，第四节由陈建辉执笔，第五章由栗建安执笔，附录一由傅恩凤执笔，最后由栗建安、羊泽林、孟原召统稿。器物线图由陈建国、宋蓬勃、陈浩、廖富魁绘制，照片由陈浩、宋蓬勃、羊泽林拍摄。

由于水平局限，时间仓促，本调查报告还有许多不足之处，但若能给研究者提供一点参考资料，则心愿足矣。

编　者

2015年2月27日